TRANZLATY

Sprache ist für alle da

भाषा सभी के लिए है

Der Ruf der Wildnis

जंगल की आवाज़

Jack London

Deutsch / हिंदी

Ins Primitive
आदिम में

Buck las keine Zeitungen
बक अखबार नहीं पढ़ता था।

Hätte er die Zeitung gelesen, hätte er gewusst, dass Ärger im Anzug war.
अगर उसने समाचार पत्र पढ़े होते तो उसे पता चल जाता कि मुसीबत आने वाली है।

Nicht nur er selbst, sondern jeder einzelne Tidewater-Hund bekam Ärger.
यह केवल उसके लिए ही नहीं, बल्कि हर समुद्री कुत्ते के लिए परेशानी थी।

Jeder Hund mit starken Muskeln und warmem, langem Fell würde in Schwierigkeiten geraten.
हर मजबूत मांसपेशियों वाला और गर्म, लंबे बालों वाला कुत्ता परेशानी में पड़ने वाला था।

Von Puget Bay bis San Diego konnte kein Hund dem entkommen, was auf ihn zukam.
पुगेट बे से सैन डिएगो तक कोई भी कुत्ता आने वाली मुसीबत से बच नहीं सकता था।

Männer, die in der arktischen Dunkelheit herumtasteten, hatten ein gelbes Metall gefunden.
आर्कटिक के अंधेरे में टटोलते हुए लोगों को एक पीली धातु मिली थी।

Dampfschiff- und Transportunternehmen waren auf der Jagd nach der Entdeckung.
स्टीमशिप और परिवहन कम्पनियां इस खोज की तलाश में थीं।

Tausende von Männern strömten ins Nordland.
हजारों लोग उत्तरी क्षेत्र की ओर भाग रहे थे।

Diese Männer wollten Hunde, und die Hunde, die sie wollten, waren schwere Hunde.

इन लोगों को कुत्ते चाहिए थे और जो कुत्ते वे चाहते थे वे भारी कुत्ते थे।

Hunde mit starken Muskeln, die sie zum Arbeiten brauchen.

मजबूत मांसपेशियों वाले कुत्ते जिनसे परिश्रम किया जा सके।

Hunde mit Pelzmantel, der sie vor Frost schützt.

ठंड से बचाने के लिए रोयेंदार कोट पहने कुत्ते।

Buck lebte in einem großen Haus im sonnenverwöhnten Santa Clara Valley.

बक, धूप से भरी सांता क्लारा घाटी में एक बड़े घर में रहता था।

Der Ort, an dem Richter Miller wohnte, wurde sein Haus genannt.

जज मिलर का स्थान, उनके घर को बुलाया गया।

Sein Haus stand etwas abseits der Straße, halb zwischen den Bäumen versteckt.

उसका घर सड़क से पीछे, पेड़ों के बीच छिपा हुआ था।

Man konnte einen Blick auf die breite Veranda erhaschen, die rund um das Haus verläuft.

घर के चारों ओर फैले चौड़े बरामदे की झलक देखी जा सकती थी।

Die Zufahrt zum Haus erfolgte über geschotterte Zufahrten.

घर तक पहुंचने के लिए बजरी से बने रास्ते थे।

Die Wege schlängelten sich durch weitläufige Rasenflächen.

रास्ते चौड़े-चौड़े लॉन के बीच से होकर गुजरते थे।

Über ihnen waren die ineinander verschlungenen Zweige hoher Pappeln.

ऊपर ऊंचे चिनार के पेड़ों की आपस में जुड़ी हुई शाखाएं थीं।

Auf der Rückseite des Hauses ging es noch geräumiger zu.

घर के पीछे की ओर चीजें और भी अधिक विशाल थीं।

Es gab große Ställe, in denen ein Dutzend Stallknechte plauderten

वहाँ बड़े अस्तबल थे, जहाँ एक दर्जन दूल्हे बातें कर रहे थे

Es gab Reihen von weinbewachsenen Dienstbotenhäusern

वहाँ बेल-बूटे से सजे नौकरों की झोपड़ियाँ कतारों में थीं

Und es gab eine endlose und ordentliche Reihe von Toilettenhäuschen

और वहाँ बाहरी घरों की एक अंतहीन और व्यवस्थित श्रृंखला थी

Lange Weinlauben, grüne Weiden, Obstgärten und Beerenfelder.

लम्बे अंगूर के बगीचे, हरे-भरे चरागाह, बगीचे और बेरी के खेत।

Dann gab es noch die Pumpanlage für den artesischen Brunnen.

फिर वहां आर्टेसियन कुँए के लिए पम्पिंग प्लांट भी था।

Und da war der große Zementtank, der mit Wasser gefüllt war.

और वहां पानी से भरा बड़ा सीमेंट का टैंक था।

Hier nahmen die Jungs von Richter Miller ihr morgendliches Bad.

यहां जज मिलर के लड़कों ने सुबह की सैर की।

Und auch dort kühlten sie sich am heißen Nachmittag ab.

और वे वहां गर्म दोपहर में भी ठंडक पाते थे।

Und über dieses große Gebiet herrschte Buck über alles.

और इस विशाल क्षेत्र पर, बक ही शासन करता था।

Buck wurde auf diesem Land geboren und lebte hier sein ganzes vierjähriges Leben.

बक का जन्म इसी भूमि पर हुआ था और उन्होंने अपने पूरे चार वर्ष यहीं बिताए।

Es gab zwar noch andere Hunde, aber die spielten keine wirkliche Rolle.

वहाँ अन्य कुत्ते भी थे, लेकिन उनका कोई विशेष महत्व नहीं था।

An einem so riesigen Ort wie diesem wurden andere Hunde erwartet.

इस विशाल स्थान पर अन्य कुत्तों की भी अपेक्षा की जा सकती थी।

Diese Hunde kamen und gingen oder lebten in den geschäftigen Zwingern.

ये कुत्ते आते-जाते रहते थे या व्यस्त कुत्तों के बाड़ों में रहते थे।

Manche Hunde lebten versteckt im Haus, wie Toots und Ysabel.

कुछ कुत्ते घर में छिपे रहते थे, जैसे टूट्स और यिसाबेल।

Toots war ein japanischer Mops, Ysabel ein mexikanischer Nackthund.

टूट्स एक जापानी पग नस्ल का कुत्ता था, जबकि यिसाबेल एक मैक्सिकन बाल रहित कुत्ता था।

Diese seltsamen Kreaturen verließen das Haus kaum.

ये विचित्र प्राणी शायद ही कभी घर से बाहर निकलते हों।

Sie berührten weder den Boden noch schnüffelten sie draußen an der frischen Luft.

उन्होंने न तो ज़मीन को छुआ और न ही बाहर की खुली हवा को सूँघा।

Außerdem gab es Foxterrier, mindestens zwanzig an der Zahl.

वहाँ फॉक्स टेरियर भी थे, जिनकी संख्या कम से कम बीस थी।

Diese Terrier bellten Toots und Ysabel im Haus wild an.

ये टेरियर कुत्ते घर के अंदर टूट्स और यिसाबेल पर भयंकर रूप से भौंकते थे।

Toots und Ysabel blieben hinter Fenstern, in Sicherheit.

टूट्स और यिसाबेल खिड़कियों के पीछे सुरक्षित रहे।

Sie wurden von Hausmädchen mit Besen und Wischmopps bewacht.

उनकी सुरक्षा झाड़ू और पोछा लेकर घरेलू नौकरानियां करती थीं।

Aber Buck war kein Haushund und auch kein Zwingerhund.

लेकिन बक कोई घरेलू कुत्ता नहीं था, और न ही वह कोई केनेल कुत्ता था।

Das gesamte Anwesen gehörte Buck als seinem rechtmäßigen Reich.

सम्पूर्ण सम्पत्ति बक की थी तथा उस पर उसका वास्तविक अधिकार था।

Buck schwamm im Becken oder ging mit den Söhnen des Richters auf die Jagd.

बक टैंक में तैरता था या जज के बेटों के साथ शिकार करने जाता था।

Er ging in den frühen oder späten Morgenstunden mit Mollie und Alice spazieren.

वह सुबह-सुबह या देर शाम मोली और ऐलिस के साथ टहलता था।

In kalten Nächten lag er mit dem Richter vor dem Kaminfeuer der Bibliothek.

ठण्डी रातों में वह जज के साथ लाइब्रेरी की आग के सामने लेटता था।

Buck ließ die Enkel des Richters auf seinem starken Rücken herumreiten.

बक ने जज के पोतों को अपनी मजबूत पीठ पर बिठाकर घुमाया।

Er wälzte sich mit den Jungen im Gras und bewachte sie genau.

वह लड़कों के साथ घास में लोटता रहा और उनकी कड़ी निगरानी करता रहा।

Sie wagten sich bis zum Brunnen und sogar an den Beerenfeldern vorbei.

वे फव्वारे तक गए और यहां तक कि बेरी के खेतों के पास से भी गुजरे।

Unter den Foxterriern lief Buck immer mit königlichem Stolz.

फॉक्स टेरियर कुत्तों के बीच, बक हमेशा शाही गर्व के साथ चलता था।

Er ignorierte Toots und Ysabel und behandelte sie, als wären sie Luft.

उसने टूट्स और यिसाबेल को नजरअंदाज कर दिया, उनके साथ ऐसा व्यवहार किया जैसे वे हवा हों।

Buck herrschte über alle Lebewesen auf Richter Millers Land.

बक जज मिलर की भूमि पर सभी जीवित प्राणियों पर शासन करता था।

Er herrschte über Tiere, Insekten, Vögel und sogar Menschen

उसने पशुओं, कीड़ों, पक्षियों और यहां तक कि मनुष्यों पर भी शासन किया।

Bucks Vater Elmo war ein großer und treuer Bernhardiner gewesen.

बक के पिता एल्मो एक विशाल और वफादार सेंट बर्नार्ड थे।

Elmo wich dem Richter nie von der Seite und diente ihm treu.

एल्मो ने कभी भी जज का साथ नहीं छोड़ा और उनकी ईमानदारी से सेवा की।

Buck schien bereit, dem edlen Beispiel seines Vaters zu folgen.

बक अपने पिता के महान उदाहरण का अनुसरण करने के लिए तैयार लग रहा था।

Buck war nicht ganz so groß und wog hundertvierzig Pfund.

बक इतना बड़ा नहीं था, उसका वजन एक सौ चालीस पाउंड था।

Seine Mutter Shep war eine schöne schottische Schäferhündin gewesen.

उनकी माँ, शेप, एक अच्छी स्कॉटिश शेफर्ड कुतिया थी।

Aber selbst mit diesem Gewicht hatte Buck eine königliche Ausstrahlung.

लेकिन उस वजन पर भी, बक राजसी उपस्थिति के साथ चलता था।

Dies kam vom guten Essen und dem Respekt, der ihm immer entgegengebracht wurde.

यह सब अच्छे भोजन और हमेशा प्राप्त सम्मान के कारण संभव हुआ।

Vier Jahre lang hatte Buck wie ein verwöhnter Adliger gelebt.

चार साल तक बक एक बिगड़ैल रईस की तरह रहा था।

Er war stolz auf sich und sogar ein wenig egoistisch.

उसे अपने आप पर गर्व था और वह थोड़ा अहंकारी भी था।

Diese Art von Stolz war bei den Herren abgelegener Landstriche weit verbreitet.

दूरदराज के गांवों के सरदारों में इस तरह का गर्व आम बात थी।

Doch Buck hat es vermieden, ein verwöhnter Haushund zu werden.

लेकिन बक ने खुद को लाड़-प्यार में पाला गया घरेलू कुत्ता बनने से बचा लिया।

Durch die Jagd und das Training blieb er schlank und stark.

शिकार और व्यायाम के माध्यम से वह दुबला और मजबूत बना रहा।

Er liebte Wasser zutiefst, wie Menschen, die in kalten Seen baden.

वह पानी से बहुत प्रेम करता था, जैसे लोग ठण्डी झीलों में स्नान करते हैं।

Diese Liebe zum Wasser hielt Buck stark und sehr gesund.

पानी के प्रति इस प्रेम ने बक को मजबूत और बहुत स्वस्थ रखा।

Dies war der Hund, zu dem Buck im Herbst 1897 geworden war.

यह वह कुत्ता था जो बक 1897 की शरद ऋतु में बन गया था।

Als der Klondike-Angriff die Menschen in den eisigen Norden trieb.

जब क्लोंडाइक हमले ने लोगों को बर्फीले उत्तर की ओर खींच लिया।

Menschen aus aller Welt strömten in das kalte Land.

दुनिया भर से लोग इस ठण्डी भूमि की ओर दौड़ पड़े।

Buck las jedoch weder die Zeitungen noch verstand er Nachrichten.

हालाँकि, बक न तो अखबार पढ़ते थे और न ही समाचार समझते थे।

Er wusste nicht, dass es nicht gut war, Zeit mit Manuel zu verbringen.

वह नहीं जानता था कि मैनुअल एक बुरा आदमी था।

Manuel, der im Garten half, hatte ein großes Problem.

बगीचे में मदद करने वाले मैनुअल के सामने एक गंभीर समस्या थी।

Manuel war spielsüchtig nach der chinesischen Lotterie.

मैनुअल को चीनी लॉटरी में जुआ खेलने की लत थी।

Er glaubte auch fest an ein festes System zum Gewinnen.

वह जीत के लिए एक निश्चित प्रणाली में भी दृढ़ता से विश्वास करते थे।

Dieser Glaube machte sein Scheitern sicher und unvermeidlich.

इस विश्वास ने उनकी असफलता को निश्चित और अपरिहार्य बना दिया।

Um ein System zu spielen, braucht man Geld, und das fehlte Manuel.

किसी सिस्टम को चलाने के लिए धन की आवश्यकता होती है, जो मैनुअल के पास नहीं था।

Sein Gehalt reichte kaum zum Überleben seiner Frau und seiner vielen Kinder.

उनके वेतन से उनकी पत्नी और कई बच्चों का गुजारा मुश्किल से हो पाता था।

In der Nacht, in der Manuel Buck verriet, war alles normal.

जिस रात मैनुअल ने बक को धोखा दिया, उस रात सब कुछ सामान्य था।

Der Richter war bei einem Treffen der Rosinenanbauervereinigung.

न्यायाधीश किशमिश उत्पादक संघ की बैठक में थे।

Die Söhne des Richters waren damals damit beschäftigt, einen Sportverein zu gründen.

उस समय जज के बेटे एक एथलेटिक क्लब बनाने में व्यस्त थे।

Niemand sah, wie Manuel und Buck durch den Obstgarten gingen.

किसी ने भी मैनुअल और बक को बाग से जाते हुए नहीं देखा।

Buck dachte, dieser Spaziergang sei nur ein einfacher nächtlicher Spaziergang.

बक ने सोचा कि यह सैर एक साधारण रात्रिकालीन सैर मात्र थी।

Sie trafen nur einen Mann an der Flaggenstation im College Park.

कॉलेज पार्क स्थित फ्लैग स्टेशन पर उनकी मुलाकात केवल एक व्यक्ति से हुई।

Dieser Mann sprach mit Manuel und sie tauschten Geld aus.

उस आदमी ने मैनुअल से बात की और उन्होंने पैसों का लेन-देन किया।

„Verpacken Sie die Waren, bevor Sie sie ausliefern", schlug er vor

उन्होंने सुझाव दिया, "माल पहुंचाने से पहले उसे लपेट लें।"

Die Stimme des Mannes war rau und ungeduldig, als er sprach.

बोलते समय उस आदमी की आवाज़ कर्कश और अधीर थी।

Manuel band Buck vorsichtig ein dickes Seil um den Hals.

मैनुअल ने सावधानीपूर्वक बक की गर्दन के चारों ओर एक मोटी रस्सी बाँधी।

„Verdreh das Seil, und du wirst ihn gründlich erwürgen"

"रस्सी को मोड़ो, और तुम उसका खूब गला घोंटोगे"

Der Fremde gab ein Grunzen von sich und zeigte damit, dass er gut verstanden hatte.

अजनबी ने घुरघुराहट से यह दर्शाया कि वह अच्छी तरह समझ गया है।

Buck nahm das Seil an diesem Tag mit ruhiger und stiller Würde an.

उस दिन बक ने शांति और गरिमा के साथ रस्सी स्वीकार कर ली।

Es war eine ungewöhnliche Tat, aber Buck vertraute den Männern, die er kannte.

यह एक असामान्य कार्य था, लेकिन बक को उन लोगों पर भरोसा था जिन्हें वह जानता था।

Er glaubte, dass ihre Weisheit weit über sein eigenes Denken hinausging.

उनका मानना था कि उनकी बुद्धिमत्ता उनकी सोच से कहीं आगे थी।

Doch dann wurde das Seil in die Hände des Fremden gegeben

लेकिन फिर रस्सी अजनबी के हाथ में सौंप दी गई।

Buck stieß ein leises, warnendes und zugleich bedrohliches Knurren aus.

बक ने धीमी आवाज में गुर्राहट की, जो शांत धमकी के साथ चेतावनी थी।

Er war stolz und gebieterisch und wollte seinen Unmut zum Ausdruck bringen.

वह घमंडी और दबंग था, और अपनी नाराजगी जाहिर करना चाहता था।

Buck glaubte, seine Warnung würde als Befehl verstanden werden.

बक का मानना था कि उसकी चेतावनी को आदेश समझा जाएगा।

Zu seinem Entsetzen zog sich das Seil schnell um seinen dicken Hals zusammen.

उसे यह देख कर आश्चर्य हुआ कि रस्सी उसकी मोटी गर्दन के चारों ओर तेजी से कस गई।

Ihm blieb die Luft weg und er begann in plötzlicher Wut zu kämpfen.

उसकी सांस रुक गई और वह अचानक गुस्से में लड़ने लगा।

Er sprang auf den Mann zu, der Buck schnell mitten in der Luft traf.

वह उस आदमी की ओर झपटा, जो तुरन्त ही हवा में बक से जा मिला।

Der Mann packte Buck am Hals und drehte ihn geschickt in der Luft.

उस आदमी ने बक का गला पकड़ लिया और उसे कुशलता से हवा में घुमा दिया।

Buck wurde hart zu Boden geworfen und landete flach auf dem Rücken.

बक को जोर से नीचे फेंका गया और वह पीठ के बल गिरा।

Das Seil würgte ihn nun grausam, während er wild um sich trat.

रस्सी ने अब उसका गला बेरहमी से दबा दिया और वह बेतहाशा लातें मारने लगा।

Seine Zunge fiel heraus, seine Brust hob und senkte sich, doch er bekam keine Luft.

उसकी जीभ बाहर गिर गई, छाती फूल गई, परन्तु सांस नहीं आई।

Noch nie in seinem Leben war er mit solcher Gewalt behandelt worden.

उनके जीवन में कभी भी उनके साथ इतनी हिंसा नहीं की गयी थी।

Auch war er noch nie zuvor von solch tiefer Wut erfüllt gewesen.

वह पहले कभी इतने गहरे क्रोध से भरा नहीं था।

Doch Bucks Kraft schwand und seine Augen wurden glasig.

लेकिन बक की शक्ति फीकी पड़ गई और उसकी आंखें काँच जैसी हो गईं।

Er wurde ohnmächtig, als in der Nähe ein Zug angehalten wurde.

जैसे ही एक रेलगाड़ी पास में रुकी, वह बेहोश हो गया।

Dann warfen ihn die beiden Männer schnell in den Gepäckwagen.

फिर दोनों व्यक्तियों ने उसे तेजी से सामान ढोने वाली गाड़ी में फेंक दिया।

Das nächste, was Buck spürte, war ein Schmerz in seiner geschwollenen Zunge.

अगली बात जो बक ने महसूस की वह थी उसकी सूजी हुई जीभ में दर्द।

Er bewegte sich in einem wackelnden Wagen und war nur schwach bei Bewusstsein.

वह हिलती हुई गाड़ी में आगे बढ़ रहा था, उसे केवल हल्का सा होश था।

Das schrille Pfeifen eines Zuges verriet Buck seinen Standort.

रेलगाड़ी की सीटी की तेज आवाज ने बक को उसका स्थान बता दिया।

Er war oft mit dem Richter mitgefahren und kannte das Gefühl.

वह कई बार जज के साथ सफर कर चुका था और उस भावना को जानता था।

Es war der einzigartige Schock, wieder in einem Gepäckwagen zu reisen.

यह एक बार फिर सामान ढोने वाली गाड़ी में यात्रा करने का अनोखा अनुभव था।

Buck öffnete die Augen und sein Blick brannte vor Wut.

बक ने अपनी आँखें खोलीं और उसकी निगाहें क्रोध से जल उठीं।

Dies war der Zorn eines stolzen Königs, der vom Thron gejagt wurde.

यह एक घमंडी राजा का क्रोध था जिसे उसके सिंहासन से उतार दिया गया था।

Ein Mann wollte ihn packen, doch stattdessen schlug Buck zuerst zu.

एक आदमी उसे पकड़ने के लिए आगे बढ़ा, लेकिन बक ने पहले हमला कर दिया।

Er versenkte seine Zähne in der Hand des Mannes und hielt sie fest.

उसने उस आदमी के हाथ में अपने दांत गड़ा दिए और उसे कसकर पकड़ लिया।

Er ließ nicht los, bis er ein zweites Mal ohnmächtig wurde.

उसने तब तक नहीं छोड़ा जब तक कि वह दूसरी बार बेहोश नहीं हो गया।

„Ja, hat Anfälle", murmelte der Mann dem Gepäckträger zu.

"हाँ, उसे दौरे पड़ते हैं," आदमी ने सामान वाले से कहा।

Der Gepäckträger hatte den Kampf gehört und war näher gekommen.

सामान उठाने वाले ने संघर्ष की आवाज सुनी और पास आ गया।

„Ich bringe ihn für den Chef nach Frisco", erklärte der Mann.

"मैं उसे बॉस के लिए 'फ्रिस्को' ले जा रहा हूँ," आदमी ने समझाया।

„Dort gibt es einen tollen Hundearzt, der sagt, er könne sie heilen."

"वहाँ एक अच्छा कुत्ता-डॉक्टर है जो कहता है कि वह उन्हें ठीक कर सकता है।"

Später in der Nacht gab der Mann seinen eigenen ausführlichen Bericht ab.

बाद में उस रात उस आदमी ने अपना पूरा ब्यौरा बताया।

Er sprach aus einem Schuppen hinter einem Saloon am Hafen.

उन्होंने यह बात डॉक पर स्थित एक सैलून के पीछे बने शेड से कही।

„Ich habe nur fünfzig Dollar bekommen", beschwerte er sich beim Wirt.

"मुझे केवल पचास डॉलर दिए गए थे," उसने सैलून वाले से शिकायत की।

„Ich würde es nicht noch einmal tun, nicht einmal für tausend Dollar in bar."

"मैं ऐसा दोबारा नहीं करूंगा, एक हजार रुपये की नकदी के लिए भी नहीं।"

Seine rechte Hand war fest in ein blutiges Tuch gewickelt.

उसका दाहिना हाथ खून से सने कपड़े में कसकर बंधा हुआ था।

Sein Hosenbein war vom Knie bis zum Fuß weit aufgerissen.

उसकी पतलून का पैर घुटने से लेकर पैर तक फटा हुआ था।

„Wie viel hat der andere Trottel verdient?", fragte der Wirt.

"दूसरे मग को कितने पैसे मिले?" सैलून वाले ने पूछा।

„Hundert", antwortete der Mann, „einen Cent weniger würde er nicht nehmen."

"सौ," आदमी ने जवाब दिया, "वह एक सेंट भी कम नहीं लेगा।"

„Das macht hundertfünfzig", sagte der Kneipenmann.

"इसका मूल्य डेढ़ सौ आता है," सैलून वाले ने कहा।

„Und er ist das alles wert, sonst bin ich nicht besser als ein Dummkopf."

"और वह इस सब के लायक है, अन्यथा मैं एक मूर्ख से बेहतर कुछ नहीं हूँ।"

Der Mann öffnete die Verpackung, um seine Hand zu untersuchen.

उस आदमी ने अपना हाथ जांचने के लिए कागज की पट्टियाँ खोलीं।

Die Hand war stark zerrissen und mit getrocknetem Blut verkrustet.

हाथ बुरी तरह से फट गया था और उस पर सूखा खून लगा हुआ था।

„Wenn ich keine Tollwut bekomme …", begann er zu sagen.

"अगर मुझे हाइड्रोफोबिया नहीं हुआ तो…" उसने कहना शुरू किया।

„Das liegt wohl daran, dass du zum Hängen geboren wurdest", ertönte ein Lachen.

"ऐसा इसलिए होगा क्योंकि तुम लटकने के लिए ही पैदा हुए हो," एक हंसी आई।

„Komm und hilf mir, bevor du gehst", wurde er gebeten.

उनसे कहा गया, "जाने से पहले मेरी मदद करो।"

Buck war von den Schmerzen in seiner Zunge und seinem Hals benommen.

बक अपनी जीभ और गले में दर्द से स्तब्ध था।

Er war halb erwürgt und konnte kaum noch aufrecht stehen.

उसका गला आधा दबा हुआ था और वह मुश्किल से सीधा खड़ा हो पा रहा था।

Dennoch versuchte Buck, den Männern gegenüberzutreten, die ihm so viel Leid zugefügt hatten.

फिर भी, बक ने उन लोगों का सामना करने की कोशिश की जिन्होंने उसे चोट पहुंचाई थी।

Aber sie warfen ihn nieder und würgten ihn erneut.

लेकिन उन्होंने उसे नीचे गिरा दिया और एक बार फिर उसका गला घोंट दिया।

Erst dann konnten sie sein schweres Messinghalsband absägen.

तभी वे उसके भारी पीतल के कॉलर को काट कर अलग कर सके।

Sie entfernten das Seil und stießen ihn in eine Kiste.

उन्होंने रस्सी हटा दी और उसे एक टोकरे में डाल दिया।

Die Kiste war klein und hatte die Form eines groben Eisenkäfigs.

टोकरा छोटा था और उसका आकार किसी खुरदरे लोहे के पिंजरे जैसा था।

Buck lag die ganze Nacht dort, voller Zorn und verletztem Stolz.

बक क्रोध और आहत अभिमान से भरा हुआ पूरी रात वहीं पड़ा रहा।

Er konnte nicht einmal ansatzweise verstehen, was mit ihm geschah.

वह समझ ही नहीं पा रहा था कि उसके साथ क्या हो रहा है।

Warum hielten ihn diese fremden Männer in dieser kleinen Kiste fest?

ये अजीब आदमी उसे इस छोटे से बक्से में क्यों रख रहे थे?

Was wollten sie von ihm und warum diese grausame Gefangenschaft?

वे उससे क्या चाहते थे और उसे यह क्रूर कैद क्यों दी गयी?

Er spürte einen dunklen Druck, das Gefühl, dass das Unglück näher rückte.

उसे एक अंधकारमय दबाव महसूस हुआ; एक विपत्ति का एहसास जो उसके करीब आ रहा था।

Es war eine vage Angst, die ihn jedoch schwer belastete.

यह एक अस्पष्ट भय था, लेकिन यह उसके मन पर गहरा असर कर रहा था।

Mehrmals sprang er auf, als die Schuppentür klapperte.

कई बार शेड का दरवाजा खटखटाने पर वह उछल पड़ा।

Er erwartete, dass der Richter oder die Jungen erscheinen und ihn retten würden.

उसे उम्मीद थी कि जज या लड़के आकर उसे बचा लेंगे।

Doch jedes Mal lugte nur das dicke Gesicht des Wirts hinein.

लेकिन हर बार केवल सैलून-कीपर का मोटा चेहरा ही अंदर झांकता था।

Das Gesicht des Mannes wurde vom schwachen Schein einer Talgkerze erhellt.

आदमी का चेहरा मोमबत्तियों की मंद रोशनी से रोशन था।

Jedes Mal verwandelte sich Bucks freudiges Bellen in ein leises, wütendes Knurren.

हर बार, बक की खुशी भरी भौंक एक धीमी, क्रोधित गुर्राहट में बदल जाती थी।

Der Wirt ließ ihn für die Nacht allein in der Kiste zurück

सैलून-कीपर ने उसे रात भर पिंजरे में अकेला छोड़ दिया

Aber als er am Morgen aufwachte, kamen noch mehr Männer.

लेकिन जब वह सुबह उठा तो और भी लोग आ रहे थे।

Vier Männer kamen und hoben die Kiste vorsichtig und wortlos auf.

चार आदमी आये और बिना कुछ कहे, सावधानी से टोकरा उठा लिया।

Buck wusste sofort, in welcher Situation er sich befand.

बक को तुरन्त पता चल गया कि वह किस स्थिति में है।

Sie waren weitere Peiniger, die er bekämpfen und fürchten musste.

वे और भी अधिक कष्टदायक थे जिनसे उसे लड़ना और डरना पड़ा।

Diese Männer sahen böse, zerlumpt und sehr ungepflegt aus.

ये लोग दुष्ट, फटेहाल और बहुत बुरी तरह से तैयार दिख रहे थे।

Buck knurrte und stürzte sich wild durch die Gitterstäbe auf sie.

बक गुर्राया और सलाखों के बीच से उन पर भयंकर रूप से झपटा।

Sie lachten nur und stießen mit langen Holzstöcken nach ihm.

वे बस हंसते रहे और उस पर लंबी लकड़ी की छड़ियों से प्रहार करते रहे।

Buck biss in die Stöcke, dann wurde ihm klar, dass es das war, was ihnen gefiel.

बक ने लाठी को चबाया, फिर उसे एहसास हुआ कि उन्हें यही पसंद है।

Also legte er sich ruhig hin, mürrisch und vor stiller Wut brennend.

इसलिए वह चुपचाप लेट गया, उदास और शांत क्रोध से जलता हुआ।

Sie hoben die Kiste auf einen Wagen und fuhren mit ihm weg.

उन्होंने टोकरा एक गाड़ी में डाला और उसे लेकर चले गए।

Die Kiste mit Buck darin wechselte oft den Besitzer.

बक को अंदर बंद कर देने वाला यह टोकरा अक्सर हाथों में बदलता रहता था।

Express-Büroangestellte übernahmen die Leitung und kümmerten sich kurz um ihn.

एक्सप्रेस कार्यालय के क्लर्कों ने कार्यभार संभाला और कुछ देर तक उसे संभाला।

Dann transportierte ein anderer Wagen Buck durch die laute Stadt.

फिर एक अन्य गाड़ी बक को शोरगुल वाले शहर से होकर ले गई।

Ein Lastwagen brachte ihn mit Kisten und Paketen auf eine Fähre.

एक ट्रक उसे बक्सों और पार्सलों के साथ एक नौका पर ले गया।

Nach der Überquerung lud ihn der Lastwagen an einem Bahndepot ab.

सड़क पार करने के बाद ट्रक ने उसे एक रेल डिपो पर उतार दिया।

Schließlich wurde Buck in einen wartenden Expresswagen gesetzt.

अंततः बक को प्रतीक्षारत एक्सप्रेस बोगी में बिठाया गया।

Zwei Tage und Nächte lang zogen Züge den Schnellzug ab.

दो दिन और दो रात तक रेलगाड़ियाँ एक्सप्रेस डिब्बे को खींचती रहीं।

Buck hat während der gesamten schmerzhaften Reise weder gegessen noch getrunken.

पूरी कष्टसाध्य यात्रा के दौरान बक ने न तो कुछ खाया और न ही कुछ पिया।

Als die Expressboten versuchten, sich ihm zu nähern, knurrte er.

जब एक्सप्रेस संदेशवाहक उसके पास आने की कोशिश करने लगे तो वह गुर्राने लगा।

Sie reagierten, indem sie ihn verspotteten und grausam hänselten.

उन्होंने उसका मजाक उड़ाया और उसे क्रूरतापूर्वक चिढ़ाया।

Buck warf sich schäumend und zitternd gegen die Gitterstäbe

बक ने खुद को सलाखों पर फेंक दिया, झाग उगल रहा था और कांप रहा था

Sie lachten laut und verspotteten ihn wie Schulhofschläger.

वे जोर-जोर से हंसे और स्कूल के गुंडों की तरह उसका मजाक उड़ाया।

Sie bellten wie falsche Hunde und wedelten mit den Armen.

वे नकली कुत्तों की तरह भौंकने लगे और अपनी भुजाएं फड़फड़ाने लगे।

Sie krähten sogar wie Hähne, nur um ihn noch mehr aufzuregen.

वे उसे और अधिक परेशान करने के लिए मुर्गों की तरह बांग भी देने लगे।

Es war dummes Verhalten und Buck wusste, dass es lächerlich war.

यह मूर्खतापूर्ण व्यवहार था और बक जानता था कि यह हास्यास्पद है।

Doch das verstärkte seine Empörung und Scham nur noch.

लेकिन इससे उनका आक्रोश और शर्म और बढ़ गई।

Der Hunger plagte ihn während der Reise kaum.

यात्रा के दौरान उन्हें भूख की ज्यादा चिंता नहीं हुई।

Doch der Durst brachte starke Schmerzen und unerträgliches Leiden mit sich.

लेकिन प्यास के कारण तीव्र दर्द और असहनीय पीड़ा हुई।

Sein trockener, entzündeter Hals und seine Zunge brannten vor Hitze.

उसका सूखा, सूजा हुआ गला और जीभ गर्मी से जलने लगे।

Dieser Schmerz schürte das Fieber, das in seinem stolzen Körper aufstieg.

इस दर्द ने उसके गर्वित शरीर के भीतर बढ़ते बुखार को और बढ़ा दिया।

Buck war während dieses Prozesses für eine einzige Sache dankbar.

इस परीक्षण के दौरान बक एक बात के लिए आभारी था।

Das Seil um seinen dicken Hals war entfernt worden.

उसकी मोटी गर्दन से रस्सी हटा दी गई थी।

Das Seil hatte diesen Männern einen unfairen und grausamen Vorteil verschafft.

रस्सी ने उन लोगों को अनुचित और क्रूर लाभ दिया था।

Jetzt war das Seil weg und Buck schwor, dass es nie wieder zurückkommen würde.

अब रस्सी गायब हो चुकी थी, और बक ने कसम खाई कि वह कभी वापस नहीं आएगी।

Er beschloss, sich nie wieder ein Seil um den Hals legen zu lassen.

उसने निश्चय किया कि अब कभी भी उसकी गर्दन में रस्सी नहीं पड़ेगी।

Zwei lange Tage und Nächte litt er ohne Essen.

दो दिन और दो रात तक वह बिना भोजन के कष्ट झेलता रहा।

Und in diesen Stunden baute sich in ihm eine enorme Wut auf.

और उन घंटों में, उसके अंदर बहुत अधिक क्रोध पैदा हो गया।

Seine Augen wurden vor ständiger Wut blutunterlaufen und wild.

लगातार क्रोध से उसकी आंखें लाल और उग्र हो गयीं।

Er war nicht mehr Buck, sondern ein Dämon mit schnappenden Kiefern.

वह अब बक नहीं था, बल्कि एक तीखे जबड़े वाला राक्षस था।

Nicht einmal der Richter hätte dieses verrückte Wesen erkannt.

यहां तक कि जज भी इस पागल प्राणी को नहीं जानते होंगे।

Die Expressboten atmeten erleichtert auf, als sie Seattle erreichten

एक्सप्रेस संदेशवाहकों ने सिएटल पहुंचने पर राहत की सांस ली

Vier Männer hoben die Kiste hoch und brachten sie in einen Hinterhof.

चार लोगों ने टोकरा उठाया और उसे पिछवाड़े में ले आये।

Der Hof war klein und von hohen, massiven Mauern umgeben.

आँगन छोटा था, जो ऊँची और ठोस दीवारों से घिरा हुआ था।

Ein großer Mann in einem ausgeleierten roten Pullover kam heraus.

एक बड़ा आदमी लाल रंग की ढीली स्वेटर शर्ट पहने बाहर निकला।

Mit dicker, kühner Handschrift unterschrieb er das Lieferbuch.

उन्होंने डिलीवरी बुक पर मोटे और मोटे हाथ से हस्ताक्षर किये।

Buck spürte sofort, dass dieser Mann sein nächster Peiniger war.

बक को तुरन्त ही यह आभास हो गया कि यह आदमी ही उसका अगला उत्पीड़क है।

Er stürzte sich heftig auf die Gitterstäbe, die Augen rot vor Wut.

वह हिंसक ढंग से सलाखों पर झपटा, उसकी आंखें क्रोध से लाल थीं।

Der Mann lächelte nur finster und holte ein Beil.

वह आदमी बस मंद-मंद मुस्कुराया और कुल्हाड़ी लाने चला गया।

Er brachte auch eine Keule in seiner dicken und starken rechten Hand mit.

वह अपने मोटे और मजबूत दाहिने हाथ में एक डंडा भी लाया था।

„Wollen Sie ihn jetzt rausholen?", fragte der Fahrer besorgt.

"अब आप उसे बाहर ले जाओगे?" ड्राइवर ने चिंतित होकर पूछा।

„Sicher", sagte der Mann und rammte das Beil als Hebel in die Kiste.

"ज़रूर," आदमी ने कहा और कुल्हाड़ी को लीवर की तरह टोकरे में ठूंस दिया।

Die vier Männer stoben sofort auseinander und sprangen auf die Hofmauer.

चारों व्यक्ति तुरन्त तितर-बितर हो गए और कूदकर आँगन की दीवार पर चढ़ गए।

Von ihren sicheren Plätzen oben warteten sie, um das Spektakel zu beobachten.

वे ऊपर अपने सुरक्षित स्थानों से इस तमाशे को देखने के लिए इंतजार कर रहे थे।

Buck stürzte sich auf das zersplitterte Holz, biss und zitterte heftig.

बक ने टूटी हुई लकड़ी पर झपट्टा मारा, उसे जोर से काटने और हिलाने लगा।

Jedes Mal, wenn die Axt den Käfig traf, war Buck da, um ihn anzugreifen.

हर बार जब कुल्हाड़ी पिंजरे से टकराती, तो बक उस पर हमला करने के लिए वहां मौजूद होता।

Er knurrte und schnappte vor wilder Wut und wollte unbedingt freigelassen werden.

वह जंगली क्रोध से गुर्राया और चिल्लाया, वह आज़ाद होने के लिए उत्सुक था।

Der Mann draußen war ruhig und gelassen und konzentrierte sich auf seine Aufgabe.

बाहर खड़ा आदमी शांत और स्थिर था तथा अपने काम पर ध्यान लगाए हुए था।

„Also gut, du rotäugiger Teufel", sagte er, als das Loch groß war.

"ठीक है, तुम लाल आंखों वाले शैतान," उसने कहा जब छेद बड़ा था।

Er ließ das Beil fallen und nahm die Keule in die rechte Hand.

उसने कुल्हाड़ी गिरा दी और डंडा अपने दाहिने हाथ में ले लिया।

Buck sah wirklich aus wie ein Teufel; seine Augen blutunterlaufen und lodernd.

बक सचमुच शैतान जैसा दिख रहा था; उसकी आंखें लाल और धधक रही थीं।

Sein Fell sträubte sich, Schaum stand ihm vor dem Mund, seine Augen funkelten.

उसका कोट कड़ा हो गया, उसके मुंह से झाग निकल रहा था, आंखें चमक रही थीं।

Er spannte seine Muskeln an und sprang direkt auf den roten Pullover zu.

उसने अपनी मांसपेशियां सिकोड़ीं और सीधे लाल स्वेटर की ओर झपटा।

Hundertvierzig Pfund Wut prasselten auf den ruhigen Mann zu.

एक सौ चालीस पाउंड का क्रोध शांत आदमी पर टूट पड़ा।

Kurz bevor er die Zähne zusammenbiss, traf ihn ein schrecklicher Schlag.

इससे पहले कि उसके जबड़े बंद होते, एक भयानक प्रहार ने उसे घायल कर दिया।

Seine Zähne schnappten zusammen, nur Luft war im Spiel.

उसके दांत हवा के अलावा किसी और चीज पर नहीं टकराए

ein Schmerz durchfuhr seinen Körper

दर्द की एक लहर उसके शरीर में गूंज उठी

Er machte einen Überschlag in der Luft und stürzte auf dem Rücken und der Seite zu Boden.

वह हवा में उछलकर पीठ और बाजू के बल नीचे गिर पड़ा।

Er hatte noch nie zuvor einen Knüppelschlag gespürt und konnte ihn nicht begreifen.

उसने पहले कभी डंडे की मार महसूस नहीं की थी और वह उसे पकड़ नहीं पाया था।

Mit einem kreischenden Knurren, das teils Bellen, teils Schreien war, sprang er erneut.

एक तीखी गुर्राहट, कुछ भौंकने और कुछ चीख के साथ, वह फिर से उछला।

Ein weiterer brutaler Schlag traf ihn und schleuderte ihn zu Boden.

एक और क्रूर प्रहार ने उसे घायल कर दिया और वह जमीन पर गिर पड़ा।

Diesmal verstand Buck – es war die schwere Keule des Mannes.

इस बार बक को समझ आ गया - यह उस आदमी का भारी डंडा था।

Doch die Wut machte ihn blind, und an einen Rückzug dachte er nicht.

लेकिन क्रोध ने उसे अंधा कर दिया था, और पीछे हटने का उसे कोई विचार नहीं सूझा।

Zwölfmal stürzte er sich in die Luft, und zwölfmal fiel er.

बारह बार उसने स्वयं को आगे बढ़ाया, और बारह बार वह नीचे गिरा।

Der Holzknüppel traf ihn jedes Mal mit unbarmherziger, vernichtender Kraft.

लकड़ी का डंडा हर बार उसे निर्दयी, कुचलने वाली ताकत से कुचल देता था।

Nach einem heftigen Schlag kam er benommen und langsam wieder auf die Beine.

एक भयंकर प्रहार के बाद वह लड़खड़ाते हुए, स्तब्ध और धीमा होकर अपने पैरों पर खड़ा हुआ।

Blut lief aus seinem Mund, seiner Nase und sogar seinen Ohren.

उसके मुंह, नाक और यहां तक कि कान से भी खून बह रहा था।

Sein einst so schönes Fell war mit blutigem Schaum verschmiert.

उसका कभी सुन्दर कोट खूनी झाग से सना हुआ था।

Dann trat der Mann vor und versetzte ihm einen heftigen Schlag auf die Nase.

तभी वह आदमी आगे बढ़ा और उसकी नाक पर एक जोरदार वार किया।

Die Qualen waren schlimmer als alles, was Buck je gespürt hatte.

यह पीड़ा बक ने कभी महसूस की हुई किसी भी पीड़ा से अधिक तीव्र थी।

Mit einem Brüllen, das eher an ein Tier als an einen Hund erinnerte, sprang er erneut zum Angriff.

कुत्ते से अधिक जानवर जैसी दहाड़ के साथ, वह फिर से हमला करने के लिए उछला।

Doch der Mann packte seinen Unterkiefer und drehte ihn nach hinten.

लेकिन उस आदमी ने उसका निचला जबड़ा पकड़ लिया और उसे पीछे की ओर मोड़ दिया।

Buck überschlug sich kopfüber und stürzte erneut hart auf den Boden.

बक सिर के बल पलटा और फिर से जोर से नीचे गिरा।

Ein letztes Mal stürmte Buck auf ihn zu, jetzt konnte er kaum noch stehen.

एक आखिरी बार, बक ने उस पर हमला किया, अब वह मुश्किल से खड़ा हो पा रहा था।

Der Mann schlug mit perfektem Timing zu und versetzte den letzten Schlag.

उस आदमी ने विशेषज्ञ समय पर अंतिम प्रहार किया।

Buck brach bewusstlos und regungslos zusammen.

बक बेहोश होकर गिर पड़ा और उसकी हालत स्थिर थी।

„Er ist kein Stümper im Hundezähmen, das sage ich", rief ein Mann.

एक आदमी चिल्लाया, "मैं तो यही कहता हूं कि वह कुत्तों को भगाने में माहिर है।"

„Druther kann den Willen eines Hundes an jedem Tag der Woche brechen."

"ड्रूथर सप्ताह के किसी भी दिन शिकारी कुत्ते की इच्छाशक्ति को तोड़ सकता है।"

„Und zweimal an einem Sonntag!", fügte der Fahrer hinzu.

"और रविवार को दो बार!" ड्राइवर ने कहा।

Er stieg in den Wagen und ließ die Zügel knacken, um loszufahren.

वह गाड़ी में चढ़ गया और निकलने के लिए लगाम कस ली।

Buck erlangte langsam die Kontrolle über sein Bewusstsein zurück

बक ने धीरे-धीरे अपनी चेतना पर नियंत्रण पा लिया

aber sein Körper war noch zu schwach und gebrochen, um sich zu bewegen.

लेकिन उसका शरीर अभी भी इतना कमजोर और टूटा हुआ था कि वह हिल नहीं सकता था।

Er blieb liegen, wo er hingefallen war, und beobachtete den Mann im roten Pullover.

वह जहां गिरा था, वहीं पड़ा रहा और लाल स्वेटर वाले आदमी को देखता रहा।

„Er hört auf den Namen Buck", sagte der Mann und las laut vor.

"उसका नाम बक है," उस आदमी ने ऊंची आवाज में पढ़ते हुए कहा।

Er zitierte aus der Notiz und den Einzelheiten, die mit Bucks Kiste geschickt wurden.

उन्होंने बक के टोकरे के साथ भेजे गए नोट और विवरण का हवाला दिया।

„Also, Buck, mein Junge", fuhr der Mann freundlich fort,

"ठीक है, बक, मेरे लड़के," आदमी ने दोस्ताना लहजे में कहा,

„Wir hatten unseren kleinen Streit, und jetzt ist es zwischen uns vorbei."

"हमारे बीच छोटी सी लड़ाई हुई थी और अब यह हमारे बीच ख़त्म हो गई है।"

„Sie haben Ihren Platz kennengelernt und ich habe meinen kennengelernt", fügte er hinzu.

उन्होंने कहा, "आपने अपनी जगह सीख ली है और मैंने अपनी जगह सीख ली है।"

„Sei brav, dann wird alles gut und das Leben wird angenehm sein."

"अच्छे बनो, तो सब ठीक हो जाएगा और जीवन सुखद हो जाएगा।"

„Aber wenn du böse bist, schlage ich dir die Seele aus dem Leib, verstanden?"

"लेकिन अगर तुम बुरे बनोगे, तो मैं तुम्हें बुरी तरह पीटूंगा, समझे?"

Während er sprach, streckte er die Hand aus und tätschelte Bucks schmerzenden Kopf.

बोलते समय उसने अपना हाथ आगे बढ़ाया और बक के दुखते सिर पर थपथपाया।

Bucks Haare stellten sich bei der Berührung des Mannes auf, aber er wehrte sich nicht.

उस आदमी के स्पर्श से बक के रोंगटे खड़े हो गए, लेकिन उसने प्रतिरोध नहीं किया।

Der Mann brachte ihm Wasser, das Buck in großen Schlucken trank.

वह आदमी उसके लिए पानी लाया, जिसे बक ने बड़े घूंटों से पी लिया।

Dann kam rohes Fleisch, das Buck Stück für Stück verschlang.

फिर कच्चा मांस आया, जिसे बक ने टुकड़े-टुकड़े करके खा लिया।

Er wusste, dass er geschlagen war, aber er wusste auch, dass er nicht gebrochen war.

वह जानता था कि उसे पीटा गया है, लेकिन वह यह भी जानता था कि वह टूटा नहीं है।

Gegen einen mit einer Keule bewaffneten Mann hatte er keine Chance.

डंडे से लैस एक आदमी के सामने उसके पास कोई मौका नहीं था।

Er hatte die Wahrheit erfahren und diese Lektion nie vergessen.

उसने सच्चाई सीख ली थी और वह उस सबक को कभी नहीं भूला।

Diese Waffe war der Beginn des Gesetzes in Bucks neuer Welt.

वह हथियार बक की नई दुनिया में कानून की शुरुआत थी।

Es war der Beginn einer harten, primitiven Ordnung, die er nicht leugnen konnte.

यह एक कठोर, आदिम व्यवस्था की शुरुआत थी जिसे वह नकार नहीं सकते थे।

Er akzeptierte die Wahrheit; seine wilden Instinkte waren nun erwacht.

उसने सत्य स्वीकार कर लिया; उसकी जंगली प्रवृत्तियाँ अब जाग चुकी थीं।

Die Welt war härter geworden, aber Buck stellte sich ihr tapfer.

दुनिया कठोर होती जा रही थी, लेकिन बक ने उसका बहादुरी से सामना किया।

Er begegnete dem Leben mit neuer Vorsicht, List und stiller Stärke.

उन्होंने जीवन का सामना नई सावधानी, चतुराई और शांत शक्ति के साथ किया।

Weitere Hunde kamen an, an Seilen oder in Kisten festgebunden, so wie Buck.

और भी कुत्ते आ गए, जो बक की तरह रस्सियों या बक्सों में बंधे हुए थे।

Einige Hunde kamen ruhig, andere tobten und kämpften wie wilde Tiere.

कुछ कुत्ते शांतिपूर्वक आये, जबकि अन्य उग्र होकर जंगली जानवरों की तरह लड़ने लगे।

Sie alle wurden der Herrschaft des Mannes im roten Pullover unterworfen.

उन सभी को लाल स्वेटर वाले आदमी के शासन के अधीन लाया गया।

Jedes Mal sah Buck zu und sah, wie sich ihm die gleiche Lektion erschloss.

हर बार बक ने देखा कि उसे वही सबक मिल रहा है।

Der Mann mit der Keule war das Gesetz, ein Herr, dem man gehorchen musste.

डंडा लिये हुए आदमी कानून था; एक मालिक जिसका पालन किया जाना था।

Er musste nicht gemocht werden, aber man musste ihm gehorchen.

उसे पसंद किये जाने की आवश्यकता नहीं थी, बल्कि उसकी आज्ञा का पालन किया जाना आवश्यक था।

Buck schmeichelte oder wedelte nie mit dem Schwanz, wie es die schwächeren Hunde taten.

बक कभी भी कमज़ोर कुत्तों की तरह चापलूसी या हरकत नहीं करता था।

Er sah Hunde, die geschlagen wurden und trotzdem die Hand des Mannes leckten.

उसने देखा कि कुत्ते पीटे जाने के बावजूद भी उस आदमी का हाथ चाट रहे थे।

Er sah einen Hund, der überhaupt nicht gehorchte oder sich unterwarf.

उसने एक कुत्ते को देखा जो न तो आज्ञा मानता था और न ही किसी के अधीन होता था।

Dieser Hund kämpfte, bis er im Kampf um die Kontrolle getötet wurde.

वह कुत्ता नियंत्रण की लड़ाई में तब तक लड़ता रहा जब तक कि वह मारा नहीं गया।

Manchmal kamen Fremde, um den Mann im roten Pullover zu sehen.

कभी-कभी अजनबी लोग लाल स्वेटर वाले उस आदमी को देखने आते थे।

Sie sprachen in seltsamem Ton, flehten, feilschten und lachten.

वे अजीब स्वर में बोल रहे थे, विनती कर रहे थे, मोल-तोल कर रहे थे और हंस रहे थे।

Als das Geld ausgetauscht wurde, gingen sie mit einem oder mehreren Hunden.

जब पैसे का लेन-देन हो जाता था, तो वे एक या अधिक कुत्तों के साथ चले जाते थे।

Buck fragte sich, wohin diese Hunde gingen, denn keiner kam jemals zurück.

बक को आश्चर्य हुआ कि ये कुत्ते कहां चले गए, क्योंकि कोई भी कभी वापस नहीं आया।

Angst vor dem Unbekannten erfüllte Buck jedes Mal, wenn ein fremder Mann kam

हर बार जब कोई अनजान आदमी सामने आता तो बक के मन में अज्ञात भय भर जाता

Er war jedes Mal froh, wenn ein anderer Hund mitgenommen wurde und nicht er selbst.

वह हर बार खुश होता था जब कोई दूसरा कुत्ता ले जाया जाता था, न कि खुद को।

Doch schließlich kam Buck an die Reihe, als ein fremder Mann eintraf.

लेकिन अंततः एक अजीब आदमी के आगमन के साथ बक की बारी आई।

Er war klein, drahtig und sprach gebrochenes Englisch und fluchte.

वह छोटा, दुबला-पतला था और टूटी-फूटी अंग्रेजी बोलता था तथा गालियां देता था।

„Heilig!", schrie er, als er Bucks Gestalt erblickte.

"पवित्र!" वह चिल्लाया जब उसने बक के शरीर पर नजर डाली।

„Das ist aber ein verdammter Rüpel! Wie viel?", fragte er laut.

"यह तो बहुत ही बदमाश कुत्ता है! है न? कितना?" उसने ऊंची आवाज में पूछा।

„Dreihundert, und für diesen Preis ist er ein Geschenk."

"तीन सौ, और वह उस कीमत पर एक उपहार है,"

„Da es sich um staatliche Gelder handelt, sollten Sie sich nicht beschweren, Perrault."

"चूंकि यह सरकारी पैसा है, इसलिए आपको शिकायत नहीं करनी चाहिए, पेरौल्ट।"

Perrault grinste über den Deal, den er gerade mit dem Mann gemacht hatte.

पेरौल्ट ने उस आदमी के साथ जो सौदा किया था, उसे देखकर मुस्कुराया।

Aufgrund der plötzlichen Nachfrage waren die Preise für Hunde in die Höhe geschossen.

अचानक मांग बढ़ने के कारण कुत्तों की कीमत आसमान छू रही थी।

Dreihundert Dollar waren für so ein tolles Tier nicht unfair.

इतने अच्छे जानवर के लिए तीन सौ डॉलर अनुचित नहीं था।

Die kanadische Regierung würde bei dem Abkommen nichts verlieren

इस सौदे में कनाडा सरकार को कुछ भी नुकसान नहीं होगा

Auch ihre offiziellen Depeschen würden während des Transports nicht verzögert.

न ही उनके आधिकारिक प्रेषण में देरी होगी।

Perrault kannte sich gut mit Hunden aus und erkannte, dass Buck etwas Seltenes war.

पेरौल्ट कुत्तों को अच्छी तरह से जानते थे, और जानते थे कि बक एक दुर्लभ प्राणी है।

„Einer von zehntausend", dachte er, als er Bucks Körperbau betrachtete.

बक की काया का अध्ययन करते हुए उसने सोचा, "दस हजार में से एक।"

Buck sah, wie das Geld den Besitzer wechselte, zeigte sich jedoch nicht überrascht.

बक ने पैसे को हाथों में बदलते देखा, लेकिन कोई आश्चर्य नहीं जताया।

Bald wurden er und Curly, ein sanfter Neufundländer, weggeführt.

जल्द ही उसे और घुँघराले नामक एक सौम्य न्यूफाउंडलैंड को वहां से ले जाया गया।

Sie folgten dem kleinen Mann aus dem Hof des roten Pullovers.

वे लाल स्वेटर वाले के आँगन से उस छोटे आदमी का पीछा करने लगे।

Das war das letzte Mal, dass Buck den Mann mit der Holzkeule sah.

वह आखिरी बार था जब बक ने लकड़ी के डंडे के साथ उस आदमी को देखा था।

Vom Deck der Narwhal aus beobachtete er, wie Seattle in der Ferne verschwand.

नारव्हेल के डेक से उसने सिएटल को दूर तक लुप्त होते देखा।

Es war auch das letzte Mal, dass er das warme Südland sah.

यह आखिरी बार था जब उन्होंने गर्म साउथलैंड को देखा था।

Perrault brachte sie unter Deck und ließ sie bei François zurück.

पेरौल्ट उन्हें डेक के नीचे ले गया और फ़्रॉस्वा के पास छोड़ दिया।

François war ein Riese mit schwarzem Gesicht und rauen, schwieligen Händen.

फ़्रॉस्वा एक काले चेहरे वाला विशालकाय व्यक्ति था जिसके हाथ खुरदरे और कठोर थे।

Er war dunkelhäutig und hatte eine dunkle Hautfarbe, ein französisch-kanadischer Mischling.

वह सांवला और काला था; एक अर्ध-नस्ल फ्रांसीसी-कनाडाई।

Für Buck waren diese Männer von einer Art, die er noch nie zuvor gesehen hatte.

बक के लिए ये लोग ऐसे थे जिन्हें उसने पहले कभी नहीं देखा था।

Er würde in den kommenden Tagen viele solcher Männer kennenlernen.

आने वाले दिनों में उसे ऐसे कई लोगों से परिचय होगा।

Er konnte sie zwar nicht lieb gewinnen, aber er begann, sie zu respektieren.

वह उनसे प्रेम तो नहीं करने लगा, परन्तु उनका आदर करने लगा।

Sie waren fair und weise und ließen sich von keinem Hund so leicht täuschen.

वे निष्पक्ष और बुद्धिमान थे, और किसी भी कुत्ते द्वारा आसानी से मूर्ख नहीं बनाये जा सकते थे।

Sie beurteilten Hunde ruhig und bestraften sie nur, wenn es angebracht war.

वे कुत्तों का शांतिपूर्वक मूल्यांकन करते थे, तथा केवल तभी दण्ड देते थे जब वह दण्ड योग्य होता था।

Im Unterdeck der Narwhal trafen Buck und Curly zwei Hunde.

नरव्हेल के निचले डेक पर बक और घुँघराले की मुलाकात दो कुत्तों से हुई।

Einer war ein großer weißer Hund aus dem fernen, eisigen Spitzbergen.

उनमें से एक बड़ा सफेद कुत्ता था जो दूर स्थित बर्फीले स्पित्स्बर्गेन से आया था।

Er war einmal mit einem Walfänger gesegelt und hatte sich einer Erkundungsgruppe angeschlossen.

वह एक बार एक व्हेलर के साथ यात्रा कर चुके थे और एक सर्वेक्षण समूह में शामिल हो गए थे।

Er war auf eine schlaue, hinterhältige und listige Art freundlich.

वह धूर्त, छलपूर्ण और चालाक ढंग से मित्रतापूर्ण व्यवहार करता था।

Bei ihrer ersten Mahlzeit stahl er ein Stück Fleisch aus Bucks Pfanne.

अपने पहले भोजन के समय, उसने बक के पैन से मांस का एक टुकड़ा चुरा लिया।

Buck sprang, um ihn zu bestrafen, aber François' Peitsche schlug zuerst zu.

बक उसे दण्ड देने के लिए कूदा, लेकिन फ्रांकोइस का चाबुक पहले ही लग गया।

Der weiße Dieb schrie auf und Buck holte sich den gestohlenen Knochen zurück.

सफेद चोर चिल्लाया और बक ने चुराई हुई हड्डी वापस ले ली।

Diese Fairness beeindruckte Buck und François verdiente sich seinen Respekt.

इस निष्पक्षता ने बक को प्रभावित किया और फ्रांकोइस ने उनका सम्मान अर्जित किया।

Der andere Hund grüßte nicht und wollte auch nichts zurück.

दूसरे कुत्ते ने कोई अभिवादन नहीं किया, तथा बदले में कुछ भी नहीं चाहा।

Er stahl weder Essen noch beschnüffelte er die Neuankömmlinge interessiert.

वह न तो भोजन चुराता था, न ही नए आने वालों पर दिलचस्पी से नज़र डालता था।

Dieser Hund war grimmig und ruhig, düster und bewegte sich langsam.

यह कुत्ता गंभीर और शांत, उदास और धीमी गति से चलने वाला था।

Er warnte Curly, sich fernzuhalten, indem er sie einfach anstarrte.

उसने घुँघराले को घूरकर दूर रहने की चेतावनी दी।

Seine Botschaft war klar: Lass mich in Ruhe, sonst gibt es Ärger.

उनका संदेश स्पष्ट था; मुझे अकेला छोड़ दो, नहीं तो मुसीबत हो जायेगी।

Er hieß Dave und nahm seine Umgebung kaum wahr.

उसका नाम डेव था और वह अपने आस-पास की चीज़ों पर ध्यान ही नहीं देता था।

Er schlief oft, aß ruhig und gähnte ab und zu.

वह अक्सर सोता था, चुपचाप खाता था, और कभी-कभी जम्हाई लेता था।

Das Schiff summte ständig, während unten der Propeller schlug.

जहाज नीचे धड़कते प्रोपेलर के साथ लगातार गुनगुना रहा था।

Die Tage vergingen, ohne dass sich viel änderte, aber das Wetter wurde kälter.

दिन तो थोड़े परिवर्तन के साथ बीत गए, लेकिन मौसम ठंडा हो गया।

Buck spürte es in seinen Knochen und bemerkte, dass es den anderen genauso ging.

बक इसे अपनी हड्डियों में महसूस कर सकता था, और उसने देखा कि अन्य लोग भी इसे महसूस कर रहे थे।

Dann blieb eines Morgens der Propeller stehen und alles war still.

फिर एक सुबह, प्रोपेलर बंद हो गया और सब कुछ शांत हो गया।

Eine Energie durchströmte das Schiff; etwas hatte sich
verändert.

जहाज में एक ऊर्जा का संचार हुआ; कुछ बदल गया था।

François kam herunter, legte ihnen die Leinen an und
brachte sie hoch.

फ़्राँस्वा नीचे आया, उन्हें पट्टे पर बाँधा और ऊपर ले आया।

Buck stieg aus und fand den Boden weich, weiß und kalt.

बक ने बाहर कदम रखा और पाया कि ज़मीन नरम, सफ़ेद
और ठंडी थी।

Er sprang erschrocken zurück und schnaubte völlig verwirrt.

वह घबराकर पीछे हट गया और पूरी तरह से असमंजस में
पड़कर खर्राटे लेने लगा।

Seltsames weißes Zeug fiel vom grauen Himmel.

भूरे आकाश से अजीब सफेद चीज गिर रही थी।

Er schüttelte sich, aber die weißen Flocken landeten immer
wieder auf ihm.

उसने अपने आप को हिलाया, लेकिन सफेद परतें उस पर
गिरती रहीं।

Er roch vorsichtig an dem weißen Zeug und leckte an ein
paar eisigen Stückchen.

उसने उस सफ़ेद चीज़ को ध्यान से सूँघा और कुछ बर्फीले
टुकड़े चाटे।

Das Pulver brannte wie Feuer und verschwand dann einfach
von seiner Zunge.

पाउडर आग की तरह जलने लगा, फिर उसकी जीभ से गायब
हो गया।

Buck versuchte es noch einmal und war verwirrt über die
seltsame, verschwindende Kälte.

बक ने पुनः प्रयास किया, वह उस अजीब सी लुप्त होती ठंडक
से हैरान था।

Die Männer um ihn herum lachten und Buck war verlegen.

उसके आस-पास खड़े लोग हंसने लगे और बक को शर्मिंदगी महसूस हुई।

Er wusste nicht warum, aber er schämte sich für seine Reaktion.

उसे पता नहीं था कि ऐसा क्यों हुआ, लेकिन उसे अपनी प्रतिक्रिया पर शर्म आ रही थी।

Es war seine erste Erfahrung mit Schnee und es verwirrte ihn.

बर्फ के साथ यह उसका पहला अनुभव था और इससे वह उलझन में पड़ गया।

Das Gesetz von Keule und Fang
क्लब और फैंग का नियम

Bucks erster Tag am Strand von Dyea fühlte sich wie ein schrecklicher Albtraum an.

डाईया समुद्र तट पर बक का पहला दिन एक भयानक दुःस्वप्न जैसा लगा।

Jede Stunde brachte neue Schocks und unerwartete Veränderungen für Buck.

प्रत्येक घंटा बक के लिए नये झटके और अप्रत्याशित परिवर्तन लेकर आया।

Er war aus der Zivilisation gerissen und ins wilde Chaos gestürzt worden.

उसे सभ्यता से खींचकर जंगली अराजकता में फेंक दिया गया था।

Dies war kein sonniges, faules Leben mit Langeweile und Ruhe.

यह कोई धूप-भरी, ऊबाऊ और आराम वाली आलसी जिंदगी नहीं थी।

Es gab keinen Frieden, keine Ruhe und keinen Moment ohne Gefahr.

वहाँ न शांति थी, न विश्राम, और न ही कोई क्षण खतरे से मुक्त था।

Überall herrschte Verwirrung und die Gefahr war immer in der Nähe.

हर जगह भ्रम की स्थिति थी और खतरा हमेशा करीब था।

Buck musste wachsam bleiben, denn diese Männer und Hunde waren anders.

बक को सतर्क रहना पड़ा क्योंकि ये आदमी और कुत्ते अलग-अलग थे।

Sie kamen nicht aus der Stadt, sie waren wild und gnadenlos.

वे नगरों से नहीं थे; वे जंगली और निर्दयी थे।

Diese Männer und Hunde kannten nur das Gesetz der Keule und der Reißzähne.

ये लोग और कुत्ते केवल डंडे और नुकीले दांतों का कानून ही जानते थे।

Buck hatte noch nie Hunde so kämpfen sehen wie diese wilden Huskys.

बक ने कभी भी इन क्रूर हस्की कुत्तों की तरह लड़ते नहीं देखा था।

Seine erste Erfahrung lehrte ihn eine Lektion, die er nie vergessen würde.

उनके पहले अनुभव ने उन्हें एक ऐसा सबक सिखाया जिसे वे कभी नहीं भूलेंगे।

Er hatte Glück, dass er es nicht war, sonst wäre auch er gestorben.

वह भाग्यशाली था कि वह नहीं था, अन्यथा वह भी मर जाता।

Curly war derjenige, der litt, während Buck zusah und lernte.

घुँघराले को कष्ट सहना पड़ा, जबकि बक देखता रहा और सीखता रहा।

Sie hatten ihr Lager in der Nähe eines aus Baumstämmen gebauten Ladens aufgeschlagen.

उन्होंने लकड़ियों से बने एक स्टोर के पास शिविर बनाया था।

Curly versuchte, einem großen, wolfsähnlichen Husky gegenüber freundlich zu sein.

घुँघराले ने एक बड़े, भेड़िये जैसे हस्की कुत्ते के साथ मित्रतापूर्ण व्यवहार करने की कोशिश की।

Der Husky war kleiner als Curly, sah aber wild und böse aus.

हस्की घुँघराले से छोटा था, लेकिन जंगली और क्रूर लग रहा था।

Ohne Vorwarnung sprang er auf und schlug ihr ins Gesicht.

बिना किसी चेतावनी के, वह कूदा और उसके चेहरे पर वार कर दिया।

Seine Zähne schnitten in einer Bewegung von ihrem Auge bis zu ihrem Kiefer.

उसके दांतों ने एक ही झटके में उसकी आंख से लेकर जबड़े तक काट दिया।

So kämpften Wölfe: Sie schlugen schnell zu und sprangen weg.

भेड़िये इसी तरह लड़ते थे - तेजी से हमला करते और दूर कूद जाते।

Aber es gab mehr zu lernen als nur diesen einen Angriff.

लेकिन उस एक हमले से सीखने के लिए और भी बहुत कुछ था।

Dutzende Huskys stürmten herein und bildeten einen stillen Kreis.

दर्जनों हस्की पक्षी दौड़कर आए और एक खामोश घेरा बना लिया।

Sie schauten aufmerksam zu und leckten sich hungrig die Lippen.

उन्होंने ध्यान से देखा और भूख से अपने होंठ चाटने लगे।

Buck verstand weder ihr Schweigen noch ihre begierigen Blicke.

बक को उनकी चुप्पी या उनकी उत्सुक आँखें समझ में नहीं आईं।

Curly stürzte sich ein zweites Mal auf den Husky, um ihn anzugreifen.

घुँघराले दूसरी बार हस्की पर हमला करने के लिए दौड़ा।

Mit einer kräftigen Bewegung seiner Brust warf er sie um.

उसने अपनी छाती का इस्तेमाल करके उसे जोर से गिरा दिया।

Sie fiel auf die Seite und konnte nicht wieder aufstehen.

वह एक ओर गिर पड़ी और फिर उठ न सकी।

Darauf hatten die anderen die ganze Zeit gewartet.

यह वही था जिसका अन्य लोग लंबे समय से इंतजार कर रहे थे।

Die Huskies sprangen sie an und jaulten und knurrten wie wild.

कर्कश पक्षी उस पर कूद पड़े, और उन्माद में चिल्लाने और गुर्राने लगे।

Sie schrie, als sie unter einem Haufen Hunde begruben.

जब उसे कुत्तों के ढेर के नीचे दफनाया गया तो वह चीखने लगी।

Der Angriff erfolgte so schnell, dass Buck vor Schreck erstarrte.

हमला इतना तेज था कि बक सदमे से वहीं जम गया।

Er sah, wie Spitz die Zunge herausstreckte, als würde er lachen.

उसने देखा कि स्पिट्ज़ अपनी जीभ इस तरह बाहर निकाल रहा था जैसे वह हंस रहा हो।

François schnappte sich eine Axt und rannte direkt in die Hundegruppe hinein.

फ़्रॉस्वा ने एक कुल्हाड़ी पकड़ी और सीधे कुत्तों के समूह में भाग गया।

Drei weitere Männer halfen mit Knüppeln, die Huskies zu vertreiben.

तीन अन्य लोगों ने हस्की को भगाने के लिए डंडों का प्रयोग किया।

In nur zwei Minuten war der Kampf vorbei und die Hunde waren verschwunden.

मात्र दो मिनट में ही लड़ाई ख़त्म हो गई और कुत्ते चले गए।

Curly lag tot im roten, zertrampelten Schnee, ihr Körper war zerfetzt.

घुँघराले लाल, कुचली हुई बर्फ में मृत पड़ी थी, उसका शरीर टुकड़े-टुकड़े हो गया था।

Ein dunkelhäutiger Mann stand über ihr und verfluchte die brutale Szene.

एक काले रंग का आदमी उसके ऊपर खड़ा होकर उस क्रूर दृश्य को कोस रहा था।

Die Erinnerung blieb bei Buck und verfolgte ihn nachts in seinen Träumen.

यह स्मृति बक के साथ बनी रही और रात में उसके सपनों में आती रही।

So war es hier: keine Fairness, keine zweite Chance.

यहीं तो तरीका था; न कोई निष्पक्षता, न कोई दूसरा मौका।

Sobald ein Hund fiel, töteten die anderen ihn gnadenlos.

एक बार कोई कुत्ता गिर जाता तो बाकी कुत्ते उसे बिना किसी दया के मार देते।

Buck beschloss damals, dass er niemals zulassen würde, dass er fällt.

बक ने तब निर्णय लिया कि वह स्वयं को कभी गिरने नहीं देगा।

Spitz streckte erneut die Zunge heraus und lachte über das Blut.

स्पिट्ज़ ने फिर से अपनी जीभ बाहर निकाली और खून को देखकर हँसा।

Von diesem Moment an hasste Buck Spitz aus vollem Herzen.

उस क्षण से, बक स्पिट्ज से पूरे दिल से नफरत करने लगा।

Bevor Buck sich von Curlys Tod erholen konnte, passierte etwas Neues.

इससे पहले कि बक घुँघराले की मौत से उबर पाता, कुछ नया घटित हुआ।

François kam herüber und schnallte etwas um Bucks Körper.

फ़्रॉस्वा आया और उसने बक के शरीर के चारों ओर कुछ बाँध दिया।

Es war ein Geschirr wie das, das auf der Ranch für Pferde verwendet wurde.

यह एक प्रकार का पट्टा था, जैसा कि फार्म में घोड़ों पर लगाया जाता है।

Buck hatte gesehen, wie Pferde arbeiteten, und nun musste auch er arbeiten.

चूँकि बक ने घोड़ों को काम करते देखा था, इसलिए अब उसे भी काम करना पड़ा।

Er musste François auf einem Schlitten in den nahegelegenen Wald ziehen.

उसे फ्रांकोइस को स्लेज पर खींचकर पास के जंगल में ले जाना पड़ा।

Anschließend musste er eine Ladung schweres Brennholz zurückziehen.

फिर उसे भारी मात्रा में लकड़ियाँ खींचकर ले जाना पड़ा।

Buck war stolz und deshalb tat es ihm weh, wie ein Arbeitstier behandelt zu werden.

बक घमंडी था, इसलिए उसे यह देखकर दुख होता था कि उसके साथ एक कामकाजी जानवर जैसा व्यवहार किया जा रहा है।

Aber er war klug und versuchte nicht, gegen die neue Situation anzukämpfen.

लेकिन वह बुद्धिमान था और उसने नई परिस्थिति से लड़ने की कोशिश नहीं की।

Er akzeptierte sein neues Leben und gab bei jeder Aufgabe sein Bestes.

उन्होंने अपना नया जीवन स्वीकार किया और हर कार्य में अपना सर्वश्रेष्ठ दिया।

Alles an der Arbeit war ihm fremd und ungewohnt.

काम से जुड़ी हर चीज़ उसके लिए अजीब और अपरिचित थी।

François war streng und verlangte unverzüglichen Gehorsam.

फ्राँस्वा सख्त थे और बिना देरी के आज्ञाकारिता की मांग करते थे।

Seine Peitsche sorgte dafür, dass jeder Befehl sofort befolgt wurde.

उनके चाबुक से यह सुनिश्चित होता था कि प्रत्येक आदेश का तुरंत पालन किया जाए।

Dave war der Schlittenführer, der Hund, der dem Schlitten hinter Buck am nächsten war.

डेव व्हीलर था, बक के पीछे स्लेज के सबसे निकट वाला कुत्ता।

Dave biss Buck in die Hinterbeine, wenn er einen Fehler machte.

यदि बक कोई गलती करता तो डेव उसके पिछले पैरों पर काट लेता था।

Spitz war der Leithund und in dieser Rolle geschickt und erfahren.

स्पिट्ज़ प्रमुख कुत्ता था, जो इस भूमिका में कुशल और अनुभवी था।

Spitz konnte Buck nicht leicht erreichen, korrigierte ihn aber trotzdem.

स्पिट्ज़ आसानी से बक तक नहीं पहुंच सका, लेकिन फिर भी उसने उसे सुधार दिया।

Er knurrte barsch oder zog den Schlitten auf eine Art, die Buck etwas beibrachte.

वह कठोरता से गुर्राता था या स्लेज को ऐसे खींचता था जो बक को सिखाया गया था।

Durch dieses Training lernte Buck schneller, als alle erwartet hatten.

इस प्रशिक्षण के तहत, बक ने किसी की भी अपेक्षा से अधिक तेजी से सीखा।

Er hat hart gearbeitet und sowohl von François als auch von den anderen Hunden gelernt.

उन्होंने कड़ी मेहनत की और फ्रांकोइस तथा अन्य कुत्तों से सीखा।

Als sie zurückkamen, kannte Buck die wichtigsten Befehle bereits.

जब वे वापस लौटे, बक को पहले से ही प्रमुख आदेश पता थे।

Von François hat er gelernt, beim Laut „ho" anzuhalten.

उन्होंने फ़्राँस्वा से "हो" की ध्वनि पर रुकना सीखा।

Er lernte, wann er den Schlitten ziehen und rennen musste.

उन्होंने यह सीख लिया कि कब उन्हें स्लेज खींचकर भागना है।

Er lernte, in den Kurven des Weges ohne Probleme weit abzubiegen.

उन्होंने बिना किसी परेशानी के रास्ते में मोड़ पर चौड़ा मोड़ लेना सीख लिया।

Er lernte auch, Dave auszuweichen, wenn der Schlitten schnell bergab fuhr.

उन्होंने यह भी सीख लिया कि जब स्लेज तेजी से नीचे की ओर जाए तो डेव से बचना चाहिए।

„Das sind sehr gute Hunde", sagte François stolz zu Perrault.

"वे बहुत अच्छे कुत्ते हैं," फ़्राँस्वा ने गर्व से पेरौल्ट से कहा।

„Dieser Buck zieht wie der Teufel – ich bringe ihm das so schnell bei, wie ich nur kann."

"वह बक बहुत तेज़ खींचतान करता है - मैं उसे बहुत जल्दी सिखा देता हूँ।"

Später am Tag kam Perrault mit zwei weiteren Huskys zurück.

उस दिन बाद में, पेरौल्ट दो और कर्कश कुत्तों के साथ वापस आया।

Ihre Namen waren Billee und Joe und sie waren Brüder.

उनके नाम बिली और जो थे और वे भाई थे।

Sie stammten von derselben Mutter, waren sich aber überhaupt nicht ähnlich.

वे एक ही मां से थे, लेकिन बिल्कुल एक जैसे नहीं थे।

Billee war gutmütig und zu allen sehr freundlich.

बिली बहुत ही मधुर स्वभाव की थी और सभी के साथ बहुत ही मित्रवत व्यवहार करती थी।

Joe war das Gegenteil – ruhig, wütend und immer am Knurren.

जो इसके विपरीत था - शांत, क्रोधित और हमेशा गुर्राता हुआ।

Buck begrüßte sie freundlich und blieb beiden gegenüber ruhig.

बक ने उनका मित्रतापूर्ण तरीके से स्वागत किया और दोनों के साथ शांत व्यवहार किया।

Dave schenkte ihnen keine Beachtung und blieb wie üblich still.

डेव ने उन पर कोई ध्यान नहीं दिया और हमेशा की तरह चुप रहा।

Um seine Dominanz zu demonstrieren, griff Spitz zuerst Billee und dann Joe an.

स्पिट्ज़ ने अपना प्रभुत्व दिखाने के लिए पहले बिली पर और फिर जो पर हमला किया।

Billee wedelte mit dem Schwanz und versuchte, freundlich zu Spitz zu sein.

बिली ने अपनी पूँछ हिलाई और स्पिट्ज़ के साथ मित्रतापूर्ण व्यवहार करने की कोशिश की।

Als das nicht funktionierte, versuchte er stattdessen wegzulaufen.

जब वह सफल नहीं हुआ तो उसने भागने की कोशिश की।

Er weinte traurig, als Spitz ihn fest in die Seite biss.

जब स्पिट्ज़ ने उसे जोर से काटा तो वह दुखी होकर रोने लगा।

Aber Joe war ganz anders und ließ sich nicht einschüchtern.

लेकिन जो बहुत अलग था और उसने धमकाए जाने से इनकार कर दिया।

Jedes Mal, wenn Spitz näher kam, drehte sich Joe schnell um, um ihm in die Augen zu sehen.

जब भी स्पिट्ज़ पास आता, जो तेजी से घूमकर उसका सामना करता।

Sein Fell sträubte sich, seine Lippen kräuselten sich und seine Zähne schnappten wild.

उसका फर खड़ा हो गया, उसके होठ मुड़ गए, और उसके दांत बेतहाशा चटकने लगे।

Joes Augen glänzten vor Angst und Wut und forderten Spitz heraus, zuzuschlagen.

जो की आंखें भय और क्रोध से चमक उठीं और उसने स्पिट्ज को हमला करने के लिए ललकारा।

Spitz gab den Kampf auf und wandte sich gedemütigt und wütend ab.

स्पिट्ज़ ने लड़ाई छोड़ दी और अपमानित और क्रोधित होकर वापस चला गया।

Er ließ seine Frustration an dem armen Billee aus und jagte ihn davon.

उसने बेचारे बिली पर अपनी भड़ास निकाली और उसे भगा दिया।

An diesem Abend fügte Perrault dem Team einen weiteren Hund hinzu.

उस शाम, पेरौल्ट ने टीम में एक और कुत्ता शामिल कर लिया।

Dieser Hund war alt, mager und mit Kampfnarben übersät.

यह कुत्ता बूढ़ा, दुबला-पतला और युद्ध के जख्मों से भरा हुआ था।

Eines seiner Augen fehlte, doch das andere blitzte kraftvoll auf.

उसकी एक आँख गायब थी, लेकिन दूसरी आँख में शक्ति चमक रही थी।

Der neue Hund hieß Solleks, was „der Wütende" bedeutet.

नए कुत्ते का नाम सोलेक्स था, जिसका अर्थ था गुस्सैल।

Wie Dave verlangte Solleks nichts von anderen und gab nichts zurück.

डेव की तरह सोलेक्स ने भी दूसरों से कुछ नहीं मांगा और बदले में कुछ नहीं दिया।

Als Solleks langsam ins Lager ging, blieb sogar Spitz fern.

जब सोलेक्स धीरे-धीरे शिविर में चला गया, तो स्पिट्ज़ भी दूर ही रहा।

Er hatte eine seltsame Angewohnheit, die Buck unglücklicherweise entdeckte.

उसकी एक अजीब आदत थी जिसका पता बक को दुर्भाग्यवश चल गया।

Solleks hasste es, von der Seite angesprochen zu werden, auf der er blind war.

सोलेक्स को उस तरफ से संपर्क किया जाना नापसंद था जहां वह अंधा था।

Buck wusste das nicht und machte diesen Fehler versehentlich.

बक को यह बात पता नहीं थी और उसने गलती से यह गलती कर दी।

Solleks wirbelte herum und versetzte Buck einen schnellen, tiefen Schlag auf die Schulter.

सोलेक्स ने घूमकर बक के कंधे पर गहरा और तेज वार किया।

Von diesem Moment an kam Buck nie wieder in die Nähe von Solleks' blinder Seite.

उस क्षण के बाद से, बक कभी भी सोलेक्स के अंधे पक्ष के पास नहीं आया।

Für den Rest ihrer gemeinsamen Zeit gab es nie wieder Probleme.

उनके साथ रहने के शेष समय में उन्हें फिर कभी कोई परेशानी नहीं हुई।

Solleks wollte nur in Ruhe gelassen werden, wie der ruhige Dave.

सोलेक्स भी शांत डेव की तरह अकेला रहना चाहता था।

Doch Buck erfuhr später, dass jeder von ihnen ein anderes geheimes Ziel hatte.

लेकिन बाद में बक को पता चला कि उन दोनों का एक और गुप्त लक्ष्य था।

In dieser Nacht stand Buck vor einer neuen und beunruhigenden Herausforderung: Wie sollte er schlafen?

उस रात बक को एक नई और परेशान करने वाली चुनौती का सामना करना पड़ा - कैसे सोये।

Das Zelt leuchtete warm im Kerzenlicht auf dem schneebedeckten Feld.

बर्फीले मैदान में मोमबत्ती की रोशनी से तम्बू गर्म होकर चमक रहा था।

Buck ging hinein und dachte, er könnte sich dort wie zuvor ausruhen.

बक अंदर चला गया, यह सोचते हुए कि वह पहले की तरह वहां आराम कर सकेगा।

Aber Perrault und François schrien ihn an und warfen Pfannen.

लेकिन पेरौल्ट और फ्ऱॉस्वा उस पर चिल्लाये और पैन फेंके।

Schockiert und verwirrt rannte Buck in die eisige Kälte hinaus.

हैरान और भ्रमित होकर बक बर्फीली ठंड में बाहर भाग गया।

Ein bitterkalter Wind stach ihm in die verletzte Schulter und ließ seine Pfoten erfrieren.

एक कड़क हवा ने उसके घायल कंधे को डंक मारा और उसके पंजे जम गये।

Er legte sich in den Schnee und versuchte, im Freien zu schlafen.

वह बर्फ में लेट गया और खुले में सोने की कोशिश करने लगा।

Doch die Kälte zwang ihn bald, heftig zitternd wieder aufzustehen.

लेकिन ठंड के कारण उन्हें जल्द ही उठना पड़ा, वे बुरी तरह कांप रहे थे।

Er wanderte durch das Lager und versuchte, ein wärmeres Plätzchen zu finden.

वह शिविर में घूमता रहा और गर्म स्थान ढूंढने की कोशिश करता रहा।

Aber jede Ecke war genauso kalt wie die vorherige.

लेकिन हर कोना पहले की तरह ही ठंडा था।

Manchmal sprangen ihn wilde Hunde aus der Dunkelheit an.

कभी-कभी अंधेरे में से जंगली कुत्ते उस पर झपट पड़ते।

Buck sträubte sein Fell, fletschte die Zähne und knurrte warnend.

बक ने अपने रोएं खड़े कर लिए, दांत दिखाए और चेतावनी देते हुए गुर्राया।

Er lernte schnell und die anderen Hunde zogen sich schnell zurück.

वह तेजी से सीख रहा था, और अन्य कुत्ते तुरंत पीछे हट गये।

Trotzdem hatte er keinen Platz zum Schlafen und keine Ahnung, was er tun sollte.

फिर भी, उसके पास सोने के लिए कोई जगह नहीं थी और उसे यह भी नहीं पता था कि क्या करे।

Endlich kam ihm ein Gedanke: Er sollte nach seinen Teamkollegen sehen.

अंततः उसके मन में एक विचार आया - अपने साथियों की जांच करनी चाहिए।

Er kehrte in ihre Gegend zurück und war überrascht, dass sie verschwunden waren.

वह उनके क्षेत्र में वापस आया और उन्हें गायब देखकर आश्चर्यचकित हुआ।

Erneut durchsuchte er das Lager, konnte sie jedoch immer noch nicht finden.

उसने फिर शिविर की तलाश की, लेकिन फिर भी उन्हें नहीं ढूंढ सका।

Er wusste, dass sie nicht im Zelt sein durften, sonst wäre er auch dort gewesen.

वह जानता था कि वे तम्बू में नहीं हो सकते, अन्यथा वह भी वहाँ होता।

Wo also waren all die Hunde in diesem eisigen Lager geblieben?

तो फिर इस बर्फीले शिविर में सारे कुत्ते कहां चले गए?

Buck, kalt und elend, umrundete langsam das Zelt.

बक, ठण्ड और दुःख से व्याकुल, धीरे-धीरे तम्बू के चारों ओर चक्कर लगाने लगा।

Plötzlich sanken seine Vorderbeine in den weichen Schnee und er erschrak.

अचानक, उसके अगले पैर नरम बर्फ में धंस गए और वह चौंक गया।

Etwas zappelte unter seinen Füßen und er sprang ängstlich zurück.

उसके पैरों के नीचे कुछ सरसराया और वह डर के मारे पीछे हट गया।

Er knurrte und fauchte, ohne zu wissen, was sich unter dem Schnee verbarg.

वह गुर्राया और गुर्राया, उसे नहीं मालूम था कि बर्फ के नीचे क्या छिपा है।

Dann hörte er ein freundliches kleines Bellen, das seine Angst linderte.

तभी उसने एक दोस्ताना हल्की सी भौंकने की आवाज सुनी जिससे उसका डर कम हो गया।

Er schnüffelte in der Luft und kam näher, um zu sehen, was verborgen war.

उसने हवा सूँघी और यह देखने के लिए पास आया कि क्या छिपा हुआ है।

Unter dem Schnee lag, zu einer warmen Kugel zusammengerollt, der kleine Billee.

बर्फ के नीचे, एक गर्म गेंद की तरह मुड़ी हुई, छोटी सी बिली थी।

Billee wedelte mit dem Schwanz und leckte Bucks Gesicht zur Begrüßung.

बिली ने अपनी पूँछ हिलाई और बक का चेहरा चाटकर उसका स्वागत किया।

Buck sah, wie Billee im Schnee einen Schlafplatz gebaut hatte.

बक ने देखा कि बिली ने बर्फ में सोने की जगह बना ली थी।

Er hatte sich eingegraben und nutzte seine eigene Wärme, um sich warm zu halten.

उसने नीचे खुदाई की और गर्म रहने के लिए अपनी ही गर्मी का इस्तेमाल किया।

Buck hatte eine weitere Lektion gelernt – so schliefen die Hunde.

बक ने एक और सबक सीखा था - कुत्ते ऐसे सोते हैं।

Er suchte sich eine Stelle aus und begann, sein eigenes Loch in den Schnee zu graben.

उसने एक स्थान चुना और बर्फ में अपना गड्ढा खोदना शुरू कर दिया।

Anfangs bewegte er sich zu viel und verschwendete Energie.

पहले तो वह बहुत ज्यादा घूमता था और अपनी ऊर्जा बर्बाद करता था।

Doch bald erwärmte sein Körper den Raum und er fühlte sich sicher.

लेकिन जल्द ही उसके शरीर ने जगह को गर्म कर दिया, और वह सुरक्षित महसूस करने लगा।

Er rollte sich fest zusammen und schlief bald fest.

वह कसकर लिपट गया और कुछ ही देर में गहरी नींद में सो गया।

Der Tag war lang und hart gewesen und Buck war erschöpft.

दिन काफी लम्बा और कठिन था और बक थक चुका था।

Er schlief tief und fest, obwohl seine Träume wild waren.

वह गहरी और आरामदायक नींद सो गया, यद्यपि उसके सपने विचित्र थे।

Er knurrte und bellte im Schlaf und wand sich im Traum.

वह नींद में गुर्राता और भौंकता था, सपने में करवटें बदलता रहता था।

Buck wachte erst auf, als im Lager bereits Leben erwachte.
बक तब तक नहीं जागा जब तक शिविर में जान नहीं आ गई।

Zuerst wusste er nicht, wo er war oder was passiert war.
पहले तो उसे पता ही नहीं चला कि वह कहां है और क्या हुआ है।

Über Nacht war Schnee gefallen und hatte seinen Körper vollständig begraben.
रात भर हुई बर्फबारी ने उसके शरीर को पूरी तरह से दफन कर दिया था।

Der Schnee umgab ihn von allen Seiten dicht.
बर्फ उसके चारों ओर, चारों ओर से दबाव डाल रही थी।

Plötzlich durchfuhr eine Welle der Angst Bucks ganzen Körper.
अचानक बक के पूरे शरीर में भय की लहर दौड़ गयी।

Es war die Angst, gefangen zu sein, eine Angst aus tiefen Instinkten.
यह फँस जाने का भय था, गहरी अन्तर्ज्ञान से उत्पन्न भय था।

Obwohl er noch nie eine Falle gesehen hatte, lebte die Angst in ihm.
हालाँकि उसने कभी जाल नहीं देखा था, फिर भी डर उसके अंदर रहता था।

Er war ein zahmer Hund, aber jetzt erwachten seine alten wilden Instinkte.
वह एक पालतू कुत्ता था, लेकिन अब उसकी पुरानी जंगली प्रवृत्तियाँ जाग रही थीं।

Bucks Muskeln spannten sich an und sein Fell stellte sich auf seinem ganzen Rücken auf.

बक की मांसपेशियां तनावग्रस्त हो गईं और उसकी पीठ पर बाल खड़े हो गए।

Er knurrte wild und sprang senkrecht durch den Schnee nach oben.

वह जोर से गुर्राया और बर्फ में सीधा ऊपर उछला।

Als er ins Tageslicht trat, flog Schnee in alle Richtungen.

जैसे ही वह दिन के उजाले में आया, बर्फ हर दिशा में उड़ने लगी।

Schon vor der Landung sah Buck das Lager vor sich ausgebreitet.

उतरने से पहले ही बक ने अपने सामने फैला हुआ शिविर देखा।

Er erinnerte sich auf einmal an alles vom Vortag.

उसे एकाएक पिछले दिन की सारी बातें याद आ गईं।

Er erinnerte sich daran, wie er mit Manuel spazieren gegangen war und an diesem Ort gelandet war.

उसे याद आया कि वह मैनुअल के साथ घूम रहा था और इसी स्थान पर पहुंचा था।

Er erinnerte sich daran, wie er das Loch gegraben hatte und in der Kälte eingeschlafen war.

उसे याद आया कि कैसे उसने गड्ढा खोदा था और ठंड में सो गया था।

Jetzt war er wach und die wilde Welt um ihn herum war klar.

अब वह जाग चुका था और उसके चारों ओर की जंगली दुनिया साफ़ दिखाई दे रही थी।

Ein Ruf von François begrüßte Bucks plötzliches Auftauchen.

बक के अचानक प्रकट होने पर फ़्राँस्वा ने चिल्लाकर उसका स्वागत किया।

„Was habe ich gesagt?“, rief der Hundeführer Perrault laut zu.

“मैंने क्या कहा?” कुत्ते-चालक ने पेरौल्ट से ऊंची आवाज में पूछा।

„Dieser Buck lernt wirklich sehr schnell“, fügte François hinzu.

"वह बक निश्चित रूप से बहुत जल्दी सीखता है," फ्रांकोइस ने कहा।

Perrault nickte ernst und war offensichtlich mit dem Ergebnis zufrieden.

पेरौल्ट ने गंभीरता से सिर हिलाया, वह परिणाम से स्पष्टतः प्रसन्न थे।

Als Kurier für die kanadische Regierung beförderte er Depeschen.

कनाडा सरकार के लिए कूरियर के रूप में वह संदेश ले जाते थे।

Er war bestrebt, die besten Hunde für seine wichtige Mission zu finden.

वह अपने महत्वपूर्ण मिशन के लिए सर्वोत्तम कुत्तों को खोजने के लिए उत्सुक थे।

Er war besonders erfreut, dass Buck nun Teil des Teams war.

अब उन्हें विशेष रूप से खुशी महसूस हुई कि बक टीम का हिस्सा था।

Innerhalb einer Stunde kamen drei weitere Huskies zum Team hinzu.

एक घंटे के भीतर टीम में तीन और हस्की शामिल कर लिए गए।

Damit betrug die Gesamtzahl der Hunde im Team neun.

इससे टीम में कुत्तों की कुल संख्या नौ हो गई।

Innerhalb von fünfzehn Minuten lagen alle Hunde im Geschirr.

पंद्रह मिनट के भीतर सभी कुत्ते अपने-अपने बंधनों में थे।

Das Schlittenteam schwang sich den Weg hinauf in Richtung Dyea Cañon.

स्लेज टीम डाइया कैनन की ओर जाने वाले रास्ते पर आगे बढ़ रही थी।

Buck war froh, gehen zu können, auch wenn die Arbeit, die vor ihm lag, hart war.

बक को जाने में खुशी महसूस हुई, भले ही आगे का काम कठिन था।

Er stellte fest, dass er weder die Arbeit noch die Kälte besonders verabscheute.

उसने पाया कि उसे श्रम या ठण्ड से कोई विशेष घृणा नहीं थी।

Er war überrascht von der Begeisterung, die das gesamte Team erfüllte.

वह पूरी टीम में व्याप्त उत्सुकता देखकर आश्चर्यचकित थे।

Noch überraschender war die Veränderung, die bei Dave und Solleks vor sich ging.

इससे भी अधिक आश्चर्यजनक बात यह थी कि डेव और सोलेक्स में परिवर्तन आ गया था।

Diese beiden Hunde waren völlig unterschiedlich, als sie ein Geschirr trugen.

जब इन दोनों कुत्तों को बांधा गया तो वे पूरी तरह से अलग थे।

Ihre Passivität und Sorglosigkeit waren völlig verschwunden.

उनकी निष्क्रियता और चिंता की कमी पूरी तरह से गायब हो गई थी।

Sie waren aufmerksam und aktiv und bestrebt, ihre Arbeit gut zu machen.

वे सतर्क और सक्रिय थे तथा अपना काम अच्छी तरह से करने के लिए उत्सुक थे।

Sie reagierten äußerst verärgert über alles, was zu Verzögerungen oder Verwirrung führte.

वे किसी भी ऐसी बात पर बुरी तरह चिढ़ जाते थे जिससे देरी या भ्रम पैदा होता था।

Die harte Arbeit an den Zügeln stand im Mittelpunkt ihres gesamten Wesens.

लगाम पर किया गया कठोर परिश्रम ही उनके सम्पूर्ण अस्तित्व का केन्द्र था।

Das Schlittenziehen schien das Einzige zu sein, was ihnen wirklich Spaß machte.

स्लेज खींचना ही एकमात्र ऐसी चीज थी जिसका उन्हें सचमुच आनंद आता था।

Dave war am Ende der Gruppe und dem Schlitten am nächsten.

डेव समूह के पीछे था, स्लेज के सबसे निकट।

Buck landete vor Dave und Solleks zog an Buck vorbei.

बक को डेव के सामने रखा गया और सोलेक्स बक से आगे निकल गया।

Die übrigen Hunde liefen in einer Reihe vorn.

बाकी कुत्ते एक पंक्ति में आगे की ओर बढ़ गए।

Die Führungsposition an der Spitze besetzte Spitz.

आगे का प्रमुख स्थान स्पिट्ज़ ने भरा।

Buck war zur Einweisung zwischen Dave und Solleks platziert worden.

बक को निर्देश के लिए डेव और सोलेक्स के बीच रखा गया था।

Er lernte schnell und sie waren strenge und fähige Lehrer.

वह शीघ्र सीखने वाले थे और वे दृढ़ एवं योग्य शिक्षक थे।

Sie ließen nie zu, dass Buck lange im Irrtum blieb.

उन्होंने बक को लंबे समय तक गलती करने की इजाजत नहीं दी।

Sie erteilten ihre Lektionen, wenn nötig, mit scharfen Zähnen.

जब जरूरत पड़ी तो उन्होंने अपनी शिक्षा तीखे दांतों से दी।

Dave war fair und zeigte eine ruhige, ernste Art von Weisheit.

डेव निष्पक्ष थे और उन्होंने शांत, गंभीर प्रकार की बुद्धिमत्ता दिखाई।

Er hat Buck nie ohne guten Grund gebissen.

वह कभी भी बिना किसी अच्छे कारण के बक को नहीं काटता था।

Aber er hat es nie versäumt, zuzubeißen, wenn Buck eine Korrektur brauchte.

लेकिन जब भी बक को सुधार की आवश्यकता होती थी, तो वह उसे सुधारने में कभी असफल नहीं होते थे।

François' Peitsche war immer bereit und untermauerte ihre Autorität.

फ्राँस्वा का चाबुक हमेशा तैयार रहता था और उनके अधिकार को समर्थन देता था।

Buck merkte bald, dass es besser war zu gehorchen, als sich zu wehren.

बक को जल्द ही यह समझ आ गया कि जवाबी हमले की अपेक्षा आज्ञा का पालन करना बेहतर है।

Einmal verhedderte sich Buck während einer kurzen Pause in den Zügeln.

एक बार, थोड़े समय के विश्राम के दौरान, बक लगाम में उलझ गया।

Er verzögerte den Start und brachte die Bewegungen des Teams durcheinander.

उन्होंने शुरुआत में देरी की और टीम की चाल को भ्रमित कर दिया।

Dave und Solleks stürzten sich auf ihn und verprügelten ihn brutal.

डेव और सोलेक्स उस पर टूट पड़े और उसकी बुरी तरह पिटाई कर दी।

Das Gewirr wurde nur noch schlimmer, aber Buck lernte seine Lektion.

उलझन और भी बदतर हो गई, लेकिन बक ने अपना सबक अच्छी तरह सीख लिया।

Von da an hielt er die Zügel straff und arbeitete vorsichtig.

तब से उन्होंने लगाम कसी रखी और सावधानी से काम किया।

Bevor der Tag zu Ende war, hatte Buck einen Großteil seiner Aufgabe gemeistert.

दिन समाप्त होने से पहले बक ने अपने अधिकांश कार्य पूरे कर लिये थे।

Seine Teamkollegen hörten fast auf, ihn zu korrigieren oder zu beißen.

उसके साथियों ने उसे सुधारना या डांटना लगभग बंद कर दिया।

François' Peitsche knallte immer seltener durch die Luft.

फ़्राँस्वा का कोड़ा हवा में कम ही फटता था।

Perrault hob sogar Bucks Füße an und untersuchte sorgfältig jede Pfote.

पेरौल्ट ने तो बक के पैर भी उठाए और उनके प्रत्येक पंजे की सावधानीपूर्वक जांच की।

Es war ein harter Tageslauf gewesen, lang und anstrengend für alle.

यह एक कठिन दिन था, उन सभी के लिए लम्बा और थका देने वाला।

Sie reisten den Cañon hinauf, durch Sheep Camp und an den Scales vorbei.

वे कैनोन से होते हुए, भेड़ शिविर से होते हुए, और स्केल्स तक पहुंचे।

Sie überquerten die Baumgrenze, dann Gletscher und meterhohe Schneeverwehungen.

उन्होंने लकड़ी की रेखा को पार किया, फिर ग्लेशियरों और कई फीट गहरे बर्फ के ढेरों को पार किया।

Sie erklommen die große, kalte und unwirtliche Chilkoot-Wasserscheide.

वे महान ठण्डे और दुर्गम चिलकूट डिवाइड पर चढ़ गए।

Dieser hohe Bergrücken lag zwischen Salzwasser und dem gefrorenen Landesinneren.

वह ऊंची चोटी खारे पानी और जमे हुए अंदरूनी भाग के बीच स्थित थी।

Die Berge bewachten den traurigen und einsamen Norden mit Eis und steilen Anstiegen.

पहाड़ बर्फ और खड़ी चढ़ाई के साथ उदास और एकाकी उत्तर की रक्षा करते थे।

Sie kamen gut voran und erreichten eine lange Kette von Seen unterhalb der Wasserscheide.

उन्होंने विभाजन रेखा के नीचे झीलों की एक लम्बी श्रृंखला को पार करने में अच्छा समय बिताया।

Diese Seen füllten die alten Krater erloschener Vulkane.

ये झीलें विलुप्त ज्वालामुखियों के प्राचीन गड्ढों को भर देती थीं।

Spät in der Nacht erreichten sie ein großes Lager am Lake Bennett.

उस रात देर से वे बेनेट झील के पास एक बड़े शिविर में पहुंचे।

Tausende Goldsucher waren dort und bauten Boote für den Frühling.

हजारों की संख्या में सोना खोजने वाले लोग वहां मौजूद थे, जो वसंत के लिए नावें बना रहे थे।

Das Eis würde bald aufbrechen und sie mussten bereit sein.

बर्फ जल्द ही पिघलने वाली थी और उन्हें तैयार रहना था।

Buck grub sein Loch in den Schnee und fiel in einen tiefen Schlaf.

बक ने बर्फ में अपना गड्ढा खोदा और गहरी नींद में सो गया।

Er schlief wie ein Arbeiter, erschöpft von einem harten Arbeitstag.

वह दिन भर की कठोर मेहनत से थककर एक कामकाजी व्यक्ति की तरह सो गया।

Doch zu früh wurde er in der Dunkelheit aus dem Schlaf gerissen.

लेकिन बहुत जल्दी ही अँधेरे में उसे नींद से खींच लिया गया।

Er wurde wieder mit seinen Kumpels angeschirrt und vor den Schlitten gespannt.

उसे फिर से उसके साथियों के साथ जोतकर स्लेज से जोड़ दिया गया।

An diesem Tag legten sie sechzig Kilometer zurück, weil der Schnee festgetreten war.

उस दिन वे चालीस मील चले, क्योंकि बर्फ अच्छी तरह जमी हुई थी।

Am nächsten Tag und noch viele Tage danach war der Schnee weich.

अगले दिन और उसके बाद कई दिनों तक बर्फ नरम रही।

Sie mussten den Weg selbst bahnen, härter arbeiten und langsamer vorankommen.

उन्हें स्वयं ही रास्ता बनाना पड़ा, कड़ी मेहनत करनी पड़ी और धीमी गति से चलना पड़ा।

Normalerweise ging Perrault mit Schwimmhäuten an den Schneeschuhen vor dem Team her.

आमतौर पर, पेरौल्ट जालदार स्नोशूज़ पहनकर टीम के आगे चलते थे।

Seine Schritte verdichteten den Schnee und erleichterten so die Fortbewegung des Schlittens.

उसके कदमों ने बर्फ को ढक दिया, जिससे स्लेज का चलना आसान हो गया।

François, der vom Steuerstand aus steuerte, übernahm manchmal die Kontrolle.

फ्रांकोइस, जो जी-पोल से संचालन करते थे, कभी-कभी कमान संभाल लेते थे।

Aber es kam selten vor, dass François die Führung übernahm

लेकिन यह दुर्लभ था कि फ्रांकोइस ने नेतृत्व संभाला

weil Perrault es eilig hatte, die Briefe und Pakete auszuliefern.

क्योंकि पेरौल्ट को पत्र और पार्सल पहुंचाने की जल्दी थी।

Perrault war stolz auf sein Wissen über Schnee und insbesondere Eis.

पेरौल्ट को बर्फ़, विशेषकर बर्फ़ के बारे में अपने ज्ञान पर गर्व था।

Dieses Wissen war von entscheidender Bedeutung, da das Eis im Herbst gefährlich dünn war.

यह जानकारी आवश्यक थी, क्योंकि गिरने वाली बर्फ खतरनाक रूप से पतली थी।

Wo das Wasser unter der Oberfläche schnell floss, gab es überhaupt kein Eis.

जहां सतह के नीचे पानी तेजी से बहता था, वहां बर्फ बिल्कुल नहीं थी।

Tag für Tag wiederholte sich endlos die gleiche Routine.
दिन-प्रतिदिन, बिना अंत के वही दिनचर्या दोहराई जाती रही।
Buck arbeitete unermüdlich von morgens bis abends in den Zügeln.
बक ने सुबह से लेकर रात तक लगाम संभाले रखने में अथक परिश्रम किया।
Sie verließen das Lager im Dunkeln, lange bevor die Sonne aufgegangen war.
वे सूरज उगने से बहुत पहले ही अंधेरे में शिविर छोड़कर चले गए।
Als es Tag wurde, hatten sie bereits viele Kilometer zurückgelegt.
जब दिन का उजाला हुआ तो कई मील की दूरी उनसे पीछे छूट चुकी थी।
Sie schlugen ihr Lager nach Einbruch der Dunkelheit auf, aßen Fisch und gruben sich in den Schnee ein.
वे अंधेरा होने के बाद शिविर लगाते, मछलियाँ खाते और बर्फ में बिल बनाते।
Buck war immer hungrig und mit seiner Ration nie wirklich zufrieden.
बक हमेशा भूखा रहता था और अपने भोजन से कभी संतुष्ट नहीं होता था।
Er erhielt jeden Tag anderthalb Pfund getrockneten Lachs.
उन्हें प्रतिदिन डेढ़ पाउंड सूखा सामन मिलता था।
Doch das Essen schien in ihm zu verschwinden und ließ den Hunger zurück.
लेकिन ऐसा लग रहा था जैसे कि भोजन उसके अंदर से गायब हो गया हो और पीछे भूख रह गई हो।

Er litt unter ständigem Hunger und träumte von mehr Essen.

वह लगातार भूख से पीड़ित रहता था और अधिक भोजन के सपने देखता था।

Die anderen Hunde haben nur ein Pfund abgenommen, sind aber stark geblieben.

अन्य कुत्तों को केवल एक पाउंड भोजन मिला, लेकिन वे मजबूत बने रहे।

Sie waren kleiner und in das Leben im Norden hineingeboren.

वे छोटे थे और उत्तरी जीवनशैली में पैदा हुए थे।

Er verlor rasch die Sorgfalt, die sein früheres Leben geprägt hatte.

उसने शीघ्र ही वह मितव्ययिता त्याग दी जो उसके पुराने जीवन की पहचान थी।

Er war ein gieriger Esser gewesen, aber jetzt war das nicht mehr möglich.

वह बहुत स्वादिष्ट भोजन करता था, लेकिन अब ऐसा करना संभव नहीं था।

Seine Kameraden waren zuerst fertig und raubten ihm seine noch nicht aufgegessene Ration.

उसके साथियों ने पहले खाना ख़त्म कर दिया और उसका अधूरा राशन लूट लिया।

Als sie einmal damit anfingen, gab es keine Möglichkeit mehr, sein Essen vor ihnen zu verteidigen.

एक बार जब वे शुरू हो गए तो उनसे भोजन बचाने का कोई रास्ता नहीं था।

Während er zwei oder drei Hunde abwehrte, stahlen die anderen den Rest.

जब वह दो या तीन कुत्तों से लड़ने लगा तो बाकी कुत्तों ने बाकी कुत्तों को चुरा लिया।

Um dies zu beheben, begann er, so schnell zu essen wie die anderen.

इसे ठीक करने के लिए, उसने भी उतनी ही तेजी से खाना शुरू कर दिया, जितनी तेजी से अन्य लोग खाते थे।

Der Hunger trieb ihn so sehr an, dass er sogar Essen zu sich nahm, das ihm nicht gehörte.

भूख ने उसे इतना परेशान कर दिया कि उसने अपना भोजन भी नहीं खाया।

Er beobachtete die anderen und lernte schnell aus ihren Handlungen.

उसने दूसरों को देखा और उनके कार्यों से शीघ्र ही सीख लिया।

Er sah, wie Pike, ein neuer Hund, Perrault eine Scheibe Speck stahl.

उसने देखा कि पाइक नामक नया कुत्ता, पेरौल्ट से बेकन का एक टुकड़ा चुरा रहा है।

Pike hatte gewartet, bis Perrault sich umdrehte, um den Speck zu stehlen.

पाइक ने बेकन चुराने के लिए पेरौल्ट की पीठ मुड़ने तक इंतजार किया था।

Am nächsten Tag machte Buck es Pike nach und stahl das ganze Stück.

अगले दिन, बक ने पाइक की नकल की और पूरा टुकड़ा चुरा लिया।

Es folgte ein großer Aufruhr, doch Buck wurde nicht verdächtigt.

इसके बाद बहुत हंगामा हुआ, लेकिन बक को संदेह नहीं हुआ।

Stattdessen wurde Dub bestraft, ein tollpatschiger Hund, der immer erwischt wurde.

डब नामक अनाड़ी कुत्ते को, जो हमेशा पकड़ा जाता था, दण्ड दिया गया।

Dieser erste Diebstahl machte Buck zu einem Hund, der in der Lage war, im Norden zu überleben.

उस पहली चोरी ने बक को उत्तर में जीवित रहने के लिए उपयुक्त कुत्ते के रूप में चिह्नित कर दिया।

Er zeigte, dass er sich an neue Bedingungen anpassen und schnell lernen konnte.

उन्होंने दिखाया कि वे नई परिस्थितियों के अनुकूल ढल सकते हैं और शीघ्रता से सीख सकते हैं।

Ohne diese Anpassungsfähigkeit wäre er schnell und auf schlimme Weise gestorben.

ऐसी अनुकूलनशीलता के बिना, उनकी मृत्यु शीघ्र और बुरी तरह हो जाती।

Es markierte auch den Zusammenbruch seiner moralischen Natur und seiner früheren Werte.

इससे उनकी नैतिक प्रकृति और पिछले मूल्यों का भी पतन हो गया।

Im Südland hatte er nach dem Gesetz der Liebe und Güte gelebt.

साउथलैंड में वह प्रेम और दया के नियम के अधीन रहता था।

Dort war es sinnvoll, Eigentum und die Gefühle anderer Hunde zu respektieren.

वहां संपत्ति और अन्य कुत्तों की भावनाओं का सम्मान करना समझदारी थी।

Aber das Nordland befolgte das Gesetz der Keule und das Gesetz der Reißzähne.

लेकिन नॉर्थलैंड ने क्लब के कानून और फेंग के कानून का पालन किया।

Wer hier alte Werte respektierte, war dumm und würde scheitern.

जो भी यहां पुराने मूल्यों का सम्मान करेगा वह मूर्ख होगा और असफल होगा।

Buck hat das alles nicht durchdacht.

बक ने अपने मन में यह सब तर्क नहीं किया।

Er war fit und passte sich daher an, ohne darüber nachdenken zu müssen.

वह स्वस्थ था, इसलिए उसने बिना सोचे-समझे ही अपने आपको समायोजित कर लिया।

Sein ganzes Leben lang war er noch nie vor einem Kampf davongelaufen.

अपने पूरे जीवन में, वह कभी भी किसी लड़ाई से भागे नहीं थे।

Doch die Holzkeule des Mannes im roten Pullover änderte diese Regel.

लेकिन लाल स्वेटर वाले आदमी के लकड़ी के डंडे ने उस नियम को बदल दिया।

Jetzt folgte er einem tieferen, älteren Code, der in sein Wesen eingeschrieben war.

अब वह अपने अस्तित्व में लिखे एक गहरे, पुराने कोड का अनुसरण करने लगा।

Er stahl nicht aus Vergnügen, sondern aus Hunger.

वह खुशी से नहीं, बल्कि भूख की पीड़ा से चोरी करता था।

Er raubte nie offen, sondern stahl mit List und Sorgfalt.

वह कभी भी खुलेआम लूट नहीं करता था, बल्कि चालाकी और सावधानी से चोरी करता था।

Er handelte aus Respekt vor der Holzkeule und aus Angst vor dem Fangzahn.

उसने लकड़ी के डंडे के प्रति सम्मान और नुकीले दांत के डर से ऐसा किया।

Kurz gesagt, er hat das getan, was einfacher und sicherer war, als es nicht zu tun.

संक्षेप में, उन्होंने वही किया जो न करने की अपेक्षा अधिक आसान और सुरक्षित था।

Seine Entwicklung – oder vielleicht seine Rückkehr zu alten Instinkten – verlief schnell.

उनका विकास - या शायद पुरानी प्रवृत्ति की ओर उनकी वापसी - तेजी से हुई।

Seine Muskeln verhärteten sich, bis sie sich stark wie Eisen anfühlten.

उसकी मांसपेशियाँ इतनी सख्त हो गईं कि वे लोहे की तरह मजबूत लगने लगीं।

Schmerzen machten ihm nichts mehr aus, es sei denn, sie waren ernst.

अब उसे दर्द की परवाह नहीं थी, जब तक कि वह गंभीर न हो।

Er wurde durch und durch effizient und verschwendete überhaupt nichts.

वह अंदर और बाहर से कुशल बन गया, और उसने कुछ भी बर्बाद नहीं किया।

Er konnte Dinge essen, die scheußlich, verdorben oder schwer verdaulich waren.

वह ऐसी चीज़ें खा सकता था जो ख़राब, सड़ी हुई या पचाने में कठिन होती थीं।

Was auch immer er aß, sein Magen verbrauchte das letzte bisschen davon.

वह जो कुछ भी खाता था, उसका पेट उसका पूरा-पूरा उपयोग कर लेता था।

Sein Blut transportierte die Nährstoffe weit durch seinen kräftigen Körper.

उसका रक्त पोषक तत्वों को उसके शक्तिशाली शरीर से दूर तक ले जाता था।

Dadurch baute er starkes Gewebe auf, das ihm eine unglaubliche Ausdauer verlieh.

इससे उनके ऊतक मजबूत हुए, जिससे उन्हें अविश्वसनीय सहनशक्ति प्राप्त हुई।

Sein Seh- und Geruchssinn wurden viel feiner als zuvor.

उसकी दृष्टि और गंध पहले की तुलना में बहुत अधिक संवेदनशील हो गयी।

Sein Gehör wurde so scharf, dass er im Schlaf leise Geräusche wahrnehmen konnte.

उसकी सुनने की शक्ति इतनी तेज हो गई कि वह नींद में भी धीमी आवाजें सुन सकता था।

In seinen Träumen wusste er, ob die Geräusche Sicherheit oder Gefahr bedeuteten.

वह अपने सपनों में जानता था कि ये ध्वनियाँ सुरक्षा या खतरे का संकेत हैं।

Er lernte, mit den Zähnen auf das Eis zwischen seinen Zehen zu beißen.

उसने अपने पैरों की उंगलियों के बीच की बर्फ को दांतों से काटना सीखा।

Wenn ein Wasserloch zufror, brach er das Eis mit seinen Beinen.

यदि कोई पानी का गड्ढा जम जाता तो वह अपने पैरों से बर्फ तोड़ता।

Er bäumte sich auf und schlug mit seinen steifen Vorderbeinen hart auf das Eis.

वह पीछे की ओर उठा और अपने अगले कड़े पैरों से बर्फ पर जोरदार प्रहार किया।

Seine bemerkenswerteste Fähigkeit war die Vorhersage von Windänderungen über Nacht.

उनकी सबसे उल्लेखनीय क्षमता रात में हवा में होने वाले परिवर्तन की भविष्यवाणी करना थी।

Selbst bei Windstille suchte er sich windgeschützte Stellen aus.

यहां तक कि जब हवा शांत होती थी, तब भी वह हवा से सुरक्षित स्थानों को चुनता था।

Wo auch immer er sein Nest grub, der Wind des nächsten Tages strich an ihm vorbei.

जहां भी वह अपना घोंसला खोदता, अगले दिन की हवा उसके पास से गुजर जाती।

Er landete immer gemütlich und geschützt, in Lee der Brise.

वह हमेशा आरामदायक और सुरक्षित स्थान पर, हवा की दिशा में रहता था।

Buck hat nicht nur durch Erfahrung gelernt – auch seine Instinkte sind zurückgekehrt.

बक ने न केवल अनुभव से सीखा - उसकी सहज प्रवृत्ति भी लौट आई।

Die Gewohnheiten der domestizierten Generationen begannen zu verschwinden.

घरेलू पीढ़ियों की आदतें खत्म होने लगीं।

Er erinnerte sich vage an die alten Zeiten seiner Rasse.

अस्पष्ट रूप से, उसे अपनी नस्ल के प्राचीन समय की याद आ गई।

Er dachte an die Zeit zurück, als wilde Hunde in Rudeln durch die Wälder rannten.

उसे वह समय याद आया जब जंगली कुत्ते झुंड में जंगल में दौड़ते थे।

Sie hatten ihre Beute gejagt und getötet, während sie sie verfolgten.

उन्होंने अपने शिकार का पीछा किया और उसे मार डाला।

Buck lernte leicht, mit Biss und Schnelligkeit zu kämpfen.

बक के लिए यह सीखना आसान था कि दांत और गति के साथ कैसे लड़ना है।

Er verwendete Schnitte, Hiebe und schnelle Schnappschüsse, genau wie seine Vorfahren.

वह अपने पूर्वजों की तरह ही कट, स्लैश और त्वरित स्नैप का प्रयोग करता था।

Diese Vorfahren regten sich in ihm und erweckten seine wilde Natur.

उन पूर्वजों ने उसके भीतर हलचल मचा दी और उसकी जंगली प्रकृति को जगा दिया।

Ihre alten Fähigkeiten waren ihm durch die Blutlinie vererbt worden.

उनके पुराने कौशल रक्त-परंपरा के माध्यम से उनमें चले आये थे।

Ihre Tricks gehörten ihm nun, ohne dass er üben oder sich anstrengen musste.

अब उनकी चालें उनकी थीं, अभ्यास या प्रयास की कोई आवश्यकता नहीं थी।

In stillen, kalten Nächten hob Buck die Nase und heulte.

शांत, ठंडी रातों में, बक अपनी नाक उठाकर चिल्लाता था।

Er heulte lang und tief, so wie es die Wölfe vor langer Zeit getan hatten.

वह बहुत देर तक और गहरी आवाज में चिल्लाया, जिस तरह भेड़िये बहुत पहले चिल्लाया करते थे।

Durch ihn streckten seine toten Vorfahren ihre Nasen und heulten.

उसके माध्यम से, उसके मृत पूर्वजों ने अपनी नाक उठाई और चिल्लाया।

Sie heulten durch die Jahrhunderte mit seiner Stimme und Gestalt.

वे उसकी आवाज़ और आकार में सदियों से गूँज रहे हैं।

Seine Kadenzen waren ihre, alte Schreie, die von Kummer und Kälte erzählten.

उसकी लय उनकी थी, पुरानी चीखें जो दुख और ठंड की कहानी बयां करती थीं।

Sie sangen von Dunkelheit, Hunger und der Bedeutung des Winters.

उन्होंने अंधकार, भूख और सर्दी के अर्थ के बारे में गीत गाये।

Buck bewies, wie das Leben von Kräften jenseits des eigenen Ichs geprägt wird.

बक ने यह सिद्ध किया कि किस प्रकार जीवन स्वयं से परे शक्तियों द्वारा आकार लेता है।

Das uralte Lied stieg durch Buck auf und ergriff seine Seele.

वह प्राचीन गीत बक के मन में गूंज उठा और उसकी आत्मा पर छा गया।

Er fand sich selbst, weil Menschen im Norden Gold gefunden hatten.

उसने स्वयं को इसलिए पाया क्योंकि लोगों को उत्तर में सोना मिल गया था।

Und er fand sich selbst, weil Manuel, der Gärtnergehilfe, Geld brauchte.

और वह वहां इसलिए पहुंचा क्योंकि माली के सहायक मैनुअल को पैसों की जरूरत थी।

Das dominante Urtier
प्रमुख आदिम जानवर

In Buck war das dominante Urtier so stark wie eh und je.

बक में प्रमुख आदिम जानवर पहले की तरह ही शक्तिशाली था।

Doch das dominante Urtier hatte in ihm geschlummert.

लेकिन प्रमुख आदिम जानवर उसके अंदर निष्क्रिय पड़ा था।

Das Leben auf dem Trail war hart, aber es stärkte das Tier in Buck.

ट्रेल जीवन कठोर था, लेकिन इसने बक के अंदर के जानवर को मजबूत कर दिया।

Insgeheim wurde das Biest von Tag zu Tag stärker.

गुप्त रूप से वह जानवर हर दिन अधिक शक्तिशाली होता जा रहा था।

Doch dieses innere Wachstum blieb der Außenwelt verborgen.

लेकिन वह आंतरिक विकास बाहरी दुनिया से छिपा रहा।

In Buck baute sich eine stille und ruhige Urkraft auf.

बक के अंदर एक शांत और स्थिर आदिम शक्ति का निर्माण हो रहा था।

Neue Gerissenheit verlieh Buck Gleichgewicht, Ruhe und Selbstbeherrschung.

नई चालाकी ने बक को संतुलन, शांत नियंत्रण और संतुलन दिया।

Buck konzentrierte sich sehr auf die Anpassung und fühlte sich nie völlig entspannt.

बक ने अनुकूलन पर पूरा ध्यान केन्द्रित किया, कभी भी पूरी तरह से आराम महसूस नहीं किया।

Er ging Konflikten aus dem Weg, fing nie Streit an und suchte auch nie Ärger.

वह संघर्ष से बचते थे, कभी झगड़ा नहीं करते थे, न ही कभी परेशानी मोल लेते थे।

Jede Bewegung von Buck war von langsamer, stetiger Nachdenklichkeit geprägt.

धीमी, स्थिर विचारशीलता ने बक के हर कदम को आकार दिया।

Er vermied überstürzte Entscheidungen und plötzliche, rücksichtslose Entschlüsse.

उन्होंने जल्दबाजी में लिए गए निर्णयों और अचानक, लापरवाही भरे फैसलों से परहेज किया।

Obwohl Buck Spitz zutiefst hasste, zeigte er ihm gegenüber keine Aggression.

हालाँकि बक स्पिट्ज़ से बहुत नफरत करता था, फिर भी उसने उसके प्रति कोई आक्रामकता नहीं दिखाई।

Buck hat Spitz nie provoziert und sein Verhalten zurückhaltend gehalten.

बक ने कभी भी स्पिट्ज़ को उकसाया नहीं, तथा अपने कार्यों को संयमित रखा।

Spitz hingegen spürte die wachsende Gefahr, die von Buck ausging.

दूसरी ओर, स्पिट्ज़ को बक में बढ़ते खतरे का आभास हो गया था।

Er sah in Buck eine Bedrohung und eine ernsthafte Herausforderung seiner Macht.

उन्होंने बक को अपनी सत्ता के लिए एक खतरा और गंभीर चुनौती के रूप में देखा।

Er nutzte jede Gelegenheit, um zu knurren und seine scharfen Zähne zu zeigen.

वह गुर्राने और अपने तीखे दांत दिखाने के हर मौके का फायदा उठाता था।

Er versuchte, den tödlichen Kampf zu beginnen, der bevorstand.

वह उस घातक लड़ाई को शुरू करने की कोशिश कर रहा था जो होनी ही थी।

Schon zu Beginn der Reise wäre es beinahe zu einem Streit zwischen ihnen gekommen.

यात्रा के आरंभ में ही उनके बीच झगड़ा होने की नौबत आ गई।

Doch ein unerwarteter Unfall verhinderte den Kampf.

लेकिन एक अप्रत्याशित दुर्घटना के कारण लड़ाई रुक गई।

An diesem Abend schlugen sie ihr Lager am bitterkalten Lake Le Barge auf.

उस शाम उन्होंने कड़ाके की ठण्डी लेक ले बार्ज पर शिविर स्थापित किया।

Es schneite heftig und der Wind war schneidend wie ein Messer.

बर्फ़ तेज़ी से गिर रही थी और हवा चाकू की तरह काट रही थी।

Die Nacht war zu schnell hereingebrochen und Dunkelheit umgab sie.

रात बहुत जल्दी आ गयी थी और अँधेरे ने उन्हें घेर लिया था।

Sie hätten sich kaum einen schlechteren Ort zum Ausruhen aussuchen können.

उन्होंने आराम करने के लिए इससे ख़राब जगह शायद ही चुनी होगी।

Die Hunde suchten verzweifelt nach einem Platz zum Hinlegen.

कुत्ते बेचैनी से लेटने के लिए जगह खोज रहे थे।

Hinter der kleinen Gruppe erhob sich steil eine hohe Felswand.

छोटे समूह के पीछे एक ऊंची चट्टान की दीवार खड़ी थी।

Das Zelt wurde in Dyea zurückgelassen, um die Last zu erleichtern.

बोझ हल्का करने के लिए तम्बू को डाया में ही छोड़ दिया गया था।

Ihnen blieb nichts anderes übrig, als das Feuer auf dem Eis selbst zu machen.

उनके पास बर्फ पर ही आग जलाने के अलावा कोई विकल्प नहीं था।

Sie breiten ihre Schlafmäntel direkt auf dem zugefrorenen See aus.

उन्होंने अपने शयन वस्त्र सीधे जमी हुई झील पर बिछा दिये।

Ein paar Stücke Treibholz gaben ihnen ein wenig Feuer.

कुछ लकड़ियों से उन्हें थोड़ी सी आग मिल गई।

Doch das Feuer wurde auf dem Eis entfacht und taute hindurch.

लेकिन आग बर्फ पर जलाई गई थी, और उसे पिघलाया गया।

Schließlich aßen sie ihr Abendessen im Dunkeln.

अंततः वे अंधेरे में अपना खाना खा रहे थे।

Buck rollte sich neben dem Felsen zusammen, geschützt vor dem kalten Wind.

बक ठंडी हवा से बचने के लिए चट्टान के पास लेट गया।

Der Platz war so warm und sicher, dass Buck es hasste, wegzugehen.

वह स्थान इतना गर्म और सुरक्षित था कि बक को वहां से जाने में नफरत हो रही थी।

Aber François hatte den Fisch aufgewärmt und verteilte die Rationen.

लेकिन फ्राँस्वा ने मछली गर्म कर ली थी और राशन बाँट रहा था।

Buck aß schnell fertig und ging zurück in sein Bett.

बक ने जल्दी से खाना ख़त्म किया और अपने बिस्तर पर वापस आ गया।

Aber Spitz lag jetzt dort, wo Buck sein Bett gemacht hatte.

लेकिन स्पिट्ज़ अब वहीं लेटा था जहाँ बक ने उसका बिस्तर बनाया था।

Ein leises Knurren warnte Buck, dass Spitz sich weigerte, sich zu bewegen.

एक धीमी गुर्राहट ने बक को चेतावनी दी कि स्पिट्ज हिलने से इनकार कर रहा है।

Bisher hatte Buck diesen Kampf mit Spitz vermieden.

अब तक बक स्पिट्ज़ के साथ इस लड़ाई से बचते रहे थे।

Doch tief in Bucks Innerem brach das Biest schließlich aus.

लेकिन बक के अंदर गहरे में वह राक्षस अंततः मुक्त हो गया।

Der Diebstahl seines Schlafplatzes war zu viel für ihn.

उसके सोने के स्थान की चोरी बर्दाश्त से बाहर थी।

Buck stürzte sich voller Wut und Zorn auf Spitz.

बक क्रोध और गुस्से से भरकर स्पिट्ज पर झपटा।

Bis jetzt hatte Spitz gedacht, Buck sei bloß ein großer Hund.

अब तक स्पिट्ज ने यह नहीं सोचा था कि बक एक बड़ा कुत्ता है।

Er glaubte nicht, dass Buck durch seinen Geist überlebt hatte.

उन्होंने यह नहीं सोचा था कि बक उनकी आत्मा के माध्यम से जीवित बच गया था।

Er erwartete Angst und Feigheit, nicht Wut und Rache.

वह भय और कायरता की अपेक्षा कर रहा था, क्रोध और बदले की नहीं।

François starrte die beiden Hunde an, als sie aus dem zerstörten Nest stürmten.

फ़्राँस्वा दोनों कुत्तों को उजड़े हुए घोंसले से बाहर निकलते देख रहा था।

Er verstand sofort, was den wilden Kampf ausgelöst hatte.

वह तुरन्त समझ गया कि यह भयंकर संघर्ष किस बात से शुरू हुआ था।

„Aa-ah!", rief François, um dem braunen Hund zuzujubeln.

"आ-आह!" फ़्राँस्वा भूरे कुत्ते के समर्थन में चिल्लाया।

„Verprügelt ihn! Bei Gott, bestraft diesen hinterhältigen Dieb!"

"उसे खूब पीटा! भगवान की कसम, उस धूर्त चोर को सज़ा दो!"

Spitz zeigte gleichermaßen Bereitschaft und wilden Kampfeswillen.

स्पिट्ज़ ने भी लड़ने के लिए समान तत्परता और जंगली उत्सुकता दिखाई।

Er schrie wütend auf, während er schnell im Kreis kreiste und nach einer Öffnung suchte.

वह तेजी से चक्कर लगाते हुए, मौका तलाशते हुए गुस्से में चिल्लाया।

Buck zeigte den gleichen Kampfeshunger und die gleiche Vorsicht.

बक ने लड़ने की वही भूख और वही सावधानी दिखाई।

Auch er umkreiste seinen Gegner und versuchte, im Kampf die Oberhand zu gewinnen.

उसने अपने प्रतिद्वंद्वी की भी परिक्रमा की, तथा युद्ध में बढ़त हासिल करने का प्रयास किया।

Dann geschah etwas Unerwartetes und veränderte alles.

तभी कुछ अप्रत्याशित हुआ और सब कुछ बदल गया।

Dieser Moment verzögerte den letztendlichen Kampf um die Führung.

उस क्षण ने अंततः नेतृत्व के लिए लड़ाई को विलंबित कर दिया।

Bis zum Ende warteten noch viele Meilen voller Mühe und Anstrengung.

अंत से पहले अभी भी कई मील की यात्रा और संघर्ष बाकी था।

Perrault stieß einen Fluch aus, als eine Keule auf Knochen schlug.

जैसे ही एक डंडा हड्डी पर मारा गया, पेरौल्ट ने शपथ ली।

Es folgte ein scharfer Schmerzensschrei, dann brach überall Chaos aus.

इसके बाद दर्द की तीव्र चीख निकली और फिर चारों ओर अफरा-तफरी मच गई।

Dunkle Gestalten bewegten sich im Lager; wilde Huskys, ausgehungert und wild.

शिविर में काले रंग की आकृतियाँ घूम रही थीं; जंगली हस्की, भूखे और खूंखार।

Vier oder fünf Dutzend Huskys hatten das Lager von weitem erschnüffelt.

चार-पांच दर्जन हस्की पक्षी दूर से ही शिविर को सूंघ रहे थे।

Sie hatten sich leise hineingeschlichen, während die beiden Hunde in der Nähe kämpften.

वे चुपचाप अंदर घुस आए थे, जबकि पास में दो कुत्ते लड़ रहे थे।

François und Perrault griffen an und schwangen Knüppel auf die Eindringlinge.

फ़्राँस्वा और पेरौल्ट ने आक्रमणकारियों पर लाठियाँ भांजते हुए हमला किया।

Die ausgehungerten Huskies zeigten ihre Zähne und wehrten sich rasend.

भूखे-प्यासे हस्की ने अपने दांत दिखाए और उन्मत्त होकर लड़ने लगे।

Der Geruch von Fleisch und Brot hatte sie alle Angst vertreiben lassen.

मांस और रोटी की गंध ने उनका सारा भय दूर कर दिया था।

Perrault schlug einen Hund, der seinen Kopf in der Fresskiste vergraben hatte.

पेरौल्ट ने एक कुत्ते को पीटा जिसने अपना सिर भोजन-पेटी में दबा रखा था।

Der Schlag war hart, die Schachtel kippte um und das Essen quoll heraus.

झटका जोर से लगा और बक्सा पलट गया तथा भोजन बाहर गिर गया।

Innerhalb von Sekunden rissen sich zwanzig wilde Tiere über das Brot und das Fleisch her.

कुछ ही सेकंड में दर्जनों जंगली जानवरों ने रोटी और मांस को नोच डाला।

Die Keulen der Männer landeten Schlag auf Schlag, doch kein Hund ließ nach.

पुरुषों के क्लबों ने एक के बाद एक कई वार किए, लेकिन कोई भी कुत्ता पीछे नहीं हटा।

Sie schrien vor Schmerz, kämpften aber, bis kein Futter mehr übrig war.

वे दर्द से चिल्लाते रहे, लेकिन तब तक लड़ते रहे जब तक कि भोजन नहीं बचा।

Inzwischen waren die Schlittenhunde aus ihren verschneiten Betten gesprungen.

इस बीच, स्लेज-कुत्ते अपने बर्फीले बिस्तरों से कूद पड़े थे।

Sie wurden sofort von den bösartigen, hungrigen Huskys angegriffen.

उन पर तुरंत ही भूखे खूंखार पक्षियों ने हमला कर दिया।

Buck hatte noch nie zuvor so wilde und ausgehungerte Tiere gesehen.

बक ने पहले कभी ऐसे जंगली और भूखे जीव नहीं देखे थे।

Ihre Haut hing lose und verbarg kaum ihr Skelett.

उनकी त्वचा ढीली होकर लटक रही थी, जिससे उनका कंकाल मुश्किल से छिप रहा था।

In ihren Augen brannte ein Feuer aus Hunger und Wahnsinn

उनकी आँखों में भूख और पागलपन की आग थी

Sie waren nicht aufzuhalten, ihrem wilden Ansturm war kein Widerstand zu leisten.

उन्हें रोकना संभव नहीं था; उनकी क्रूर दौड़ का प्रतिरोध करना भी संभव नहीं था।

Die Schlittenhunde wurden zurückgedrängt und gegen die Felswand gedrückt.

स्लेज-कुत्तों को पीछे धकेल दिया गया और उन्हें चट्टान की दीवार से दबा दिया गया।

Drei Huskies griffen Buck gleichzeitig an und rissen ihm das Fleisch auf.

तीन हस्की ने एक साथ बक पर हमला किया और उसके मांस को नोच डाला।

Aus den Schnittwunden an seinem Kopf und seinen Schultern strömte Blut.

उसके सिर और कंधों से खून बह रहा था, जहां उसे काटा गया था।

Der Lärm erfüllte das Lager: Knurren, Jaulen und Schmerzensschreie.

शिविर में शोर भर गया; गुर्राहट, चीखें और दर्द भरी चीखें।

Billee weinte wie immer laut, gefangen im Kampf und in der Panik.

हमेशा की तरह, झगड़े और घबराहट में फंसकर बिली जोर-जोर से रोने लगी।

Dave und Solleks standen Seite an Seite, blutend, aber trotzig.

डेव और सोलेक्स एक दूसरे के बगल में खड़े थे, खून बह रहा था लेकिन उनका मनोबल डगमगा रहा था।

Joe kämpfte wie ein Dämon und biss alles, was ihm zu nahe kam.

जो एक राक्षस की तरह लड़ रहा था, जो भी उसके करीब आता उसे काट लेता था।

Mit einem brutalen Schnappen seines Kiefers zerquetschte er das Bein eines Huskys.

उसने अपने जबड़े के एक क्रूर प्रहार से एक हस्की का पैर कुचल दिया।

Pike sprang auf den verletzten Husky und brach ihm sofort das Genick.

पाइक घायल हस्की पर कूद पड़ा और तुरन्त उसकी गर्दन तोड़ दी।

Buck packte einen Husky an der Kehle und riss ihm die Ader auf.

बक ने एक हस्की का गला पकड़ लिया और उसकी नस फाड़ दी।

Blut spritzte und der warme Geschmack trieb Buck in Raserei.

खून छिड़का, और गर्म स्वाद ने बक को उन्माद में डाल दिया।

Ohne zu zögern stürzte er sich auf einen anderen Angreifer.

उसने बिना किसी हिचकिचाहट के दूसरे हमलावर पर हमला कर दिया।

Im selben Moment gruben sich scharfe Zähne in Bucks Kehle.

उसी क्षण, बक के गले में उसके तीखे दांत गड़ गये।

Spitz hatte von der Seite zugeschlagen und ohne Vorwarnung angegriffen.

स्पिट्ज़ ने बिना किसी चेतावनी के, बगल से हमला कर दिया था।

Perrault und François hatten die Hunde besiegt, die das Futter stahlen.

पेरौल्ट और फ़्राँस्वा ने भोजन चुराने वाले कुत्तों को हरा दिया था।

Nun eilten sie ihren Hunden zu Hilfe, um die Angreifer abzuwehren.

अब वे हमलावरों से लड़ने के लिए अपने कुत्तों की मदद करने के लिए दौड़े।

Die ausgehungerten Hunde zogen sich zurück, als die Männer ihre Keulen schwangen.

जब पुरुषों ने अपनी लाठियां घुमानी शुरू कीं तो भूखे कुत्ते पीछे हट गए।

Buck konnte sich dem Angriff befreien, doch die Flucht war nur von kurzer Dauer.

बक हमले से बच निकला, लेकिन वह बचकर नहीं निकल सका।

Die Männer rannten los, um ihre Hunde zu retten, und die Huskies kamen erneut zum Vorschein.

लोग अपने कुत्तों को बचाने के लिए भागे, और हस्की फिर से झुंड में आ गए।

Billee, der aus Angst Mut fasste, sprang in die Hundemeute.

डर के मारे बिली ने हिम्मत जुटाई और कुत्तों के झुंड में कूद पड़ी।

Doch dann floh er in blanker Angst und Panik über das Eis.

लेकिन फिर वह भय और घबराहट में बर्फ के पार भाग गया।

Pike und Dub folgten dicht dahinter und rannten um ihr Leben.

पाइक और डब भी अपनी जान बचाने के लिए पीछे-पीछे भागे।

Der Rest des Teams löste sich auf, zerstreute sich und folgte ihnen.

टीम के बाकी सदस्य भी टूटकर बिखर गए और उनके पीछे चले गए।

Buck nahm all seine Kräfte zusammen, um loszurennen, doch dann sah er einen Blitz.

बक ने भागने के लिए अपनी ताकत जुटाई, लेकिन तभी उसे एक चमक दिखाई दी।

Spitz stürzte sich auf Buck und versuchte, ihn zu Boden zu schlagen.

स्पिट्ज़ ने बक की ओर झपट्टा मारा और उसे ज़मीन पर गिराने की कोशिश की।

Unter dieser Meute von Huskys hätte Buck nicht entkommen können.

हस्कीज़ की उस भीड़ के नीचे, बक के पास बचने का कोई रास्ता नहीं था।

Aber Buck blieb standhaft und wappnete sich für den Schlag von Spitz.

लेकिन बक दृढ़ रहे और स्पिट्ज़ के प्रहार का सामना करने के लिए तैयार रहे।

Dann drehte er sich um und rannte mit dem fliehenden Team auf das Eis hinaus.

फिर वह मुड़ा और भागती हुई टीम के साथ बर्फ पर भाग गया।

Später versammelten sich die neun Schlittenhunde im Schutz des Waldes.

बाद में, नौ स्लेज-कुत्ते जंगल की शरण में एकत्र हुए।

Niemand verfolgte sie mehr, aber sie waren geschlagen und verwundet.

अब किसी ने उनका पीछा नहीं किया, लेकिन वे बुरी तरह घायल हो गये।

Jeder Hund hatte Wunden; vier oder fünf tiefe Schnitte an jedem Körper.

प्रत्येक कुत्ते के शरीर पर चार या पांच गहरे घाव थे।

Dub hatte ein verletztes Hinterbein und konnte kaum noch laufen.

डब का पिछला पैर घायल हो गया था और अब उसे चलने में कठिनाई हो रही थी।

Dolly, der neueste Hund aus Dyea, hatte eine aufgeschlitzte Kehle.

डाया की सबसे नई कुतिया डॉली का गला कटा हुआ था।

Joe hatte ein Auge verloren und Billees Ohr war in Stücke geschnitten

जो की एक आंख चली गई थी और बिली का कान टुकड़ों में कट गया था

Alle Hunde schrien die ganze Nacht vor Schmerz und Niederlage.

सभी कुत्ते रात भर दर्द और हार से रोते रहे।

Im Morgengrauen krochen sie wund und gebrochen zurück ins Lager.

भोर होते ही वे थके हुए और टूटे हुए, धीरे-धीरे शिविर की ओर लौट आए।

Die Huskies waren verschwunden, aber der Schaden war angerichtet.

हस्कीज़ गायब हो गए थे, लेकिन नुकसान हो चुका था।

Perrault und François standen schlecht gelaunt vor der Ruine.

पेराल्ट और फ़्रॉस्वा खंडहर को देखकर दुखी हो गए।

Die Hälfte der Lebensmittel war verschwunden und von den hungrigen Dieben geschnappt worden.

आधा खाना भूखे चोरों ने छीन लिया।

Die Huskies hatten Schlittenbindungen und Planen zerrissen.

हस्कीज़ ने स्लेज की बाइंडिंग और कैनवास को फाड़ दिया था।

Alles, was nach Essen roch, wurde vollständig verschlungen.

भोजन की गंध वाली हर चीज को पूरी तरह खा लिया गया था।

Sie aßen ein Paar von Perraults Reisestiefeln aus Elchleder.

उन्होंने पेरौल्ट के मूस-चमड़े से बने यात्रा के जूतों की एक जोड़ी खा ली।

Sie zerkauten Lederreis und ruinierten Riemen, sodass sie nicht mehr verwendet werden konnten.

वे चमड़े की रीस चबाते थे और पट्टियों को इतना खराब कर देते थे कि उनका कोई उपयोग नहीं रह जाता था।

François hörte auf, auf die zerrissene Peitsche zu starren, um nach den Hunden zu sehen.

फ़्राँस्वा ने कुत्तों की जाँच करने के लिए फटे हुए कोड़े को देखना बंद कर दिया।

„Ah, meine Freunde“, sagte er mit leiser, besorgter Stimme.

"आह, मेरे दोस्तों," उसने कहा, उसकी आवाज़ धीमी और चिंता से भरी हुई थी।

„Vielleicht verwandeln euch all diese Bisse in tollwütige Tiere.“

"हो सकता है कि ये सारे काटने तुम्हें पागल जानवर बना दें।"

„Vielleicht alles tollwütige Hunde, heiliger Scheiß! Was meinst du, Perrault?“

"शायद सभी पागल कुत्ते हैं, सेक्रेडम! तुम क्या सोचते हो, पेरौल्ट?"

Perrault schüttelte den Kopf, seine Augen waren dunkel vor
Sorge und Angst.

पेरौल्ट ने अपना सिर हिलाया, उनकी आंखें चिंता और भय से
काली हो गयीं।

Zwischen ihnen und Dawson lagen noch
sechshundertvierzig Kilometer.

उनके और डावसन के बीच अभी भी चार सौ मील की दूरी
थी।

Der Hundewahnsinn könnte nun jede Überlebenschance
zerstören.

कुत्तों का पागलपन अब जीवित रहने की किसी भी संभावना
को नष्ट कर सकता है।

Sie verbrachten zwei Stunden damit, zu fluchen und zu
versuchen, die Ausrüstung zu reparieren.

उन्होंने दो घंटे गाली-गलौज और गियर ठीक करने में बिता
दिए।

Das verwundete Team verließ schließlich gebrochen und
besiegt das Lager.

घायल टीम अंततः टूटी हुई और पराजित होकर शिविर से
बाहर निकल गई।

Dies war der bisher schwierigste Weg und jeder Schritt war
schmerzhaft.

यह अब तक का सबसे कठिन रास्ता था और हर कदम
कष्टदायक था।

Der Thirty Mile River war nicht zugefroren und rauschte
wild.

थर्टी माइल नदी जमी नहीं थी, तथा वह तेजी से बह रही थी।

Nur an ruhigen Stellen und in wirbelnden Wirbeln konnte
das Eis halten.

केवल शांत स्थानों और घुमावदार भँवरों में ही बर्फ जमी रहती
है।

Sechs Tage harter Arbeit vergingen, bis die dreißig Meilen geschafft waren.

तीस मील की दूरी पूरी होने तक छह दिन तक कड़ी मेहनत करनी पड़ी।

Jeder Kilometer des Weges barg Gefahren und Todesgefahr.

रास्ते का प्रत्येक मील खतरे और मौत का खतरा लेकर आता था।

Die Männer und Hunde riskierten mit jedem schmerzhaften Schritt ihr Leben.

पुरुषों और कुत्तों ने हर दर्दनाक कदम उठाते हुए अपनी जान जोखिम में डाली।

Perrault durchbrach ein Dutzend Mal dünne Eisbrücken.

पेरौल्ट ने एक दर्जन बार पतली बर्फ के पुल को तोड़ा।

Er trug eine Stange und ließ sie über das Loch fallen, das sein Körper hinterlassen hatte.

उसने एक डंडा उठाया और उसे अपने शरीर से बने गड्ढे पर गिरा दिया।

Mehr als einmal rettete diese Stange Perrault vor dem Ertrinken.

एक से अधिक बार उस खंभे ने पेरौल्ट को डूबने से बचाया।

Die Kältewelle hielt an, die Lufttemperatur lag bei minus fünfzig Grad.

ठंड का प्रकोप जारी रहा, हवा का तापमान शून्य से पचास डिग्री नीचे था।

Jedes Mal, wenn er hineinfiel, musste Perrault ein Feuer anzünden, um zu überleben.

हर बार जब वह पानी में गिरता था, तो जीवित रहने के लिए पेरौल्ट को आग जलानी पड़ती थी।

Nasse Kleidung gefror schnell, also trocknete er sie in der Nähe der sengenden Hitze.

गीले कपड़े जल्दी जम जाते थे, इसलिए वह उन्हें तेज गर्मी में सुखाता था।

Perrault hatte nie Angst und das machte ihn zu einem Kurier.

पेरौल्ट को कभी भी किसी प्रकार का भय नहीं रहा और इसी डर ने उन्हें कूरियर बना दिया।

Er wurde für die Gefahr auserwählt und begegnete ihr mit stiller Entschlossenheit.

उन्हें खतरे के लिए चुना गया था, और उन्होंने इसका सामना शांत संकल्प के साथ किया।

Er drängte sich gegen den Wind vorwärts, sein runzliges Gesicht war erfroren.

वह हवा में आगे बढ़ा, उसका मुरझाया हुआ चेहरा बर्फ से जकड़ा हुआ था।

Von der Morgendämmerung bis zum Einbruch der Nacht führte Perrault sie weiter.

भोर से लेकर शाम तक, पेरौल्ट ने उन्हें आगे बढ़ाया।

Er ging auf einer schmalen Eiskante, die bei jedem Schritt knackte.

वह संकरी बर्फ पर चला जो हर कदम पर टूट रही थी।

Sie wagten nicht, anzuhalten – jede Pause hätte das Risiko eines tödlichen Zusammenbruchs bedeutet.

उनमें रुकने की हिम्मत नहीं थी - प्रत्येक विराम से घातक पतन का खतरा था।

Einmal brach der Schlitten durch und zog Dave und Buck hinein.

एक बार स्लेज टूट गई और डेव और बक भी उसमें फंस गए।

Als sie freigezogen wurden, waren beide fast erfroren.

जब तक उन्हें बाहर निकाला गया, दोनों लगभग जम चुके थे।

Die Männer machten schnell ein Feuer, um Buck und Dave am Leben zu halten.

बक और डेव को जीवित रखने के लिए लोगों ने तुरंत आग जलाई।

Die Hunde waren von der Nase bis zum Schwanz mit Eis bedeckt und steif wie geschnitztes Holz.

कुत्ते नाक से लेकर पूँछ तक बर्फ से ढके हुए थे, नक्काशीदार लकड़ी की तरह सख्त।

Die Männer ließen sie in der Nähe des Feuers im Kreis laufen, um ihre Körper aufzutauen.

पुरुषों ने उनके शरीर को पिघलाने के लिए उन्हें आग के पास गोल-गोल घुमाया।

Sie kamen den Flammen so nahe, dass ihr Fell versengt wurde.

वे आग की लपटों के इतने करीब आ गए कि उनका फर झुलस गया।

Als nächster durchbrach Spitz das Eis und zog das Team hinter sich her.

स्पिट्ज़ ने अगली बार बर्फ को तोड़ दिया और टीम को अपने पीछे खींच लिया।

Der Bruch reichte bis zu der Stelle, an der Buck zog.

ब्रेक उस स्थान तक पहुंच गया जहां बक खींच रहा था।

Buck lehnte sich weit zurück, seine Pfoten rutschten und zitterten auf der Kante.

बक ज़ोर से पीछे झुक गया, उसके पंजे फिसल रहे थे और किनारे पर काँप रहे थे।

Dave streckte sich ebenfalls nach hinten, direkt hinter Buck auf der Leine.

डेव भी पीछे की ओर झुक गया, लाइन पर बक के ठीक पीछे।

François zog den Schlitten, seine Muskeln knackten vor Anstrengung.

फ़्राँस्वा स्लेज को खींच रहा था, प्रयास के कारण उसकी मांसपेशियाँ टूट रही थीं।

Ein anderes Mal brach das Randeis vor und hinter dem Schlitten.

एक अन्य बार, स्लेज के आगे और पीछे रिम की बर्फ टूट गई।

Sie hatten keinen anderen Ausweg, als eine gefrorene Felswand zu erklimmen.

उनके पास जमी हुई चट्टान की दीवार पर चढ़ने के अलावा कोई रास्ता नहीं था।

Perrault schaffte es irgendwie, die Mauer zu erklimmen; wie durch ein Wunder blieb er am Leben.

पेरौल्ट किसी तरह दीवार पर चढ़ गया; चमत्कार से वह जीवित बच गया।

François blieb unten und betete um dasselbe Glück.

फ़्राँस्वा नीचे ही रुक गया और उसी तरह के भाग्य की प्रार्थना करने लगा।

Sie banden jeden Riemen, jede Zurrschnur und jede Leine zu einem langen Seil zusammen.

उन्होंने हर पट्टा, बंधन और निशान को एक लम्बी रस्सी में बाँध दिया।

Die Männer zogen jeden Hund einzeln nach oben.

पुरुषों ने एक-एक करके प्रत्येक कुत्ते को ऊपर खींच लिया।

François kletterte als Letzter, nach dem Schlitten und der gesamten Ladung.

फ्रांकोइस स्लेज और पूरे सामान के बाद सबसे आखिर में चढ़ा।

Dann begann eine lange Suche nach einem Weg von den Klippen hinunter.

फिर चट्टानों से नीचे उतरने के लिए रास्ते की लंबी खोज शुरू हुई।

Schließlich stiegen sie mit demselben Seil ab, das sie selbst hergestellt hatten.

अंततः वे उसी रस्सी का उपयोग करके नीचे उतरे जो उन्होंने बनाई थी।

Es wurde Nacht, als sie erschöpft und wund zum Flussbett zurückkehrten.

रात होने पर वे थके हुए और दर्द से पीड़ित होकर नदी के किनारे लौटे।

Der ganze Tag hatte ihnen nur eine Viertelmeile Gewinn eingebracht.

उन्हें केवल एक चौथाई मील की दूरी तय करने में पूरा दिन लग गया।

Als sie das Hootalinqua erreichten, war Buck erschöpft.

जब वे हूटालिंक्वा पहुंचे तो बक पूरी तरह थक चुका था।

Die anderen Hunde litten ebenso sehr unter den Bedingungen auf dem Trail.

अन्य कुत्तों को भी ट्रेल की परिस्थितियों के कारण उतनी ही बुरी तरह से कष्ट सहना पड़ा।

Aber Perrault musste Zeit gutmachen und trieb sie jeden Tag weiter an.

लेकिन पेरौल्ट को समय की बचत करनी थी और उन्होंने प्रत्येक दिन उन्हें आगे बढ़ाया।

Am ersten Tag reisten sie dreißig Meilen nach Big Salmon.

पहले दिन वे बिग सैल्मन तक तीस मील की यात्रा की।

Am nächsten Tag reisten sie fünfunddreißig Meilen nach Little Salmon.

अगले दिन वे पैंतीस मील की यात्रा करके लिटिल सैल्मन पहुंचे।

Am dritten Tag kämpften sie sich durch sechzig Kilometer lange, eisige Strecken.

तीसरे दिन वे चालीस मील लम्बी बर्फीली सड़क पार कर आगे बढ़े।

Zu diesem Zeitpunkt näherten sie sich der Siedlung Five Fingers.

तब तक वे फाइव फिंगर्स के समझौते के करीब पहुंच चुके थे।

Bucks Füße waren weicher als die harten Füße der einheimischen Huskys.

बक के पैर देशी हस्की के कठोर पैरों की तुलना में अधिक मुलायम थे।

Seine Pfoten waren im Laufe vieler zivilisierter Generationen zart geworden.

कई सभ्य पीढ़ियों के दौरान उसके पंजे कोमल हो गए थे।

Vor langer Zeit wurden seine Vorfahren von Flussmännern oder Jägern gezähmt.

बहुत समय पहले, उसके पूर्वजों को नदी के लोगों या शिकारियों द्वारा पालतू बना लिया गया था।

Jeden Tag humpelte Buck unter Schmerzen und ging auf wunden, schmerzenden Pfoten.

हर दिन बक दर्द से लंगड़ाता हुआ, कच्चे, दुखते पंजों पर चलता था।

Im Lager fiel Buck wie eine leblose Gestalt in den Schnee.

शिविर में, बक बर्फ पर एक निर्जीव शरीर की तरह गिर पड़ा।

Obwohl Buck am Verhungern war, stand er nicht auf, um sein Abendessen einzunehmen.

भूख से व्याकुल होने के बावजूद, बक अपना शाम का खाना खाने के लिए नहीं उठा।

François brachte Buck seine Ration und legte ihm Fisch neben die Schnauze.

फ्राँस्वा बक के लिए राशन लेकर आया, और उसके थूथन के पास मछलियाँ रख दीं।

Jeden Abend massierte der Fahrer Bucks Füße eine halbe Stunde lang.

प्रत्येक रात ड्राइवर बक के पैरों को आधे घंटे तक रगड़ता था।

François hat sogar seine eigenen Mokassins zerschnitten, um daraus Hundeschuhe zu machen.

फ्रॉँस्वा ने तो कुत्तों के लिए जूते बनाने के लिए अपने मोकासिन भी स्वयं काटे।

Vier warme Schuhe waren für Buck eine große und willkommene Erleichterung.

चार गर्म जूतों ने बक को बहुत राहत दी।

Eines Morgens vergaß François die Schuhe und Buck weigerte sich aufzustehen.

एक सुबह, फ्रॉँस्वा जूते भूल गया, और बक ने उठने से इनकार कर दिया।

Buck lag auf dem Rücken, die Füße in der Luft, und wedelte mitleiderregend damit herum.

बक पीठ के बल लेटा था, पैर हवा में थे और दयनीय ढंग से उन्हें हिला रहा था।

Sogar Perrault grinste beim Anblick von Bucks dramatischer Bitte.

बक की नाटकीय दलील को देखकर पेरौल्ट भी मुस्कुरा उठे।

Bald wurden Bucks Füße hart und die Schuhe konnten weggeworfen werden.

जल्द ही बक के पैर सख्त हो गए और जूते फेंकने पड़े।

In Pelly stieß Dolly beim Angeschirrtwerden ein schreckliches Heulen aus.

पेली में, हार्नेस समय के दौरान, डॉली ने एक भयानक चीख निकाली।

Der Schrei war lang und voller Wahnsinn und erschütterte jeden Hund.

चीख बहुत लंबी और पागलपन से भरी थी, जिससे हर कुत्ता कांप रहा था।

Jeder Hund zuckte vor Angst zusammen, ohne den Grund zu kennen.

प्रत्येक कुत्ता बिना कारण जाने ही डर से कांप उठा।

Dolly war verrückt geworden und stürzte sich direkt auf Buck.

डॉली पागल हो गई थी और सीधे बक पर झपटी।

Buck hatte noch nie Wahnsinn gesehen, aber sein Herz war von Entsetzen erfüllt.

बक ने कभी पागलपन नहीं देखा था, लेकिन उसका दिल भय से भर गया था।

Ohne nachzudenken, drehte er sich um und floh in absoluter Panik.

बिना कुछ सोचे-समझे वह घबराकर मुड़ा और भाग गया।

Dolly jagte ihm hinterher, ihre Augen waren wild, Speichel spritzte aus ihrem Maul.

डॉली ने उसका पीछा किया, उसकी आँखें पागलों जैसी थीं, उसके जबड़ों से लार बह रही थी।

Sie blieb direkt hinter Buck, holte nie auf und fiel nie zurück.

वह बक के ठीक पीछे रही, न तो कभी आगे बढ़ी और न ही कभी पीछे हटी।

Buck rannte durch den Wald, die Insel hinunter und über zerklüftetes Eis.

बक जंगलों से होते हुए, द्वीप के नीचे, दांतेदार बर्फ पर दौड़ा।

Er überquerte die Insel und erreichte eine weitere, bevor er im Kreis zurück zum Fluss ging.

वह एक द्वीप पार कर गया, फिर दूसरे द्वीप पर, और वापस नदी की ओर घूम गया।

Dolly jagte ihn immer noch und knurrte ihn bei jedem Schritt an.

फिर भी डॉली उसका पीछा करती रही, हर कदम पर उसकी गुर्राहट उसके पीछे-पीछे आती रही।

Buck konnte ihren Atem und ihre Wut hören, obwohl er es nicht wagte, zurückzublicken.

बक उसकी सांस और क्रोध को सुन सकता था, हालांकि वह पीछे मुड़कर देखने की हिम्मत नहीं कर सका।

François rief aus der Ferne und Buck drehte sich in die Richtung der Stimme um.

फ़्राँस्वा ने दूर से चिल्लाकर कहा, और बक उस आवाज़ की ओर मुड़ा।

Immer noch nach Luft schnappend rannte Buck vorbei und setzte seine ganze Hoffnung auf François.

अभी भी सांस के लिए हांफते हुए, बक भाग गया, और सारी उम्मीदें फ्रांकोइस पर टिका दीं।

Der Hundeführer hob eine Axt und wartete, während Buck vorbeiflog.

कुत्ते के चालक ने कुल्हाड़ी उठाई और बक के उड़कर पास आने का इंतजार करने लगा।

Die Axt kam schnell herunter und traf Dollys Kopf mit tödlicher Wucht.

कुल्हाड़ी तेजी से नीचे आई और डॉली के सिर पर घातक प्रहार किया।

Buck brach neben dem Schlitten zusammen, keuchte und konnte sich nicht bewegen.

बक स्लेज के पास ही गिर पड़ा, उसे सांस लेने में तकलीफ हो रही थी और वह हिलने-डुलने में असमर्थ था।

In diesem Moment hatte Spitz die Chance, einen erschöpften Gegner zu schlagen.

उस क्षण ने स्पिट्ज़ को एक थके हुए दुश्मन पर हमला करने का मौका दिया।

Zweimal biss er Buck und riss das Fleisch bis auf den weißen Knochen auf.

उसने बक को दो बार काटा, जिससे उसका मांस सफेद हड्डी तक फट गया।

François' Peitsche knallte und traf Spitz mit voller, wütender Wucht.

फ्राँस्वा का चाबुक फटा और उसने स्पिट्ज़ पर पूरी, उग्र ताकत से प्रहार किया।

Buck sah mit Freude zu, wie Spitz seine bisher härteste Tracht Prügel bekam.

बक ने खुशी से देखा कि स्पिट्ज़ को अब तक की सबसे बुरी पिटाई दी गई।

„Er ist ein Teufel, dieser Spitz", murmelte Perrault düster vor sich hin.

"वह स्पिट्ज शैतान है," पेरौल्ट ने मन ही मन कहा।

„Eines Tages wird dieser verfluchte Hund Buck töten – das schwöre ich."

"जल्द ही किसी दिन, वह शापित कुत्ता बक को मार डालेगा - मैं कसम खाता हूँ।"

„Dieser Buck hat zwei Teufel in sich", antwortete François mit einem Nicken.

"उस बक में दो शैतान हैं," फ्राँस्वा ने सिर हिलाकर जवाब दिया।

„Wenn ich Buck beobachte, weiß ich, dass etwas Wildes in ihm lauert."

"जब मैं बक को देखता हूं, तो मुझे पता चलता है कि उसके अंदर कुछ भयंकर चीज छिपी हुई है।"

„Eines Tages wird er rasend vor Wut werden und Spitz in Stücke reißen."

"एक दिन, वह आग की तरह क्रोधित हो जाएगा और स्पिट्ज़ को टुकड़े-टुकड़े कर देगा।"

„Er wird den Hund zerkauen und ihn auf den gefrorenen Schnee spucken."

"वह उस कुत्ते को चबाकर जमी हुई बर्फ पर थूक देगा।"

„Das weiß ich ganz sicher tief in meinem Innern."

"निश्चित रूप से, मैं इसे अपनी हड्डियों की गहराई में जानता हूं।"

Von diesem Moment an befanden sich die beiden Hunde im Krieg.

उस क्षण से दोनों कुत्तों के बीच युद्ध छिड़ गया।

Spitz führte das Team an und hatte die Macht, aber Buck stellte das in Frage.

स्पिट्ज़ ने टीम का नेतृत्व किया और शक्ति बनाए रखी, लेकिन बक ने उसे चुनौती दी।

Spitz sah seinen Rang durch diesen seltsamen Fremden aus dem Süden bedroht.

स्पिट्ज़ को लगा कि इस अजीब साउथलैंड अजनबी के कारण उनकी रैंक को खतरा हो सकता है।

Buck war anders als alle Südstaatenhunde, die Spitz zuvor gekannt hatte.

बक किसी भी दक्षिणी कुत्ते से भिन्न था जिसे स्पिट्ज़ ने पहले कभी नहीं देखा था।

Die meisten von ihnen scheiterten – sie waren zu schwach, um Kälte und Hunger zu überleben.

उनमें से अधिकतर असफल हो गये - वे इतने कमज़ोर थे कि ठंड और भूख से बच नहीं सके।

Sie starben schnell unter der harten Arbeit, dem Frost und der langsamen Hungersnot.

वे श्रम, ठंड और अकाल की धीमी मार से तेजी से मर गए।

Buck stand abseits – mit jedem Tag stärker, klüger und wilder.

बक अलग खड़ा था - प्रत्येक दिन अधिक मजबूत, अधिक चतुर और अधिक क्रूर होता जा रहा था।

Er gedieh trotz aller Härte und wuchs heran, bis er den nördlichen Huskies ebenbürtig war.

वह कठिनाइयों में भी फला-फूला और उत्तरी हस्कीज के बराबर विकसित हुआ।

Buck hatte Kraft, wilde Geschicklichkeit und einen geduldigen, tödlichen Instinkt.

बक में ताकत थी, अदम्य कौशल था, तथा धैर्यवान, घातक प्रवृत्ति थी।

Der Mann mit der Keule hatte Buck die Unbesonnenheit ausgetrieben.

डंडे वाले आदमी ने बक को पीट-पीटकर उसकी जल्दबाजी खत्म कर दी थी।

Die blinde Wut war verschwunden und durch stille Gerissenheit und Kontrolle ersetzt worden.

अंध क्रोध समाप्त हो गया, और उसकी जगह शांत चालाकी और नियंत्रण ने ले ली।

Er wartete ruhig und ursprünglich und wartete auf den richtigen Moment.

वह शांत और सहज भाव से सही समय की प्रतीक्षा करता रहा।

Ihr Kampf um die Vorherrschaft wurde unvermeidlich und deutlich.

कमान के लिए उनकी लड़ाई अपरिहार्य और स्पष्ट हो गई।

Buck strebte nach einer Führungsposition, weil sein Geist es verlangte.

बक नेतृत्व चाहते थे क्योंकि उनकी आत्मा इसकी मांग करती थी।

Er wurde von dem seltsamen Stolz getrieben, der aus der Jagd und dem Geschirr entstand.

वह पगडंडी और लगाम से पैदा हुए अजीब गर्व से प्रेरित था।

Dieser Stolz ließ die Hunde ziehen, bis sie im Schnee zusammenbrachen.

इस गर्व के कारण कुत्ते तब तक खींचते रहे जब तक वे बर्फ पर गिर नहीं पड़े।

Der Stolz verleitete sie dazu, all ihre Kraft einzusetzen.

अहंकार ने उन्हें अपनी पूरी ताकत झोंकने के लिए प्रेरित किया।

Stolz kann einen Schlittenhund sogar in den Tod treiben.

घमंड एक स्लेज-कुत्ते को मौत के मुंह तक भी ले जा सकता है।

Der Verlust des Geschirrs ließ die Hunde gebrochen und ziellos zurück.

पट्टा खोने से कुत्ते टूट गए और उनका कोई उद्देश्य नहीं रहा।

Das Herz eines Schlittenhundes kann vor Scham brechen, wenn er in den Ruhestand geht.

एक स्लेज-कुत्ते का दिल तब शर्म से कुचला जा सकता है जब वे सेवानिवृत्त होते हैं।

Dave lebte von diesem Stolz, während er den Schlitten hinter sich herzog.

डेव उस गर्व के साथ जी रहा था क्योंकि वह स्लेज को पीछे से खींच रहा था।

Auch Solleks gab mit grimmiger Stärke und Loyalität alles.

सोलेक्स ने भी पूरी ताकत और निष्ठा के साथ अपना सर्वस्व बलिदान कर दिया।

Jeden Morgen verwandelte der Stolz ihre Verbitterung in Entschlossenheit.

प्रत्येक सुबह, गर्व उन्हें कटुता से दृढ़ निश्चय में बदल देता था।

Sie drängten den ganzen Tag und verstummten dann am Ende des Lagers.

वे पूरे दिन दबाव बनाते रहे, फिर शिविर के अंत में चुप हो गए।

Dieser Stolz gab Spitz die Kraft, Drückeberger zur Räson zu bringen.

उस गर्व ने स्पिट्ज़ को दूसरों को हराकर लाइन में आने की ताकत दी।

Spitz fürchtete Buck, weil Buck denselben tiefen Stolz in sich trug.

स्पिट्ज बक से डरता था क्योंकि बक भी उसी तरह का गहरा गर्व रखता था।

Bucks Stolz wandte sich nun gegen Spitz, und er ließ nicht locker.

बक का अभिमान अब स्पिट्ज़ के विरुद्ध जाग उठा, और वह रुका नहीं।

Buck widersetzte sich Spitz' Macht und hinderte ihn daran, Hunde zu bestrafen.

बक ने स्पिट्ज़ की शक्ति का विरोध किया और उसे कुत्तों को दण्ड देने से रोक दिया।

Als andere versagten, stellte sich Buck zwischen sie und ihren Anführer.

जब अन्य लोग असफल हो गए, तो बक उनके और उनके नेता के बीच आ गया।

Er tat dies mit Absicht und brachte seine Herausforderung offen und deutlich zum Ausdruck.

उन्होंने यह काम जानबूझकर किया तथा अपनी चुनौती को खुला और स्पष्ट रखा।

In einer Nacht hüllte schwerer Schnee die Welt in tiefe Stille.

एक रात भारी बर्फबारी ने पूरे विश्व को गहरे सन्नाटे में ढक दिया।

Am nächsten Morgen stand Pike, faul wie immer, nicht zur Arbeit auf.

अगली सुबह, पाइक हमेशा की तरह आलसी था, और काम पर नहीं गया।

Er blieb in seinem Nest unter einer dicken Schneeschicht verborgen.

वह बर्फ की मोटी परत के नीचे अपने घोंसले में छिपा रहा।

François rief und suchte, konnte den Hund jedoch nicht finden.

फ़्राँस्वा ने आवाज़ लगाई और खोजा, लेकिन कुत्ता नहीं मिला।

Spitz wurde wütend und stürmte durch das schneebedeckte Lager.

स्पिट्ज़ क्रोधित हो गया और बर्फ से ढके शिविर में घुस गया।

Er knurrte und schnüffelte und grub wie verrückt mit flammenden Augen.

वह गुर्राया और सूँघने लगा, और अपनी जलती आँखों से पागलों की तरह खोदने लगा।

Seine Wut war so heftig, dass Pike vor Angst unter dem Schnee zitterte.

उसका क्रोध इतना भयंकर था कि पाइक डर के मारे बर्फ के नीचे कांपने लगा।

Als Pike schließlich gefunden wurde, stürzte sich Spitz auf den versteckten Hund, um ihn zu bestrafen.

जब अंततः पाइक मिल गया, तो स्पिट्ज़ ने छिपे हुए कुत्ते को दण्ड देने के लिए उस पर हमला किया।

Doch Buck sprang mit einer Wut zwischen sie, die Spitz' eigener ebenbürtig war.

लेकिन बक स्पिट्ज के बराबर क्रोध के साथ उनके बीच कूद पड़ा।

Der Angriff erfolgte so plötzlich und geschickt, dass Spitz umfiel.

यह हमला इतना अचानक और चतुराईपूर्ण था कि स्पिट्ज़ अपने पैरों से गिर पड़ा।

Pike, der gezittert hatte, schöpfte aus diesem Trotz neuen Mut.

पाइक, जो काँप रहा था, को इस अवज्ञा से साहस मिला।

Er sprang auf den gefallenen Spitz und folgte Bucks mutigem Beispiel.

वह बक के साहसिक उदाहरण का अनुसरण करते हुए गिरे हुए स्पिट्ज पर कूद पड़ा।

Buck, der nicht länger an Fairness gebunden war, beteiligte sich am Angriff auf Spitz.

बक, अब निष्पक्षता से बंधा हुआ नहीं था, इसलिए स्पिट्ज पर हमले में शामिल हो गया।

François, amüsiert, aber dennoch diszipliniert, schwang seine schwere Peitsche.

फ्रांकोइस ने प्रसन्नतापूर्वक तथा अनुशासन में दृढ़ रहते हुए अपना भारी चाबुक घुमाया।

Er schlug Buck mit aller Kraft, um den Kampf zu beenden.

उसने लड़ाई रोकने के लिए बक पर पूरी ताकत से प्रहार किया।

Buck weigerte sich, sich zu bewegen und blieb auf dem gefallenen Anführer sitzen.

बक ने हिलने से इनकार कर दिया और गिरे हुए नेता के ऊपर ही बैठा रहा।

Dann benutzte François den Griff der Peitsche und schlug Buck damit heftig.

इसके बाद फ्रांकोइस ने चाबुक के हैंडल का इस्तेमाल किया और बक पर जोरदार प्रहार किया।

Buck taumelte unter dem Schlag und fiel zurück.

वार से लड़खड़ाते हुए बक पीछे गिर पड़ा।

François schlug immer wieder zu, während Spitz Pike bestrafte.

फ़्राँस्वा ने बार-बार प्रहार किया जबकि स्पिट्ज़ ने पाइक को दंडित किया।

Die Tage vergingen und Dawson City kam immer näher.

दिन बीतते गए और डावसन सिटी नजदीक आती गई।

Buck mischte sich immer wieder ein und schlüpfte zwischen Spitz und andere Hunde.

बक लगातार हस्तक्षेप करता रहा, स्पिट्ज और अन्य कुत्तों के बीच से फिसलता रहा।

Er wählte seine Momente gut und wartete immer darauf, dass François ging.

उन्होंने अपने क्षणों का चयन बहुत अच्छे से किया, हमेशा फ्रांकोइस के जाने का इंतजार किया।

Bucks stille Rebellion breitete sich aus und im Team breitete sich Unordnung aus.

बक का शांत विद्रोह फैल गया और टीम में अव्यवस्था फैल गई।

Dave und Solleks blieben loyal, andere jedoch wurden widerspenstig.

डेव और सोलेक्स वफादार बने रहे, लेकिन अन्य लोग अनियंत्रित हो गए।

Die Situation im Team wurde immer schlimmer – es wurde unruhig, streitsüchtig und geriet aus der Reihe.

टीम की हालत खराब होती गई - बेचैन, झगड़ालू और अनुशासनहीन।

Nichts lief mehr reibungslos und es kam immer wieder zu Streit.

अब कोई भी काम सुचारू रूप से नहीं चलता था और झगड़े आम बात हो गई थी।

Buck blieb im Zentrum des Chaos und provozierte ständig Unruhe.

बक हमेशा परेशानी के केंद्र में रहा और हमेशा अशांति भड़काता रहा।

François blieb wachsam, aus Angst vor dem Kampf zwischen Buck und Spitz.

बक और स्पिट्ज के बीच लड़ाई के डर से फ्राँस्वा सतर्क रहा।

Jede Nacht wurde er durch Rangeleien geweckt, aus Angst, dass es endlich losgehen würde.

हर रात झगड़े से वह जाग जाता था, इस डर से कि कहीं वह दिन आ ही न जाए।

Er sprang aus seiner Robe, bereit, den Kampf zu beenden.

वह लड़ाई को रोकने के लिए अपने वस्त्र से उछल पड़ा।

Aber der Moment kam nie und sie erreichten schließlich Dawson.

लेकिन वह क्षण कभी नहीं आया और अंततः वे डाउसन पहुंच गये।

Das Team betrat die Stadt an einem trüben Nachmittag, angespannt und still.

टीम एक उदास, तनावपूर्ण और शांत दोपहर में शहर में दाखिल हुई।

Der große Kampf um die Führung hing noch immer in der eisigen Luft.

नेतृत्व के लिए महान लड़ाई अभी भी ठंडी हवा में लटकी हुई है।

Dawson war voller Männer und Schlittenhunde, die alle mit der Arbeit beschäftigt waren.

डावसन में लोग और स्लेज-कुत्ते भरे हुए थे, सभी काम में व्यस्त थे।

Buck beobachtete die Hunde von morgens bis abends beim Lastenziehen.

बक सुबह से लेकर रात तक कुत्तों को बोझ खींचते देखता रहा।

Sie transportierten Baumstämme und Brennholz und lieferten Vorräte an die Minen.

वे लकड़ियाँ और जलाऊ लकड़ी ढोते थे, तथा खदानों तक रसद पहुँचाते थे।

Wo früher im Süden Pferde arbeiteten, schufteten heute Hunde.

साउथलैंड में जहां पहले घोड़े काम करते थे, अब कुत्ते काम करते हैं।

Buck sah einige Hunde aus dem Süden, aber die meisten waren wolfsähnliche Huskys.

बक ने दक्षिण से आये कुछ कुत्तों को देखा, लेकिन उनमें से अधिकांश भेड़िये जैसे हस्की थे।

Nachts erhoben die Hunde pünktlich zum ersten Mal ihre Stimmen zum Singen.

रात को, घड़ी की सुई की तरह, कुत्ते गाने की आवाजें ऊंची करते थे।

Um neun, um Mitternacht und erneut um drei begann der Gesang.

नौ बजे, आधी रात को और फिर तीन बजे गाना शुरू हुआ।

Buck liebte es, in ihren unheimlichen Gesang einzustimmen, der wild und uralt klang.

बक को उनके भयानक मंत्रोच्चार में शामिल होना अच्छा लगता था, जो जंगली और प्राचीन ध्वनि वाला था।

Das Polarlicht flammte, die Sterne tanzten und das Land war mit Schnee bedeckt.

ध्रुवीय ज्योति प्रज्वलित हुई, तारे नाचने लगे, तथा धरती बर्फ से ढक गई।

Der Gesang der Hunde erhob sich als Aufschrei gegen die Stille und die bittere Kälte.

कुत्तों का गाना सन्नाटे और कड़ाके की ठंड के खिलाफ चीख के रूप में उभरा।

Doch in jedem langen Ton ihres Heulens war Trauer und nicht Trotz zu hören.

लेकिन उनकी चीख़ के हर लंबे स्वर में विरोध नहीं, बल्कि दुख छिपा था।

Jeder Klageschrei war voller Flehen; die Last des Lebens selbst.

हर करुण क्रंदन याचना से भरा था; जीवन का बोझ था।

Dieses Lied war alt – älter als Städte und älter als Feuer

वह गीत पुराना था - शहरों से भी पुराना, और आग से भी पुराना

Dieses Lied war sogar älter als die Stimmen der Menschen.

वह गीत मनुष्यों की आवाजों से भी अधिक प्राचीन था।

Es war ein Lied aus der jungen Welt, als alle Lieder traurig waren.

यह युवा दुनिया का एक गीत था, जब सभी गीत दुःखद होते थे।

Das Lied trug den Kummer unzähliger Hundegenerationen in sich.

इस गीत में कुत्तों की अनगिनत पीढ़ियों का दुःख समाहित था।

Buck spürte die Melodie tief und stöhnte vor jahrhundertealtem Schmerz.

बक ने धुन को गहराई से महसूस किया, और सदियों पुरानी पीड़ा से कराह उठा।

Er schluchzte aus einem Kummer, der so alt war wie das wilde Blut in seinen Adern.

वह उस दुःख से सिसक उठा जो उसकी रगों में बहते खून जितना पुराना था।

Die Kälte, die Dunkelheit und das Geheimnisvolle berührten Bucks Seele.

ठण्ड, अँधेरा और रहस्य ने बक की आत्मा को छू लिया।

Dieses Lied bewies, wie weit Buck zu seinen Ursprüngen zurückgekehrt war.

उस गीत ने सिद्ध कर दिया कि बक अपने मूल की ओर कितनी दूर लौट आया था।

Durch Schnee und Heulen hatte er den Anfang seines eigenen Lebens gefunden.

बर्फ और चीख-पुकार के बीच उसने अपने जीवन की शुरुआत पा ली थी।

Sieben Tage nach ihrer Ankunft in Dawson brachen sie erneut auf.

डाउसन पहुंचने के सात दिन बाद वे एक बार फिर रवाना हुए।

Das Team verließ die Kaserne und fuhr hinunter zum Yukon Trail.

टीम बैरकों से नीचे युकोन ट्रेल तक उतरी।

Sie begannen die Rückreise nach Dyea und Salt Water.

उन्होंने डाया और साल्ट वाटर की ओर वापस यात्रा शुरू की।

Perrault überbrachte noch dringlichere Depeschen als zuvor.

पेरौल्ट पहले से भी अधिक जरूरी संदेश लेकर आए।

Auch ihn packte der Trail-Stolz, und er wollte einen Rekord aufstellen.

उनमें भी ट्रेल के प्रति गर्व की भावना थी और उन्होंने एक रिकार्ड स्थापित करने का लक्ष्य रखा।

Diesmal hatte Perrault mehrere Vorteile.

इस बार, कई लाभ पेरौल्ट के पक्ष में थे।

Die Hunde hatten eine ganze Woche lang geruht und ihre Kräfte wiedererlangt.

कुत्तों ने पूरे एक सप्ताह तक आराम किया और अपनी ताकत वापस पा ली।

Die Spur, die sie gebahnt hatten, wurde nun von anderen festgestampft.

जिस रास्ते को उन्होंने तोड़ा था, उसे अब दूसरों ने पक्का कर दिया है।

An manchen Stellen hatte die Polizei Futter für Hunde und Menschen gelagert.

कई स्थानों पर पुलिस ने कुत्तों और मनुष्यों दोनों के लिए भोजन का भंडारण किया था।

Perrault reiste mit leichtem Gepäck und bewegte sich schnell, ohne dass ihn etwas belastete.

पेरौल्ट हल्के सामान के साथ तेजी से यात्रा करते थे, उनका वजन बहुत कम था।

Sie erreichten Sixty-Mile, eine Strecke von achtzig Kilometern, noch in der ersten Nacht.

वे पहली रात तक पचास मील की दौड़, सिक्सटी-माइल, तक पहुंच गये।

Am zweiten Tag eilten sie den Yukon hinauf nach Pelly.

दूसरे दिन, वे युकोन से पेली की ओर बढ़े।

Doch dieser tolle Fortschritt war für François mit vielen Strapazen verbunden.

लेकिन इतनी अच्छी प्रगति फ़्राँस्वा के लिए बहुत तनाव लेकर आई।

Bucks stille Rebellion hatte die Disziplin des Teams zerstört.

बक के शांत विद्रोह ने टीम के अनुशासन को तहस-नहस कर दिया था।

Sie zogen nicht mehr wie ein Tier an den Zügeln.

वे अब एक जानवर की तरह एक साथ नहीं खींचे जाते थे।

Buck hatte durch sein mutiges Beispiel andere zum Trotz verleitet.

बक ने अपने साहसिक उदाहरण के माध्यम से दूसरों को विद्रोह की ओर प्रेरित किया था।

Spitz' Befehl stieß weder auf Furcht noch auf Respekt.

स्पिट्ज़ के आदेश को अब भय या सम्मान के साथ नहीं देखा जाता था।

Die anderen verloren ihre Ehrfurcht vor ihm und wagten es, sich seiner Herrschaft zu widersetzen.

अन्य लोगों का उससे भय समाप्त हो गया और उन्होंने उसके शासन का विरोध करने का साहस किया।

Eines Nachts stahl Pike einen halben Fisch und aß ihn vor Bucks Augen.

एक रात, पाइक ने आधी मछली चुरा ली और बक की नजरों के सामने उसे खा गया।

In einer anderen Nacht kämpften Dub und Joe gegen Spitz und blieben ungestraft.

एक और रात, डब और जो ने स्पिट्ज़ से लड़ाई की और उन्हें सजा नहीं मिली।

Sogar Billee jammerte weniger süß und zeigte eine neue Schärfe.

यहां तक कि बिली की भी शिकायत कम मीठी हो गई और उसमें नया तीखापन आ गया।

Buck knurrte Spitz jedes Mal an, wenn sich ihre Wege kreuzten.

हर बार जब वे दोनों एक दूसरे के सामने पड़ते तो बक स्पिट्ज पर गुर्राहट करता।

Bucks Haltung wurde dreist und bedrohlich, fast wie die eines Tyrannen.

बक का रवैया दुस्साहसी और धमकी भरा हो गया, लगभग एक बदमाश जैसा।

Mit stolzgeschwellter Brust und voller spöttischer Bedrohung schritt er vor Spitz auf und ab.

वह स्पिट्ज के सामने अकड़कर, पूरी तरह से उपहासपूर्ण धमकी के साथ चला।

Dieser Zusammenbruch der Ordnung breitete sich auch unter den Schlittenhunden aus.

व्यवस्था का यह पतन स्लेज-कुत्तों में भी फैल गया।

Sie stritten und stritten mehr denn je und erfüllten das Lager mit Lärm.

वे पहले से भी अधिक लड़ने और बहस करने लगे, जिससे शिविर शोर से भर गया।

Das Lagerleben verwandelte sich jede Nacht in ein wildes, heulendes Chaos.

शिविर का जीवन प्रत्येक रात जंगली, चीख-पुकार वाली अराजकता में बदल गया।

Nur Dave und Solleks blieben ruhig und konzentriert.

केवल डेव और सोलेक्स ही स्थिर और केंद्रित रहे।

Doch selbst sie wurden durch die ständigen Schlägereien ungehalten.

लेकिन लगातार झगड़ों से वे भी चिड़चिड़े हो गए।

François fluchte in fremden Sprachen und stampfte frustriert auf.

फ़्राँस्वा अजीब-अजीब भाषा में गालियाँ दे रहा था और हताशा में पैरों से ठोकरें खा रहा था।

Er riss sich die Haare aus und schrie, während der Schnee unter seinen Füßen wirbelte.

वह अपने बाल नोचता हुआ चिल्ला रहा था, जबकि उसके पैरों के नीचे बर्फ उड़ रही थी।

Seine Peitsche knallte über das Rudel, konnte es aber kaum in Schach halten.

उसका चाबुक झुंड पर टूट पड़ा, लेकिन वह उन्हें बड़ी मुश्किल से लाइन में रख पाया।

Immer wenn er sich umdrehte, brachen die Kämpfe erneut aus.

जब भी वह पीठ फेरता, लड़ाई फिर शुरू हो जाती।

François setzte die Peitsche für Spitz ein, während Buck die Rebellen anführte.

फ्राँस्वा ने स्पिट्ज़ के लिए चाबुक का प्रयोग किया, जबकि बक ने विद्रोहियों का नेतृत्व किया।

Jeder kannte die Rolle des anderen, aber Buck vermied jegliche Schuldzuweisungen.

दोनों को एक-दूसरे की भूमिका का पता था, लेकिन बक ने किसी पर भी दोष नहीं लगाया।

François hat Buck nie dabei erwischt, wie er eine Schlägerei anfing oder sich vor seiner Arbeit drückte.

फ्राँस्वा ने कभी भी बक को झगड़ा करते या अपने काम से बचते नहीं देखा।

Buck arbeitete hart im Geschirr – die Mühe erfüllte ihn jetzt mit Begeisterung.

बक ने कड़ी मेहनत की - अब यह परिश्रम उसकी आत्मा को रोमांचित कर रहा था।

Doch noch mehr Freude bereitete ihm das Anzetteln von Kämpfen und Chaos im Lager.

लेकिन शिविर में झगड़े और अराजकता फैलाने में उसे और भी अधिक आनंद मिलता था।

Eines Abends schreckte Dub an der Mündung des Tahkeena ein Kaninchen auf.

एक शाम तहकीना के मुँह पर डब ने एक खरगोश को चौंका दिया।

Er verpasste den Fang und das Schneeschuhkaninchen sprang davon.

वह शिकार करने से चूक गया और स्नोशू खरगोश उछलकर दूर चला गया।

Innerhalb von Sekunden nahm das gesamte Schlittenteam unter wildem Geschrei die Verfolgung auf.

कुछ ही सेकंड में पूरी स्लेज टीम ने जंगली चीखें मारते हुए उनका पीछा किया।

In der Nähe beherbergte ein Lager der Northwest Police fünfzig Huskys.

पास में ही उत्तर-पश्चिम पुलिस शिविर में पचास हस्की कुत्ते रखे गए थे।

Sie schlossen sich der Jagd an und stürmten gemeinsam den zugefrorenen Fluss hinunter.

वे शिकार में शामिल हो गए, और जमी हुई नदी में एक साथ आगे बढ़ने लगे।

Das Kaninchen verließ den Fluss und floh in ein gefrorenes Bachbett.

खरगोश नदी से दूर चला गया और एक जमे हुए नाले की ओर भाग गया।

Das Kaninchen hüpfte leichtfüßig über den Schnee, während die Hunde sich durchkämpften.

खरगोश बर्फ पर हल्के से उछल रहा था, जबकि कुत्ते संघर्ष कर रहे थे।

Buck führte das riesige Rudel von sechzig Hunden um jede Kurve.

बक ने साठ कुत्तों के विशाल समूह को प्रत्येक घुमावदार मोड़ पर ले गया।

Er drängte tief und eifrig vorwärts, konnte jedoch keinen Boden gutmachen.

वह आगे बढ़ा, नीचे झुका और उत्सुक था, लेकिन आगे नहीं बढ़ सका।

Bei jedem kraftvollen Sprung blitzte sein Körper im blassen Mondlicht auf.

प्रत्येक शक्तिशाली छलांग के साथ उसका शरीर पीले चाँद के नीचे चमक उठता था।

Vor uns bewegte sich das Kaninchen wie ein Geist, lautlos und zu schnell, um es einzufangen.

आगे खरगोश भूत की तरह चल रहा था, चुपचाप और इतनी तेज कि उसे पकड़ना मुश्किल था।

All diese alten Instinkte – der Hunger, der Nervenkitzel – durchströmten Buck.

वे सभी पुरानी प्रवृत्तियाँ - भूख, रोमांच - बक के भीतर उमड़ पड़ीं।

Manchmal verspüren Menschen diesen Instinkt und werden dazu getrieben, mit Gewehr und Kugel zu jagen.

मनुष्य कभी-कभी इस प्रवृत्ति को महसूस करता है, तथा बंदूक और गोली से शिकार करने के लिए प्रेरित होता है।

Aber Buck empfand dieses Gefühl auf einer tieferen und persönlicheren Ebene.

लेकिन बक ने इस भावना को अधिक गहरे और व्यक्तिगत स्तर पर महसूस किया।

Sie konnten die Wildnis nicht in ihrem Blut spüren, so wie Buck sie spüren konnte.

वे अपने खून में जंगलीपन को उस तरह महसूस नहीं कर सकते थे जिस तरह बक महसूस कर सकता था।

Er jagte lebendes Fleisch, bereit, mit seinen Zähnen zu töten und Blut zu schmecken.

वह जीवित मांस का पीछा करता था, अपने दांतों से मारने और खून का स्वाद चखने के लिए तैयार रहता था।

Sein Körper spannte sich vor Freude, er wollte in warmem, rotem Leben baden.

उसका शरीर खुशी से तना हुआ था, वह गर्म लाल जीवन में स्नान करना चाहता था।

Eine seltsame Freude markiert den höchsten Punkt, den das Leben jemals erreichen kann.

एक अजीब सी खुशी जीवन के उच्चतम बिंदु को चिह्नित करती है।

Das Gefühl eines Gipfels, bei dem die Lebenden vergessen, dass sie überhaupt am Leben sind.

एक शिखर की अनुभूति जहां जीवित लोग भूल जाते हैं कि वे जीवित भी हैं।

Diese tiefe Freude berührt den Künstler, der sich in glühender Inspiration verliert.

यह गहन आनन्द प्रज्वलित प्रेरणा में खोए हुए कलाकार को छू लेता है।

Diese Freude ergreift den Soldaten, der wild kämpft und keinen Feind verschont.

यह आनन्द उस सैनिक को प्राप्त होता है जो बेतहाशा लड़ता है और किसी भी शत्रु को नहीं छोड़ता।

Diese Freude erfasste nun Buck, der das Rudel mit seinem Urhunger anführte.

इस खुशी ने अब बक को भी अपनी गिरफ्त में ले लिया क्योंकि वह आदिम भूख में सबसे आगे था।

Er heulte mit dem uralten Wolfsschrei, aufgeregt durch die lebendige Jagd.

वह जीवित पीछा से रोमांचित होकर प्राचीन भेड़िया-चीख के साथ चिल्लाया।

Buck hat den ältesten Teil seiner selbst angezapft, der in der Wildnis verloren war.

बक ने अपने सबसे पुराने हिस्से को याद किया, जो जंगल में खोया हुआ था।

Er griff tief in sein Inneres, in die Vergangenheit, in die raue, uralte Zeit.

वह अतीत की गहरी स्मृतियों, कच्चे, प्राचीन समय में पहुंच गया।

Eine Welle puren Lebens durchströmte jeden Muskel und jede Sehne.

प्रत्येक मांसपेशी और स्नायु में शुद्ध जीवन की लहर दौड़ गयी।

Jeder Sprung schrie, dass er lebte, dass er durch den Tod ging.

प्रत्येक छलांग यह बताती थी कि वह जीवित है, वह मृत्यु से होकर गुजर रहा है।

Sein Körper schwebte freudig über stilles, kaltes Land, das sich nie regte.

उसका शरीर आनन्दपूर्वक उस स्थिर, ठण्डी भूमि पर उड़ रहा था जो कभी हिलती नहीं थी।

Spitz blieb selbst in seinen wildesten Momenten kalt und listig.

स्पिट्ज़ अपने सबसे उग्र क्षणों में भी ठंडे और चालाक बने रहे।

Er verließ den Pfad und überquerte das Land, wo der Bach eine weite Biegung machte.

वह पगडंडी छोड़कर उस भूमि को पार कर गया जहां एक नाला चौड़ा होकर मुड़ गया था।

Buck, der davon nichts wusste, blieb auf dem gewundenen Pfad des Kaninchens.

बक इस बात से अनजान होकर खरगोश के घुमावदार रास्ते पर ही रुका रहा।

Dann, als Buck um eine Kurve bog, stand das geisterhafte Kaninchen vor ihm.

फिर, जैसे ही बक एक मोड़ पर पहुंचा, भूत जैसा खरगोश उसके सामने आ गया।

Er sah, wie eine zweite Gestalt vor der Beute vom Ufer sprang.

उसने देखा कि शिकार से पहले एक दूसरा व्यक्ति किनारे से छलांग लगाकर आगे बढ़ रहा है।

Bei der Gestalt handelte es sich um Spitz, der direkt auf dem Weg des fliehenden Kaninchens landete.

वह आकृति स्पिट्ज़ थी, जो भागते हुए खरगोश के रास्ते में आकर रुकी थी।

Das Kaninchen konnte sich nicht umdrehen und traf mitten in der Luft auf Spitz' Kiefer.

खरगोश मुड़ नहीं सका और हवा में ही स्पिट्ज के जबड़े में फंस गया।

Das Rückgrat des Kaninchens brach mit einem Schrei, der so scharf war wie der Schrei eines sterbenden Menschen.

खरगोश की रीढ़ की हड्डी एक ऐसी चीख के साथ टूट गई जो किसी मरते हुए इंसान की चीख के समान थी।

Bei diesem Geräusch – dem Sturz vom Leben in den Tod – heulte das Rudel laut auf.

उस ध्वनि पर - जीवन से मृत्यु की ओर गिरावट - झुंड जोर से चिल्लाया।

Hinter Buck erhob sich ein wilder Chor voller dunkler Freude.

बक के पीछे से एक क्रूर कोरस गूंज उठा, जो अंधकारमय खुशी से भरा था।

Buck gab keinen Schrei von sich, keinen Laut, und stürmte direkt auf Spitz zu.

बक ने न तो कोई चीख़ी, न ही कोई आवाज़ की, और सीधे स्पिट्ज़ पर हमला कर दिया।

Er zielte auf die Kehle, traf aber stattdessen die Schulter.

उसने गला दबाने पर निशाना साधा, लेकिन कंधे पर वार हुआ।

Sie stürzten durch den weichen Schnee, ihre Körper waren in einen Kampf verstrickt.

वे नरम बर्फ में लुढ़क रहे थे; उनके शरीर युद्ध में बंधे हुए थे।

Spitz sprang schnell auf, als wäre er nie niedergeschlagen worden.

स्पिट्ज़ इतनी तेजी से उछला, मानो कभी गिरा ही न हो।

Er schlug auf Bucks Schulter und sprang dann aus dem Kampf.

उसने बक के कंधे पर वार किया और फिर लड़ाई से बाहर निकल गया।

Zweimal schnappten seine Zähne wie Stahlfallen, seine Lippen waren grimmig gekräuselt.

दो बार उसके दांत स्टील के जाल की तरह चटक गए, होठ मुड़े हुए और भयंकर थे।

Er wich langsam zurück und suchte festen Boden unter seinen Füßen.

वह धीरे-धीरे पीछे हटा और अपने पैरों के नीचे ठोस ज़मीन तलाशने लगा।

Buck verstand den Moment sofort und vollkommen.

बक ने उस क्षण को तुरन्त और पूरी तरह से समझ लिया।

Die Zeit war gekommen; der Kampf würde ein Kampf auf Leben und Tod werden.

समय आ गया था; लड़ाई मौत तक की लड़ाई होने जा रही थी।

Die beiden Hunde umkreisten knurrend den Raum, legten die Ohren an und kniffen die Augen zusammen.

दोनों कुत्ते चक्कर लगाते हुए, गुर्राते हुए, कान चपटे और आंखें सिकोड़ते हुए घूम रहे थे।

Jeder Hund wartete darauf, dass der andere Schwäche zeigte oder einen Fehltritt machte.

प्रत्येक कुत्ता दूसरे के कमजोरी दिखाने या गलत कदम उठाने का इंतजार करता था।

Buck hatte ein unheimliches Gefühl, die Szene zu kennen und tief in Erinnerung zu behalten.

बक को यह दृश्य भयावह रूप से ज्ञात और गहराई से याद था।

Die weißen Wälder, die kalte Erde, die Schlacht im Mondlicht.

सफ़ेद जंगल, ठंडी धरती, चाँदनी रात में लड़ाई।

Eine schwere Stille erfüllte das Land, tief und unnatürlich.

धरती पर एक भारी, गहरी और अप्राकृतिक शांति छा गई।

Kein Wind regte sich, kein Blatt bewegte sich, kein Geräusch unterbrach die Stille.

न हवा चली, न पत्ता हिला, न कोई आवाज शांति को भंग कर सकी।

Der Atem der Hunde stieg wie Rauch in die eiskalte, stille Luft.

कुत्तों की साँसें जमी हुई, शांत हवा में धुएँ की तरह उठ रही थीं।

Das Kaninchen war von der Meute der wilden Tiere längst vergessen.

खरगोश को जंगली जानवरों के झुंड ने बहुत पहले ही भूल दिया था।

Diese halb gezähmten Wölfe standen nun still in einem weiten Kreis.

ये अर्ध-पालतू भेड़िये अब एक बड़े घेरे में स्थिर खड़े थे।

Sie waren still, nur ihre leuchtenden Augen verrieten ihren Hunger.

वे चुप थे, केवल उनकी चमकती आँखों से उनकी भूख का पता चल रहा था।

Ihr Atem stieg auf, als sie den Beginn des Endkampfes beobachteten.

अंतिम लड़ाई शुरू होते देख उनकी सांसें ऊपर की ओर उठने लगीं।

Für Buck war dieser Kampf alt und erwartet, überhaupt nicht ungewöhnlich.

बक के लिए यह लड़ाई पुरानी और अपेक्षित थी, बिल्कुल भी अजीब नहीं थी।

Es fühlte sich an wie die Erinnerung an etwas, das schon immer passieren sollte.

ऐसा महसूस हुआ जैसे किसी ऐसी बात की याद आ रही है जो हमेशा घटित होनी ही थी।

Spitz war ein ausgebildeter Kampfhund, gestählt durch zahllose wilde Schlägereien.

स्पिट्ज़ एक प्रशिक्षित लड़ाकू कुत्ता था, जो अनगिनत जंगली लड़ाइयों से प्रशिक्षित था।

Von Spitzbergen bis Kanada hatte er viele Feinde besiegt.

स्पिट्सबर्गेन से लेकर कनाडा तक उन्होंने कई शत्रुओं पर विजय प्राप्त की थी।

Er war voller Wut, ließ seiner Wut jedoch nie freien Lauf.

वह क्रोध से भरा हुआ था, लेकिन उसने कभी क्रोध पर नियंत्रण नहीं किया।

Seine Leidenschaft war scharf, aber immer durch einen harten Instinkt gemildert.

उनका जुनून तीव्र था, लेकिन हमेशा कठोर प्रवृत्ति से संयमित रहता था।

Er griff nie an, bis seine eigene Verteidigung stand.

जब तक उसकी अपनी सुरक्षा व्यवस्था नहीं हो गई, उसने कभी आक्रमण नहीं किया।

Buck versuchte immer wieder, Spitz' verwundbaren Hals zu erreichen.

बक ने स्पिट्ज़ की कमजोर गर्दन तक पहुंचने की बार-बार कोशिश की।

Doch jeder Schlag wurde von Spitz' scharfen Zähnen mit einem Hieb beantwortet.

लेकिन हर वार का जवाब स्पिट्ज़ के तीखे दांतों से वार से मिलता था।

Ihre Reißzähne prallten aufeinander und beide Hunde bluteten aus den aufgerissenen Lippen.

उनके नुकीले दांत आपस में टकराये और दोनों कुत्तों के फटे होठों से खून बहने लगा।

Egal, wie sehr Buck sich auch wehrte, er konnte die Verteidigung nicht durchbrechen.

बक ने चाहे जितना भी प्रयास किया, वह रक्षा पंक्ति को भेद नहीं सका।

Er wurde immer wütender und stürmte mit wilden Kraftausbrüchen hinein.

वह और अधिक क्रोधित हो गया, और शक्ति के बेतहाशा प्रहारों के साथ आगे बढ़ा।

Immer wieder schlug Buck nach der weißen Kehle von Spitz.

बक ने बार-बार स्पिट्ज के सफेद गले पर हमला किया।

Jedes Mal wich Spitz aus und schlug mit einem schneidenden Biss zurück.

हर बार स्पिट्ज़ बच निकलता और जोरदार वार करता।

Dann änderte Buck seine Taktik und stürzte sich erneut darauf, als wolle er ihm die Kehle zu Leibe rücken.

फिर बक ने रणनीति बदली, और फिर से गला काटने के लिए दौड़ा।

Doch er zog sich mitten im Angriff zurück und drehte sich um, um von der Seite zuzuschlagen.

लेकिन उन्होंने आक्रमण के बीच में ही पीछे हटकर, बगल से वार करने का प्रयास किया।

Er warf Spitz seine Schulter entgegen, um ihn niederzuschlagen.

उसने स्पिट्ज़ को गिराने के लिए अपना कंधा उस पर मारा।

Bei jedem Versuch wich Spitz aus und konterte mit einem Hieb.

हर बार जब उसने प्रयास किया, स्पिट्ज ने चकमा दे दिया और वार करके जवाब दिया।

Bucks Schulter wurde wund, als Spitz nach jedem Schlag davonsprang.

बक का कंधा जख्मी हो गया क्योंकि स्पिट्ज हर प्रहार के बाद छलांग लगाकर दूर निकल जाता था।

Spitz war nicht berührt worden, während Buck aus vielen Wunden blutete.

स्पिट्ज़ को छुआ तक नहीं गया था, जबकि बक के कई घाव से खून बह रहा था।

Bucks Atem ging schnell und schwer, sein Körper war blutverschmiert.

बक की सांसें तेज़ और भारी हो गईं, उसका शरीर खून से लथपथ हो गया।

Mit jedem Biss und Angriff wurde der Kampf brutaler.

प्रत्येक हमले और आक्रमण के साथ लड़ाई और अधिक क्रूर होती गई।

Um sie herum warteten sechzig stille Hunde darauf, dass der erste fiel.

उनके चारों ओर साठ खामोश कुत्ते पहले गिरने का इंतजार कर रहे थे।

Wenn ein Hund zu Boden ging, würde das Rudel den Kampf beenden.

यदि एक भी कुत्ता गिर जाता तो पूरा झुंड लड़ाई ख़त्म कर देता।

Spitz sah, dass Buck schwächer wurde, und begann, den Angriff voranzutreiben.

स्पिट्ज़ ने बक को कमजोर होते देखा और आक्रमण तेज कर दिया।

Er brachte Buck aus dem Gleichgewicht und zwang ihn, um Halt zu kämpfen.

उन्होंने बक का संतुलन बिगाड़ दिया, जिससे उसे पैर जमाने के लिए संघर्ष करना पड़ा।

Einmal stolperte Buck und fiel, und alle Hunde standen auf.

एक बार बक लड़खड़ाकर गिर पड़ा, और सभी कुत्ते उठ खड़े हुए।

Doch Buck richtete sich mitten im Fall auf und alle sanken wieder zu Boden.

लेकिन बक ने गिरते समय अपने आप को सीधा कर लिया, और सभी लोग वापस नीचे गिर गए।

Buck hatte etwas Seltenes – eine Vorstellungskraft, die aus tiefem Instinkt geboren war.

बक के पास एक दुर्लभ चीज़ थी - गहरी सहज प्रवृत्ति से पैदा हुई कल्पनाशक्ति।

Er kämpfte mit natürlichem Antrieb, aber auch mit List.

वह स्वाभाविक प्रेरणा से लड़ा, लेकिन उसने चालाकी से भी लड़ाई लड़ी।

Er griff erneut an, als würde er seinen Schulterangriffstrick wiederholen.

वह फिर से उस पर टूट पड़ा, मानो वह कंधे से हमला करने की अपनी चाल दोहरा रहा हो।

Doch in der letzten Sekunde ließ er sich fallen und flog unter Spitz hindurch.

लेकिन आखिरी क्षण में वह नीचे गिर गया और स्पिट्ज के नीचे चला गया।

Seine Zähne schnappten um Spitz' linkes Vorderbein.

उसके दांत स्पिट्ज के बाएं अगले पैर पर एक झटके से गड़ गए।

Spitz stand nun unsicher da, sein Gewicht ruhte nur noch auf drei Beinen.

स्पिट्ज़ अब अस्थिर होकर खड़ा था, उसका भार केवल तीन पैरों पर था।

Buck schlug erneut zu und versuchte dreimal, ihn zu Fall zu bringen.

बक ने फिर हमला किया, उसे नीचे गिराने की तीन बार कोशिश की।

Beim vierten Versuch nutzte er denselben Zug mit Erfolg

चौथे प्रयास में उन्होंने यही चाल सफलतापूर्वक अपनाई

Diesmal gelang es Buck, Spitz in das rechte Bein zu beißen.

इस बार बक स्पिट्ज के दाहिने पैर को काटने में कामयाब हो गया।

Obwohl Spitz verkrüppelt war und große Schmerzen litt, kämpfte er weiter ums Überleben.

स्पिट्ज़ अपंग और पीड़ा में होने के बावजूद जीवित रहने के लिए संघर्ष करता रहा।

Er sah, wie der Kreis der Huskys enger wurde, die Zungen herausstreckten und deren Augen leuchteten.

उसने देखा कि हस्की पक्षियों का घेरा कस गया, उनकी जीभें बाहर निकल आईं, उनकी आंखें चमक उठीं।

Sie warteten darauf, ihn zu verschlingen, so wie sie es mit anderen getan hatten.

वे उसे निगलने की प्रतीक्षा में थे, जैसा उन्होंने दूसरों के साथ किया था।

Dieses Mal stand er im Mittelpunkt: besiegt und verdammt.

इस बार वह पराजित और पराजित होकर बीच में खड़ा था।

Für den weißen Hund gab es jetzt keine Möglichkeit mehr zu entkommen.

अब सफ़ेद कुत्ते के पास भागने का कोई विकल्प नहीं था।

Buck kannte keine Gnade, denn Gnade hatte in der Wildnis nichts zu suchen.

बक ने कोई दया नहीं दिखाई, क्योंकि दया जंगल में नहीं होती।

Buck bewegte sich vorsichtig und bereitete sich auf den letzten Angriff vor.

बक ने अंतिम आक्रमण की तैयारी करते हुए सावधानीपूर्वक कदम बढ़ाया।

Der Kreis der Huskys schloss sich, er spürte ihren warmen Atem.

हस्की पक्षियों का घेरा उसके करीब आ गया; उसने उनकी गर्म साँसें महसूस कीं।

Sie duckten sich und waren bereit, im richtigen Moment zu springen.

वे नीचे झुक गए, ताकि जब भी मौका मिले, वे उछलने के लिए तैयार रहें।

Spitz zitterte im Schnee, knurrte und veränderte seine Haltung.

स्पिट्ज़ बर्फ में कांप रहा था, गुर्रा रहा था और अपना रुख बदल रहा था।

Seine Augen funkelten, seine Lippen waren gekräuselt und seine Zähne blitzten in verzweifelter Drohung.

उसकी आँखें चमक रही थीं, होठ सिकुड़े हुए थे, और दांत चमक रहे थे, जिससे उसे धमकी मिल रही थी।

Er taumelte und versuchte immer noch, dem kalten Biss des Todes standzuhalten.

वह लड़खड़ा रहा था, अभी भी मौत के ठण्डे दंश को रोकने की कोशिश कर रहा था।

Er hatte das schon früher erlebt, aber immer von der Gewinnerseite.

उन्होंने ऐसा पहले भी देखा था, लेकिन हमेशा जीतने वाले पक्ष से।

Jetzt war er auf der Verliererseite, der Besiegte, die Beute, der Tod.

अब वह हारने वाले पक्ष में था; पराजित; शिकार; मृत्यु।

Buck umkreiste ihn für den letzten Schlag, der Hundekreis rückte näher.

बक ने अंतिम प्रहार के लिए चक्कर लगाया, कुत्तों का घेरा उसके करीब आ गया।

Er konnte ihren heißen Atem spüren; bereit zum Töten.

वह उनकी गर्म साँसों को महसूस कर सकता था; वे हत्या के लिए तैयार थे।

Stille breitete sich aus; alles war an seinem Platz; die Zeit war stehen geblieben.

एक शांति छा गई; सब कुछ अपनी जगह पर था; समय रुक गया था।

Sogar die kalte Luft zwischen ihnen gefror für einen letzten Moment.

यहां तक कि उनके बीच की ठंडी हवा भी एक आखिरी क्षण के लिए रुक गई।

Nur Spitz bewegte sich und versuchte, sein bitteres Ende abzuwenden.

केवल स्पिट्ज़ ही आगे बढ़ा, अपने कड़वे अंत को रोकने की कोशिश कर रहा था।

Der Kreis der Hunde schloss sich um ihn, und das war sein Schicksal.

कुत्तों का घेरा उसके चारों ओर घिरता जा रहा था, और यही उसकी नियति भी थी।

Er war jetzt verzweifelt, da er wusste, was passieren würde.

अब वह हताश था, क्योंकि उसे मालूम था कि आगे क्या होने वाला है।

Buck sprang hinein, Schulter an Schulter traf ein letztes Mal.

बक उछलकर आया, और आखिरी बार उसका कंधा उससे टकराया।

Die Hunde drängten vorwärts und deckten Spitz in der verschneiten Dunkelheit.

कुत्ते आगे बढ़े और स्पिट्ज़ को बर्फीले अंधेरे में ढक दिया।

Buck sah zu, aufrecht stehend; der Sieger in einer wilden Welt.

बक खड़ा होकर देख रहा था, एक जंगली दुनिया में विजेता।

Das dominante Urtier hatte seine Beute gemacht, und es war gut.

प्रमुख आदिम पशु ने अपना शिकार कर लिया था, और यह अच्छा था।

Wer die Meisterschaft erlangt hat
वह, जिसने महारथ हासिल कर ली है

„Wie? Was habe ich gesagt? Ich sage die Wahrheit, wenn ich sage, dass Buck ein Teufel ist."

"अरे? मैंने क्या कहा? मैं सच कहता हूँ जब मैं कहता हूँ कि बक एक शैतान है।"

François sagte dies am nächsten Morgen, nachdem er festgestellt hatte, dass Spitz verschwunden war.

फ्रांकोइस ने यह बात अगली सुबह स्पिट्ज के लापता होने के बाद कही।

Buck stand da, übersät mit Wunden aus dem erbitterten Kampf.

बक वहीं खड़ा था, भयंकर लड़ाई के घावों से लथपथ।

François zog Buck zum Feuer und zeigte auf die Verletzungen.

फ़्राँस्वा ने बक को आग के पास खींचा और चोटों की ओर इशारा किया।

„Dieser Spitz hat gekämpft wie der Devik", sagte Perrault und beäugte die tiefen Schnittwunden.

"उस स्पिट्ज़ ने डेविक की तरह लड़ाई लड़ी," पेरौल्ट ने गहरे घावों को देखते हुए कहा।

„Und dieser Buck hat wie zwei Teufel gekämpft", antwortete François sofort.

"और बक ने दो शैतानों की तरह लड़ाई की," फ़्राँस्वा ने तुरंत जवाब दिया।

„Jetzt kommen wir gut voran; kein Spitz mehr, kein Ärger mehr."

"अब हम अच्छा समय बिताएंगे; कोई स्पिट्ज नहीं, कोई परेशानी नहीं।"

Perrault packte die Ausrüstung und belud den Schlitten sorgfältig.

पेरौल्ट सामान पैक कर रहा था और उसने स्लेज पर सावधानीपूर्वक सामान लादा।

François spannte die Hunde für den Lauf des Tages an.

फ्रॉंस्वा ने दिन की दौड़ के लिए तैयारी में कुत्तों को तैयार किया।

Buck trabte direkt an die Führungsposition, die einst Spitz innehatte.

बक सीधे उस अग्रणी स्थान पर पहुंच गए, जो पहले स्पिट्ज के पास था।

Doch François bemerkte es nicht und führte Solleks nach vorne.

लेकिन फ्रॉंस्वा ने इस पर ध्यान न देते हुए सोलेक्स को आगे की ओर ले गया।

Nach François' Einschätzung war Solleks nun der beste Leithund.

फ्रॉंस्वा के अनुसार, सोलेक्स अब सबसे अच्छा नेतृत्वकर्ता कुत्ता था।

Buck stürzte sich wütend auf Solleks und trieb ihn aus Protest zurück.

बक ने क्रोध में आकर सोलेक्स पर हमला किया और विरोध स्वरूप उसे पीछे खदेड़ दिया।

Er stand dort, wo einst Spitz gestanden hatte, und beanspruchte die Führungsposition.

वह वहीं खड़े थे जहां कभी स्पिट्ज़ खड़े थे, और उन्होंने अग्रणी स्थान प्राप्त कर लिया।

„Wie? Wie?", rief François und schlug sich amüsiert auf die Schenkel.

"एह? एह?" फ्रॉंस्वा ने खुशी से अपनी जांघें थपथपाते हुए कहा।

„Sehen Sie sich Buck an – er hat Spitz umgebracht und jetzt will er ihm den Job wegnehmen!"

"बक को देखो - उसने स्पिट्ज़ को मार डाला, अब वह नौकरी लेना चाहता है!"

„Geh weg, Chook!", schrie er und versuchte, Buck zu vertreiben.

"चले जाओ, चूक!" वह चिल्लाया, बक को भगाने की कोशिश करते हुए।

Aber Buck weigerte sich, sich zu bewegen und blieb fest im Schnee stehen.

लेकिन बक ने हिलने से इनकार कर दिया और बर्फ में डटा रहा।

François packte Buck am Genick und zog ihn beiseite.

फ्राँस्वा ने बक को पकड़ लिया और उसे एक तरफ़ खींच लिया।

Buck knurrte leise und drohend, griff aber nicht an.

बक ने धीमी आवाज में धमकी भरे अंदाज में गुर्राहट की, लेकिन हमला नहीं किया।

François brachte Solleks wieder in Führung und versuchte, den Streit zu schlichten

फ्राँस्वा ने विवाद को सुलझाने की कोशिश करते हुए सोलेक्स को फिर से आगे कर दिया

Der alte Hund zeigte Angst vor Buck und wollte nicht bleiben.

बूढ़ा कुत्ता बक से डर गया और वहाँ रुकना नहीं चाहता था।

Als François ihm den Rücken zuwandte, verjagte Buck Solleks wieder.

जब फ्रांकोइस ने अपनी पीठ मोड़ ली, तो बक ने सोलेक्स को फिर से बाहर निकाल दिया।

Solleks leistete keinen Widerstand und trat erneut leise zur Seite.

सोलेक्स ने कोई प्रतिरोध नहीं किया और एक बार फिर चुपचाप एक तरफ हट गया।

François wurde wütend und schrie: „Bei Gott, ich werde dich heilen!"

फ़्राँस्वा क्रोधित हो गया और चिल्लाया, "भगवान की कसम, मैं तुम्हें ठीक कर दूँगा!"

Er kam mit einer schweren Keule in der Hand auf Buck zu.

वह अपने हाथ में एक भारी डंडा पकड़े हुए बक की ओर आया।

Buck erinnerte sich gut an den Mann im roten Pullover.

बक को लाल स्वेटर वाला आदमी अच्छी तरह याद था।

Er zog sich langsam zurück, beobachtete François, knurrte jedoch tief.

वह धीरे-धीरे पीछे हटा, फ़्राँस्वा को देखता रहा, लेकिन गहरी गड़गड़ाहट के साथ।

Er eilte nicht zurück, auch nicht, als Solleks an seiner Stelle stand.

वह पीछे नहीं भागा, तब भी जब सोलेक्स अपनी जगह पर खड़ा था।

Buck kreiste knapp außerhalb seiner Reichweite und knurrte wütend und protestierend.

बक क्रोध और विरोध में गुर्राते हुए, पहुंच से बाहर चक्कर लगाने लगा।

Er behielt den Schläger im Auge und war bereit auszuweichen, falls François warf.

उन्होंने अपनी नजर क्लब पर गड़ाए रखी, ताकि यदि फ्रांकोइस गेंद फेंके तो वे उसे चकमा दे सकें।

Er war weise und vorsichtig geworden im Umgang mit bewaffneten Männern.

वह समझदार हो गया था और हथियारबंद लोगों के तौर-तरीकों के प्रति सतर्क हो गया था।

François gab auf und rief Buck erneut an seinen alten Platz.

फ़्राँस्वा ने हार मान ली और बक को पुनः अपने पुराने स्थान पर बुला लिया।

Aber Buck trat vorsichtig zurück und weigerte sich, dem Befehl Folge zu leisten.

लेकिन बक ने आदेश का पालन करने से इनकार करते हुए सावधानी से कदम पीछे खींच लिए।

François folgte ihm, aber Buck wich nur ein paar Schritte zurück.

फ़्राँस्वा ने उसका पीछा किया, लेकिन बक कुछ ही कदम पीछे हटा।

Nach einiger Zeit warf François frustriert die Waffe hin.

कुछ समय बाद फ्रांकोइस ने हताश होकर हथियार नीचे फेंक दिया।

Er dachte, Buck hätte Angst vor einer Tracht Prügel und würde ruhig kommen.

उसने सोचा कि बक को पिटाई का डर है और वह चुपचाप आ जाएगा।

Aber Buck wollte sich nicht vor einer Strafe drücken – er kämpfte um seinen Rang.

लेकिन बक सज़ा से बच नहीं रहा था - वह पद के लिए लड़ रहा था।

Er hatte sich den Platz als Leithund durch einen Kampf auf Leben und Tod verdient

उन्होंने मौत तक की लड़ाई के माध्यम से प्रमुख कुत्ते का स्थान अर्जित किया था

er würde sich mit nichts Geringerem zufrieden geben, als der Anführer zu sein.

वह नेता बनने से कम किसी भी चीज़ पर समझौता करने वाला नहीं था।

Perrault beteiligte sich an der Verfolgung, um den rebellischen Buck zu fangen.

विद्रोही बक को पकड़ने में मदद करने के लिए पेरौल्ट ने भी उनका साथ दिया।

Gemeinsam ließen sie ihn fast eine Stunde lang durch das Lager laufen.

दोनों ने मिलकर उसे लगभग एक घंटे तक शिविर में घुमाया।

Sie warfen Knüppel nach ihm, aber Buck wich jedem Schlag geschickt aus.

उन्होंने उस पर लाठियाँ फेंकी, लेकिन बक ने उनमें से प्रत्येक को कुशलतापूर्वक चकमा दे दिया।

Sie verfluchten ihn, seine Vorfahren, seine Nachkommen und jedes Haar an ihm.

उन्होंने उसे, उसके पूर्वजों को, उसके वंशजों को और उसके प्रत्येक बाल को शाप दिया।

Aber Buck knurrte nur zurück und blieb gerade außerhalb ihrer Reichweite.

लेकिन बक ने केवल गुर्राहट के साथ जवाब दिया और उनकी पहुंच से बाहर रहा।

Er versuchte nie wegzulaufen, sondern umkreiste das Lager absichtlich.

उसने कभी भागने की कोशिश नहीं की, बल्कि जानबूझकर शिविर का चक्कर लगाता रहा।

Er machte klar, dass er gehorchen würde, sobald sie ihm gäben, was er wollte.

उन्होंने स्पष्ट कर दिया कि एक बार उन्हें जो चाहिए वह दे दिया जाए तो वह उनकी बात मान लेंगे।

Schließlich setzte sich François hin und kratzte sich frustriert am Kopf.

फ़्राँस्वा अंततः बैठ गया और निराशा में अपना सिर खुजलाने लगा।

Perrault sah auf seine Uhr, fluchte und murmelte etwas über die verlorene Zeit.

पेरौल्ट ने अपनी घड़ी देखी, कसम खाई, और खोए हुए समय के बारे में बड़बड़ाया।

Obwohl sie eigentlich auf der Spur sein sollten, war bereits eine Stunde vergangen.

एक घंटा पहले ही बीत चुका था जब उन्हें रास्ते पर होना चाहिए था।

François zuckte verlegen mit den Achseln, als der Kurier resigniert seufzte.

फ़्राँस्वा ने कूरियर वाले की ओर शर्म से कंधे उचका दिए, जिसने हार मानकर आह भरी।

Dann ging François zu Solleks und rief Buck noch einmal.

फिर फ़्राँस्वा सोलेक्स के पास गया और एक बार फिर बक को पुकारा।

Buck lachte wie ein Hund, wahrte jedoch vorsichtig seine Distanz.

बक कुत्ते की तरह हंसा, लेकिन उसने सावधानीपूर्वक दूरी बनाए रखी।

François nahm Solleks das Geschirr ab und brachte ihn an seinen Platz zurück.

फ़्राँस्वा ने सोलेक्स का पट्टा हटा दिया और उसे उसके स्थान पर वापस रख दिया।

Das Schlittenteam stand voll angespannt da, nur ein Platz war unbesetzt.

स्लेज टीम पूरी तरह से तैयार खड़ी थी, केवल एक स्थान खाली था।

Die Führungsposition blieb leer und war eindeutig nur für Buck bestimmt.

मुख्य स्थान खाली रहा, जो स्पष्टतः केवल बक के लिए था।

François rief erneut, und wieder lachte Buck und blieb standhaft.

फ़्राँस्वा ने फिर पुकारा, और बक फिर हँसा और अपनी बात पर अड़ा रहा।

„Wirf die Keule weg", befahl Perrault ohne zu zögern.

"क्लब नीचे फेंक दो," पेरौल्ट ने बिना किसी हिचकिचाहट के आदेश दिया।

François gehorchte und Buck trabte sofort stolz vorwärts.

फ़्राँस्वा ने आज्ञा का पालन किया, और बक तुरंत गर्व से आगे बढ़ गया।

Er lachte triumphierend und übernahm die Führungsposition.

वह विजयी भाव से हँसा और अग्रणी स्थान पर आ गया।

François befestigte seine Leinen und der Schlitten wurde losgerissen.

फ़्राँस्वा ने अपना निशान सुरक्षित कर लिया, और स्लेज को तोड़कर अलग कर दिया गया।

Beide Männer liefen neben dem Team her, als es auf den Flusspfad rannte.

जब टीम नदी के रास्ते पर दौड़ रही थी तो दोनों व्यक्ति उसके साथ-साथ दौड़ रहे थे।

François hatte Bucks „zwei Teufel" sehr geschätzt,

फ़्राँस्वा ने बक के "दो शैतानों" के बारे में बहुत सोचा था,

aber er merkte bald, dass er den Hund tatsächlich unterschätzt hatte.

लेकिन जल्द ही उसे एहसास हुआ कि उसने कुत्ते को कम करके आंका था।

Buck übernahm schnell die Führung und erbrachte hervorragende Leistungen.

बक ने शीघ्रता से नेतृत्व संभाला और उत्कृष्ट प्रदर्शन किया।

In puncto Urteilsvermögen, schnelles Denken und schnelles Handeln übertraf Buck Spitz.

निर्णय क्षमता, त्वरित सोच और तीव्र कार्रवाई में बक ने स्पिट्ज़ को पीछे छोड़ दिया।

François hatte noch nie einen Hund gesehen, der dem von Buck gleichkam.

फ्रॉस्वा ने पहले कभी बक जैसा कुत्ता नहीं देखा था।

Aber Buck war wirklich herausragend darin, für Ordnung zu sorgen und Respekt zu erlangen.

लेकिन बक वास्तव में व्यवस्था लागू करने और सम्मान दिलाने में माहिर थे।

Dave und Solleks akzeptierten die Änderung ohne Bedenken oder Protest.

डेव और सोलेक्स ने बिना किसी चिंता या विरोध के परिवर्तन को स्वीकार कर लिया।

Sie konzentrierten sich nur auf die Arbeit und zogen kräftig die Zügel an.

वे केवल काम पर और लगाम कसने पर ध्यान केंद्रित करते थे।

Es war ihnen egal, wer führte, solange der Schlitten in Bewegung blieb.

उन्हें इस बात की कोई परवाह नहीं थी कि आगे कौन चल रहा है, जब तक स्लेज चलती रहती थी।

Billee, der Fröhliche, hätte, soweit es sie interessierte, die Führung übernehmen können.

बिली, जो खुशमिजाज थी, वह नेतृत्व कर सकती थी, चाहे उन्हें कोई भी परवाह क्यों न हो।

Was ihnen wichtig war, waren Frieden und Ordnung in den Reihen.

उनके लिए महत्वपूर्ण बात थी सेना में शांति और व्यवस्था।

Der Rest des Teams war während Spitz' Niedergang unbändig geworden.

स्पिट्ज़ के पतन के दौरान टीम के बाकी सदस्य अनियंत्रित हो गए थे।

Sie waren schockiert, als Buck sie sofort zur Ordnung rief.

वे तब चौंक गए जब बक ने तुरंत उन्हें आदेश दे दिया।

Pike war immer faul gewesen und hatte Buck hinterhergehangen.

पाइक हमेशा आलसी था और बक के पीछे-पीछे घसीटता रहता था।

Doch nun wurde er von der neuen Führung scharf diszipliniert.

लेकिन अब नये नेतृत्व द्वारा इसे कड़ाई से अनुशासित किया गया है।

Und er lernte schnell, seinen Teil zum Team beizutragen.

और उन्होंने जल्दी ही टीम में अपना योगदान देना सीख लिया।

Am Ende des Tages hatte Pike härter gearbeitet als je zuvor.

दिन के अंत तक पाइक ने पहले से भी अधिक कड़ी मेहनत की।

In dieser Nacht im Lager wurde Joe, der mürrische Hund, endlich beruhigt.

उस रात शिविर में, जो, वह खट्टा कुत्ता, अंततः वश में हो गया।

Spitz hatte es nicht geschafft, ihn zu disziplinieren, aber Buck versagte nicht.

स्पिट्ज़ उसे अनुशासित करने में असफल रहा, लेकिन बक असफल नहीं हुआ।

Durch die Nutzung seines größeren Gewichts überwältigte Buck Joe in Sekundenschnelle.

अपने अधिक वजन का प्रयोग करते हुए, बक ने कुछ ही सेकंड में जो को परास्त कर दिया।

Er biss und schlug Joe, bis dieser wimmerte und aufhörte, sich zu wehren.

उसने जो को तब तक काटा और पीटा जब तक कि वह रोने नहीं लगा और उसने प्रतिरोध करना बंद नहीं कर दिया।

Von diesem Moment an verbesserte sich das gesamte Team.

उस क्षण से पूरी टीम में सुधार हुआ।

Die Hunde erlangten ihre alte Einheit und Disziplin zurück.

कुत्तों ने अपनी पुरानी एकता और अनुशासन पुनः प्राप्त कर लिया।

In Rink Rapids kamen zwei neue einheimische Huskies hinzu, Teek und Koona.

रिंक रैपिड्स में दो नए देशी हस्की, टीक और कूना, शामिल हुए।

Bucks schnelle Ausbildung erstaunte sogar François.

बक द्वारा उन्हें तीव्र गति से प्रशिक्षित करने से फ्रांकोइस भी आश्चर्यचकित हो गया।

„So einen Hund wie diesen Buck hat es noch nie gegeben!", rief er erstaunt.

"बक जैसा कुत्ता कभी नहीं था!" वह आश्चर्य से चिल्लाया।

„Nein, niemals! Er ist tausend Dollar wert, bei Gott!"

"नहीं, कभी नहीं! भगवान की कसम, उसकी कीमत एक हज़ार डॉलर है!"

„Wie? Was sagst du dazu, Perrault?", fragte er stolz.

"एह? आप क्या कहते हैं, पेरौल्ट?" उसने गर्व से पूछा।

Perrault nickte zustimmend und überprüfte seine Notizen.

पेरौल्ट ने सहमति में सिर हिलाया और अपने नोट्स की जांच की।

Wir liegen bereits vor dem Zeitplan und kommen täglich weiter voran.

हम पहले से ही निर्धारित समय से आगे हैं तथा प्रत्येक दिन और आगे बढ़ रहे हैं।

Der Weg war festgestampft und glatt, es lag kein Neuschnee.

रास्ता पक्का और चिकना था, उस पर ताज़ा बर्फ नहीं थी।

Es war konstant kalt und lag die ganze Zeit bei minus fünfzig Grad.

ठंड लगातार बनी रही, पूरे दिन तापमान शून्य से पचास डिग्री नीचे रहा।

Die Männer ritten und rannten abwechselnd, um sich warm zu halten und Zeit zu gewinnen.

पुरुष गर्म रहने और समय बचाने के लिए बारी-बारी से साइकिल चलाते और दौड़ते थे।

Die Hunde rannten schnell, mit wenigen Pausen, immer vorwärts.

कुत्ते बिना रुके तेजी से दौड़ रहे थे, हमेशा आगे की ओर बढ़ रहे थे।

Der Thirty Mile River war größtenteils zugefroren und leicht zu überqueren.

थर्टी माइल नदी अधिकांशतः जमी हुई थी और उस पर यात्रा करना आसान था।

Was zehn Tage gedauert hatte, wurde an einem Tag verschickt.

जिस काम को पूरा करने में दस दिन लगे थे, वे एक दिन में ही निकल गए।

Sie legten einen sechsundneunzig Kilometer langen Sprint vom Lake Le Barge nach White Horse zurück.

उन्होंने लेक ले बार्ज से व्हाइट हॉर्स तक साठ मील की दौड़ लगाई।

Sie bewegten sich unglaublich schnell über die Seen Marsh, Tagish und Bennett.

मार्श, टैगिश और बेनेट झीलों के पार वे अविश्वसनीय तेजी से आगे बढ़े।

Der laufende Mann wird an einem Seil hinter dem Schlitten hergezogen.

दौड़ता हुआ आदमी रस्सी से स्लेज को पीछे खींच रहा था।

In der letzten Nacht der zweiten Woche erreichten sie ihr Ziel.

दूसरे सप्ताह की आखिरी रात को वे अपने गंतव्य पर पहुंच गये।

Sie hatten gemeinsam die Spitze des White Pass erreicht.

वे दोनों एक साथ व्हाइट पास की चोटी पर पहुँच गये थे।

Sie sanken auf Meereshöhe hinab, mit den Lichtern von Skaguay unter ihnen.

वे समुद्र तल तक नीचे उतरे और उनके नीचे स्काग्वे की रोशनी दिखाई दी।

Es war ein Rekordlauf durch kilometerlange kalte Wildnis.

यह ठंडे जंगलों में मीलों तक की गई एक रिकार्ड-सेटिंग दौड़ थी।

An vierzehn aufeinanderfolgenden Tagen legten sie im Durchschnitt satte vierundsechzig Kilometer zurück.

लगातार चौदह दिनों तक उन्होंने औसतन चालीस मील की दूरी तय की।

In Skaguay transportierten Perrault und François Fracht durch die Stadt.

स्कागुआय में, पेरौल्ट और फ्रांकोइस शहर के माध्यम से माल ले जाते थे।

Die bewundernde Menge jubelte ihnen zu und bot ihnen viele Getränke an.

प्रशंसक भीड़ ने उनका उत्साहवर्धन किया तथा उन्हें खूब सारा पेय पदार्थ दिया।

Hundefänger und Arbeiter versammelten sich um das berühmte Hundegespann.

कुत्ता पकड़ने वाले और कर्मचारी प्रसिद्ध् कुत्ता दल के चारों ओर एकत्र हुए।

Dann kamen Gesetzlose aus dem Westen in die Stadt und erlitten eine brutale Niederlage.

फिर पश्चिमी डाकू शहर में आये और उन्हें हिंसक पराजय का सामना करना पड़ा।

Die Leute vergaßen bald das Team und konzentrierten sich auf neue Dramen.

लोग जल्द ही टीम को भूल गए और नए नाटक पर ध्यान केंद्रित करने लगे।

Dann kamen die neuen Befehle, die alles auf einen Schlag veränderten.

फिर नये आदेश आये जिससे सब कुछ एकदम से बदल गया।

François rief Buck zu sich und umarmte ihn mit tränenreichem Stolz.

फ्राँस्वा ने बक को अपने पास बुलाया और गर्व से उसे गले लगा लिया।

In diesem Moment sah Buck François zum letzten Mal wieder.

वह क्षण आखिरी बार था जब बक ने फ्राँस्वा को फिर से देखा था।

Wie viele Männer zuvor waren sowohl François als auch Perrault nicht mehr da.

पहले के कई लोगों की तरह, फ्रांकोइस और पेरौल्ट दोनों चले गए।

Ein schottischer Mischling übernahm das Kommando über Buck und seine Schlittenhunde-Kollegen.

एक स्कॉच नस्ल के कुत्ते ने बक और उसके स्लेज कुत्ते साथियों की देखभाल की जिम्मेदारी संभाली।

Mit einem Dutzend anderer Hundegespanne kehrten sie auf dem Weg nach Dawson zurück.

एक दर्जन अन्य कुत्तों की टीमों के साथ, वे रास्ते से डावसन की ओर लौट आये।

Es war kein Schnelllauf mehr, sondern harte Arbeit mit einer schweren Last jeden Tag.

अब यह कोई तेज दौड़ नहीं थी - बस हर दिन भारी बोझ के साथ भारी परिश्रम था।

Dies war der Postzug, der den Goldsuchern in der Nähe des Pols Nachrichten brachte.

यह वह मेल ट्रेन थी, जो ध्रुव के निकट सोने के शिकारियों तक संदेश पहुंचाती थी।

Buck mochte die Arbeit nicht, ertrug sie jedoch gut und war stolz auf seine Leistung.

बक को यह काम पसंद नहीं आया, लेकिन उसने इसे सहन किया तथा अपने प्रयास पर गर्व महसूस किया।

Wie Dave und Solleks zeigte Buck Hingabe bei jeder täglichen Aufgabe.

डेव और सोलेक्स की तरह, बक ने भी हर दैनिक कार्य के प्रति समर्पण दिखाया।

Er stellte sicher, dass jeder seiner Teamkollegen seinen Teil beitrug.

उन्होंने यह सुनिश्चित किया कि उनके सभी साथी अपना उचित योगदान दें।

Das Leben auf dem Trail wurde langweilig und wiederholte sich mit der Präzision einer Maschine.

ट्रेल जीवन नीरस हो गया, मशीन की सटीकता के साथ दोहराया गया।

Jeder Tag fühlte sich gleich an, ein Morgen ging in den nächsten über.

हर दिन एक जैसा लगता था, एक सुबह दूसरी सुबह में घुल-मिल जाती थी।

Zur gleichen Stunde standen die Köche auf, um Feuer zu machen und Essen zuzubereiten.

ठीक उसी समय, रसोइये आग जलाने और भोजन तैयार करने के लिए उठ खड़े हुए।

Nach dem Frühstück verließen einige das Lager, während andere die Hunde anspannten.

नाश्ते के बाद कुछ लोग शिविर छोड़कर चले गए जबकि अन्य लोग कुत्तों को जोतने में लग गए।

Sie machten sich auf den Weg, bevor die schwache Morgendämmerung den Himmel berührte.

भोर की धुंधली चेतावनी आसमान को छूने से पहले ही वे रास्ते पर चल पड़े।

Nachts hielten sie an, um ihr Lager aufzuschlagen, wobei jeder Mann eine festgelegte Aufgabe hatte.

रात में वे शिविर बनाने के लिए रुकते थे, प्रत्येक व्यक्ति को एक निश्चित कार्य दिया जाता था।

Einige stellten die Zelte auf, andere hackten Feuerholz und sammelten Kiefernzweige.

कुछ लोगों ने तंबू गाड़े, अन्य लोगों ने ईंधन के लिए लकड़ियाँ काटी और देवदार की टहनियाँ इकट्ठी कीं।

Zum Abendessen wurde den Köchen Wasser oder Eis mitgebracht.

शाम के भोजन के लिए पानी या बर्फ रसोइयों के पास ले जाया जाता था।

Die Hunde wurden gefüttert und das war für sie der schönste Teil des Tages.

कुत्तों को खाना खिलाया गया और यह उनके लिए दिन का सबसे अच्छा समय था।

Nachdem sie Fisch gegessen hatten, entspannten sich die Hunde und machten es sich in der Nähe des Feuers gemütlich.

मछली खाने के बाद कुत्ते आराम करने लगे और आग के पास बैठ गए।

Im Konvoi waren noch hundert andere Hunde, unter die man sich mischen konnte.

काफिले में अन्य सौ कुत्ते भी थे जिनसे मिलना-जुलना था।

Viele dieser Hunde waren wild und kämpften ohne Vorwarnung.

उनमें से कई कुत्ते बहुत खूंखार थे और बिना किसी चेतावनी के लड़ने को तैयार हो जाते थे।

Doch nach drei Siegen war Buck selbst den härtesten Kämpfern überlegen.

लेकिन तीन जीत के बाद, बक ने सबसे भयंकर लड़ाकों को भी मात दे दी।

Als Buck nun knurrte und die Zähne fletschte, traten sie zur Seite.

अब जब बक ने गुर्राहट के साथ अपने दांत दिखाए तो वे एक तरफ हट गए।

Und das Beste war vielleicht, dass Buck es liebte, neben dem flackernden Lagerfeuer zu liegen.

शायद सबसे अच्छी बात यह थी कि बक को टिमटिमाती हुई अलाव के पास लेटना बहुत पसंद था।

Er hockte mit angezogenen Hinterbeinen und nach vorne gestreckten Vorderbeinen.

वह पिछले पैरों को मोड़कर तथा अगले पैरों को आगे की ओर फैलाकर बैठा था।

Er hatte den Kopf erhoben und blinzelte sanft in die glühenden Flammen.

उसका सिर ऊपर उठा हुआ था और वह जलती हुई लपटों को देखकर धीरे से पलकें झपका रहा था।

Manchmal musste er an Richter Millers großes Haus in Santa Clara denken.

कभी-कभी उन्हें सांता क्लारा में जज मिलर के बड़े घर की याद आती थी।

Er dachte an den Zementpool, an Ysabel und den Mops namens Toots.

उसने सीमेंट के पूल, यिसाबेल और टूट्स नामक पग के बारे में सोचा।

Aber häufiger musste er an die Keule des Mannes mit dem roten Pullover denken.

लेकिन अधिकतर उसे लाल स्वेटर वाले डंडे वाला आदमी याद आता था।

Er erinnerte sich an Curlys Tod und seinen erbitterten Kampf mit Spitz.

उन्हें घुँघराले की मृत्यु और स्पिट्ज़ के साथ उसकी भीषण लड़ाई याद आ गयी।

Er erinnerte sich auch an das gute Essen, das er gegessen hatte oder von dem er immer noch träumte.

उन्होंने उस अच्छे भोजन को भी याद किया जो उन्होंने खाया था या जिसका सपना वे अभी भी देखते हैं।

Buck hatte kein Heimweh – das warme Tal war weit weg und unwirklich.

बक को घर की याद नहीं आ रही थी - गर्म घाटी दूर और अवास्तविक थी।

Die Erinnerungen an Kalifornien hatten keine große Anziehungskraft mehr auf ihn.

कैलिफोर्निया की यादें अब उन पर कोई खास प्रभाव नहीं डालती थीं।

Stärker als die Erinnerung waren die tief in seinem Blut verwurzelten Instinkte.

स्मृति से भी अधिक शक्तिशाली उनकी रक्त-परंपरा में गहराई से छिपी हुई सहज प्रवृत्तियाँ थीं।

Einst verlorene Gewohnheiten waren zurückgekehrt und durch den Weg und die Wildnis wiederbelebt worden.

जो आदतें एक बार खो गई थीं, वे वापस आ गईं, तथा पगडंडी और जंगल ने उन्हें पुनर्जीवित कर दिया।

Während Buck das Feuerlicht betrachtete, veränderte sich seine Wahrnehmung manchmal.

बक जब़ आग की रोशनी को देखता तो कभी-कभी वह कुछ और हो जाती।

Er sah im Feuerschein ein anderes Feuer, älter und tiefer als das gegenwärtige.

उसने आग की रोशनी में एक और आग देखी, जो वर्तमान आग से अधिक पुरानी और गहरी थी।

Neben dem anderen Feuer hockte ein Mann, der anders aussah als der Mischlingskoch.

उस दूसरी आग के पास एक आदमी बैठा था जो उस अधपके रसोइये से भिन्न था।

Diese Figur hatte kurze Beine, lange Arme und harte, verknotete Muskeln.

इस आकृति के पैर छोटे, भुजाएं लंबी और मांसपेशियां सख्त और गांठदार थीं।

Sein Haar war lang und verfilzt und fiel von den Augen nach hinten ab.

उसके बाल लंबे और उलझे हुए थे, जो आँखों से पीछे की ओर झुके हुए थे।

Er gab seltsame Geräusche von sich und starrte voller Angst in die Dunkelheit.

वह अजीब-अजीब आवाजें निकाल रहा था और डर के मारे अंधेरे की ओर देख रहा था।

Er hielt eine Steinkeule tief in seiner langen, rauen Hand fest.

उसने एक पत्थर का डंडा नीचे की ओर झुका रखा था, और अपने लंबे खुरदुरे हाथ में उसे कसकर पकड़ रखा था।

Der Mann trug wenig, nur eine verkohlte Haut, die ihm den Rücken hinunterhing.

उस आदमी ने बहुत कम कपड़े पहने थे; सिर्फ जली हुई त्वचा उसकी पीठ पर लटक रही थी।

Sein Körper war an Armen, Brust und Oberschenkeln mit dichtem Haar bedeckt.

उसका शरीर बाहों, छाती और जांघों पर घने बालों से ढका हुआ था।

Einige Teile des Haares waren zu rauen Fellbüscheln verfilzt.

बालों के कुछ हिस्से उलझकर खुरदुरे फर के टुकड़ों में तब्दील हो गए थे।

Er stand nicht gerade, sondern war von der Hüfte bis zu den Knien nach vorne gebeugt.

वह सीधे खड़े नहीं हुए बल्कि कूल्हों से घुटनों तक आगे झुके हुए थे।

Seine Schritte waren federnd und katzenartig, als wäre er immer zum Sprung bereit.

उसके कदम बिल्ली जैसे थे, मानो हमेशा छलांग लगाने के लिए तैयार रहते हों।

Er war in höchster Wachsamkeit, als lebte er in ständiger Angst.

उसमें एक तीव्र सतर्कता थी, जैसे वह निरंतर भय में रहता हो।

Dieser alte Mann schien mit Gefahr zu rechnen, ob er die Gefahr nun sah oder nicht.

यह प्राचीन व्यक्ति खतरे की आशंका करता प्रतीत होता था, चाहे खतरा दिखाई दे या न पड़े।

Manchmal schlief der haarige Mann am Feuer, den Kopf zwischen die Beine gesteckt.

कभी-कभी वह बालों वाला आदमी आग के पास सोता था, अपना सिर पैरों के बीच छिपाए हुए।

Seine Ellbogen ruhten auf seinen Knien, die Hände waren über seinem Kopf gefaltet.

उसकी कोहनियाँ घुटनों पर टिकी हुई थीं, हाथ सिर के ऊपर बंधे हुए थे।

Wie ein Hund benutzte er seine haarigen Arme, um den fallenden Regen abzuschütteln.

एक कुत्ते की तरह उसने अपनी बालों वाली भुजाओं का उपयोग गिरती हुई बारिश को रोकने के लिए किया।

Hinter dem Feuerschein sah Buck zwei Kohlen im Dunkeln glühen.

आग की रोशनी से परे, बक ने अंधेरे में दो कोयले चमकते हुए देखे।

Immer zu zweit, waren sie die Augen der sich anpirschenden Raubtiere.

हमेशा दो-दो की संख्या में, वे शिकारी जानवरों की आंखें हुआ करते थे।

Er hörte, wie Körper durchs Unterholz krachten und Geräusche in der Nacht.

उसने झाड़ियों के बीच से शवों के टकराने की आवाजें और रात में होने वाली आवाजें सुनीं।

Buck lag blinzelnd am Ufer des Yukon und träumte am Feuer.

युकोन तट पर लेटे हुए, पलकें झपकाते हुए, बक आग के पास बैठकर सपने देख रहा था।

Die Anblicke und Geräusche dieser wilden Welt ließen ihm die Haare zu Berge stehen.

उस जंगली दुनिया के दृश्यों और ध्वनियों को देखकर उसके रोंगटे खड़े हो गए।

Das Fell stand ihm über den Rücken, die Schultern und den Hals hinauf.

फर उसकी पीठ, कंधों और गर्दन तक फैल गया।

Er wimmerte leise oder gab ein tiefes Knurren aus der Brust von sich.

वह या तो धीरे से रोता था या अपनी छाती में गहरी गड़गड़ाहट करता था।

Dann rief der Mischlingskoch: „Hey, du Buck, wach auf!"

तभी अर्ध-नस्ल रसोइया चिल्लाया, "अरे, बक, उठो!"

Die Traumwelt verschwand und das wirkliche Leben kehrte in Bucks Augen zurück.

सपनों की दुनिया गायब हो गई और बक की आँखों में वास्तविक जीवन लौट आया।

Er wollte aufstehen, sich strecken und gähnen, als wäre er aus einem Nickerchen erwacht.

वह उठने, खिंचाव महसूस करने और जम्हाई लेने वाला था, जैसे कि उसे नींद से जगाया गया हो।

Die Reise war anstrengend, da sie den Postschlitten hinter sich herziehen mussten.

यात्रा कठिन थी, मेल स्लेज उनके पीछे घिसट रही थी।

Schwere Lasten und harte Arbeit zermürbten die Hunde jeden langen Tag.

भारी बोझ और कठिन काम के कारण कुत्ते हर दिन थक जाते थे।

Sie kamen dünn und müde in Dawson an und brauchten über eine Woche Ruhe.

वे डाउसन पहुंचे तो वे दुबले-पतले, थके हुए थे और उन्हें एक सप्ताह से अधिक आराम की आवश्यकता थी।

Doch nur zwei Tage später machten sie sich erneut auf den Weg den Yukon hinunter.

लेकिन दो दिन बाद ही वे पुनः युकोन की ओर चल पड़े।

Sie waren mit weiteren Briefen beladen, die für die Außenwelt bestimmt waren.

उनमें बाहरी दुनिया के लिए भेजे जाने वाले पत्र भी भरे हुए थे।

Die Hunde waren erschöpft und die Männer beschwerten sich ständig.

कुत्ते थक चुके थे और आदमी लगातार शिकायत कर रहे थे।

Jeden Tag fiel Schnee, der den Weg weicher machte und die Schlitten verlangsamte.

हर दिन बर्फ गिरती थी, जिससे रास्ता नरम हो जाता था और स्लेज की गति धीमी हो जाती थी।

Dies führte zu einem stärkeren Ziehen und einem größeren Widerstand der Läufer.

इससे धावकों को खींचने में कठिनाई हुई तथा उन पर अधिक खिंचाव पड़ा।

Trotzdem waren die Fahrer fair und kümmerten sich um ihre Teams.

इसके बावजूद, ड्राइवर निष्पक्ष थे और अपनी टीमों का ध्यान रखते थे।

Jeden Abend wurden die Hunde gefüttert, bevor die Männer etwas zu essen bekamen.

प्रत्येक रात, पुरुषों के भोजन करने से पहले कुत्तों को खाना खिलाया जाता था।

Kein Mann geht schlafen, ohne vorher die Pfoten seines eigenen Hundes zu kontrollieren.

कोई भी व्यक्ति अपने कुत्ते के पैरों की जांच किए बिना नहीं सोता।

Dennoch wurden die Hunde mit jeder zurückgelegten Strecke schwächer.

फिर भी, जैसे-जैसे मीलों की दूरी बढ़ती गई, कुत्ते कमजोर होते गए।

Sie waren den ganzen Winter über zweitausendachthundert Kilometer gereist.

उन्होंने सर्दियों में अठारह सौ मील की यात्रा की थी।

Sie zogen Schlitten über jede Meile dieser brutalen Distanz.

उन्होंने उस कठिन दूरी के प्रत्येक मील को स्लेज से खींचा।

Selbst die härtesten Schlittenhunde spüren nach so vielen Kilometern die Belastung.

यहां तक कि सबसे मजबूत स्लेज कुत्ते भी कई मील चलने के बाद थकान महसूस करते हैं।

Buck hielt durch, sorgte für die Weiterarbeit seines Teams und sorgte für die nötige Disziplin.

बक ने डटे रहे, अपनी टीम को काम पर लगाए रखा और अनुशासन बनाए रखा।

Aber Buck war müde, genau wie die anderen auf der langen Reise.

लेकिन बक भी लंबी यात्रा में अन्य लोगों की तरह थका हुआ था।

Billee wimmerte und weinte jede Nacht ohne Ausnahme im Schlaf.

बिली हर रात नींद में रोता और कराहता था।

Joe wurde noch verbitterter und Solleks blieb kalt und distanziert.

जो और भी अधिक क्रोधित हो गया, तथा सोलेक्स ठंडा और दूर-दूर रहने लगा।

Doch Dave war derjenige des gesamten Teams, der am meisten darunter litt.

लेकिन पूरी टीम में सबसे ज्यादा नुकसान डेव को उठाना पड़ा।

Irgendetwas in seinem Inneren war schiefgelaufen, doch niemand wusste, was.

उसके अंदर कुछ गड़बड़ हो गई थी, हालांकि कोई नहीं जानता था कि क्या गड़बड़ हुई थी।

Er wurde launischer und fuhr andere mit wachsender Wut an.

वह चिड़चिड़ा हो गया और दूसरों पर क्रोध से झल्लाने लगा।

Jede Nacht ging er direkt zu seinem Nest und wartete darauf, gefüttert zu werden.

हर रात वह सीधे अपने घोंसले में चला जाता और भोजन की प्रतीक्षा करता।

Als Dave einmal unten war, stand er bis zum Morgen nicht mehr auf.

एक बार जब डेव नीचे गिर गया तो वह सुबह तक नहीं उठा।

Plötzliche Rucke oder Anlaufe an den Zügeln ließen ihn vor Schmerzen aufschreien.

लगाम पर अचानक झटके लगने या चौंकने से वह दर्द से चिल्ला उठता था।

Sein Fahrer suchte nach der Ursache, konnte jedoch keine Verletzungen feststellen.

उनके ड्राइवर ने कारण जानने की कोशिश की, लेकिन उन्हें कोई चोट नहीं मिली।

Alle Fahrer beobachteten Dave und besprachen seinen Fall.

सभी ड्राइवर डेव को देखने लगे और उसके मामले पर चर्चा करने लगे।

Sie unterhielten sich beim Essen und während ihrer letzten Zigarette des Tages.

वे भोजन के समय और दिन के अंतिम सिगरेट पीने के दौरान बातें करते थे।

Eines Nachts hielten sie eine Versammlung ab und brachten Dave zum Feuer.

एक रात उन्होंने बैठक की और डेव को आग के पास ले गए।

Sie drückten und untersuchten seinen Körper und er schrie oft.

वे उसके शरीर को दबाते और टटोलते रहे, और वह बार-बार चिल्लाता रहा।

Offensichtlich stimmte etwas nicht, auch wenn keine Knochen gebrochen zu sein schienen.

स्पष्टतः कुछ गड़बड़ थी, यद्यपि कोई हड्डी टूटी हुई नहीं दिख रही थी।

Als sie Cassiar Bar erreichten, war Dave am Umfallen.

जब वे कैसियर बार पहुंचे तो डेव गिर रहा था।

Der schottische Mischling machte Schluss und nahm Dave aus dem Team.

स्कॉच के आधे-अधूरे समूह ने रोक लगाई और डेव को टीम से निकाल दिया।

Er befestigte Solleks an Daves Stelle, ganz vorne am Schlitten.

उन्होंने सोलेक्स को डेव के स्थान पर, स्लेज के सामने के सबसे निकट, बांध दिया।

Er wollte Dave ausruhen und ihm die Freiheit geben, hinter dem fahrenden Schlitten herzulaufen.

उसका इरादा डेव को आराम करने देना था और चलती स्लेज के पीछे स्वतंत्र रूप से दौड़ने देना था।

Doch selbst als er krank war, hasste Dave es, von seinem Job geholt zu werden.

लेकिन बीमार होने के बावजूद डेव को अपनी नौकरी से निकाले जाने से नफरत थी।

Er knurrte und wimmerte, als ihm die Zügel aus dem Körper gerissen wurden.

जब उसके शरीर से लगाम खींची गई तो वह गुर्राया और रोने लगा।

Als er Solleks an seiner Stelle sah, weinte er vor gebrochenem Herzen.

जब उसने सोलेक्स को अपनी जगह पर देखा, तो वह टूटे हुए दिल के दर्द से रो पड़ा।

Dave war noch immer stolz auf seine Arbeit auf dem Weg, selbst als der Tod nahte.

मौत करीब आने पर भी डेव के मन में ट्रेल कार्य के प्रति गर्व की भावना बनी रही।

Während der Schlitten fuhr, kämpfte sich Dave durch den weichen Schnee in der Nähe des Pfades.

जैसे ही स्लेज आगे बढ़ी, डेव पगडंडी के पास नरम बर्फ में लड़खड़ाता हुआ आगे बढ़ा।

Er griff Solleks an, biss ihn und stieß ihn von der Seite des Schlittens.

उसने सोलेक्स पर हमला किया, उसे काटा और स्लेज की तरफ से धक्का दिया।

Dave versuchte, in das Geschirr zu springen und seinen Arbeitsplatz zurückzuerobern.

डेव ने रस्सी से छलांग लगाकर अपना कार्य स्थान पुनः प्राप्त करने का प्रयास किया।

Er schrie, jammerte und weinte, hin- und hergerissen zwischen Schmerz und Stolz auf die Wehen.

वह चिल्लाया, रोया और प्रसव पीड़ा और गर्व के बीच उलझा हुआ था।

Der Mischling versuchte, Dave mit seiner Peitsche vom Team zu vertreiben.

उस अर्ध-नस्ल ने डेव को टीम से दूर भगाने के लिए अपने चाबुक का इस्तेमाल किया।

Doch Dave ignorierte den Hieb und der Mann konnte nicht härter zuschlagen.

लेकिन डेव ने कोड़े की मार को नजरअंदाज कर दिया, और वह व्यक्ति उस पर अधिक जोर से प्रहार नहीं कर सका।

Dave lehnte den einfacheren Weg hinter dem Schlitten ab, wo der Schnee festgefahren war.

डेव ने स्लेज के पीछे वाले आसान रास्ते से जाने से इनकार कर दिया, जहां बर्फ जमी हुई थी।

Stattdessen kämpfte er sich elend durch den tiefen Schnee neben dem Weg.

इसके बजाय, वह रास्ते के किनारे गहरी बर्फ में दुख के साथ संघर्ष करता रहा।

Schließlich brach Dave zusammen, blieb im Schnee liegen und schrie vor Schmerzen.

अंततः डेव बर्फ में गिरकर दर्द से चीखने लगा।

Er schrie auf, als die lange Schlittenkette einer nach dem anderen an ihm vorbeifuhr.

जब स्लेजों की लम्बी कतार एक-एक करके उसके पास से गुजरी तो वह चिल्ला उठा।

Dennoch stand er mit der ihm verbleibenden Kraft auf und stolperte ihnen hinterher.

फिर भी, अपनी बची हुई शक्ति से वह उठा और लड़खड़ाता हुआ उनके पीछे चला।

Als der Zug wieder anhielt, holte er ihn ein und fand seinen alten Schlitten.

जब ट्रेन दोबारा रुकी तो वह वहां पहुंचा और उसे अपनी पुरानी स्लेज मिल गई।

Er kämpfte sich an den anderen Teams vorbei und stand wieder neben Solleks.

वह अन्य टीमों से आगे निकल गया और पुनः सोलेक्स के पास खड़ा हो गया।

Als der Fahrer anhielt, um seine Pfeife anzuzünden, nutzte Dave seine letzte Chance.

जैसे ही ड्राइवर ने अपना पाइप जलाने के लिए रुका, डेव ने अपना आखिरी मौका लिया।

Als der Fahrer zurückkam und schrie, bewegte sich das Team nicht weiter.

जब ड्राइवर वापस आया और चिल्लाया तो टीम आगे नहीं बढ़ी।

Die Hunde hatten ihre Köpfe gedreht, verwirrt durch den plötzlichen Stopp.

अचानक हुई रुकावट से भ्रमित होकर कुत्तों ने अपना सिर घुमा लिया था।

Auch der Fahrer war schockiert – der Schlitten hatte sich keinen Zentimeter vorwärts bewegt.

ड्राइवर भी हैरान था - स्लेज एक इंच भी आगे नहीं बढ़ी थी।

Er rief den anderen zu, sie sollten kommen und nachsehen, was passiert sei.

उसने दूसरों को बुलाया और कहा कि आओ और देखो कि क्या हुआ था।

Dave hatte Solleks' Zügel durchgekaut und beide auseinandergerissen.

डेव ने सोलेक्स की लगाम चबाकर दोनों को तोड़ दिया था।

Nun stand er vor dem Schlitten, wieder an seinem rechtmäßigen Platz.

अब वह स्लेज के सामने अपनी सही स्थिति में खड़ा था।

Dave blickte zum Fahrer auf und flehte ihn stumm an, in der Spur zu bleiben.

डेव ने ड्राइवर की ओर देखा और चुपचाप रास्ते में ही रहने की विनती की।

Der Fahrer war verwirrt und wusste nicht, was er für den zappelnden Hund tun sollte.

ड्राइवर उलझन में था, उसे समझ नहीं आ रहा था कि संघर्ष कर रहे कुत्ते के लिए क्या किया जाए।

Die anderen Männer sprachen von Hunden, die beim Rausbringen gestorben waren.

अन्य लोगों ने उन कुत्तों के बारे में बताया जो बाहर ले जाए जाने से मर गए थे।

Sie erzählten von alten oder verletzten Hunden, denen es das Herz brach, als sie zurückgelassen wurden.

उन्होंने ऐसे बूढ़े या घायल कुत्तों के बारे में बताया जिनका दिल पीछे छोड़ दिए जाने पर टूट गया।

Sie waren sich einig, dass es Gnade wäre, Dave sterben zu lassen, während er noch im Geschirr steckte.

वे इस बात पर सहमत हुए कि डेव को उसके हार्नेस में ही मरने देना दया थी।

Er wurde wieder auf dem Schlitten festgeschnallt und Dave zog voller Stolz.

उसे पुनः स्लेज पर बांध दिया गया और डेव ने गर्व के साथ उसे खींचा।

Obwohl er manchmal schrie, arbeitete er, als könne man den Schmerz ignorieren.

यद्यपि वह कभी-कभी चिल्लाता था, परन्तु वह ऐसे काम करता था मानो दर्द को नजरअंदाज किया जा सकता है।

Mehr als einmal fiel er und wurde mitgeschleift, bevor er wieder aufstand.

एक से अधिक बार वह गिरा और फिर उठने से पहले घसीटा गया।

Einmal wurde er vom Schlitten überrollt und von diesem Moment an humpelte er.

एक बार स्लेज उसके ऊपर लुढ़क गई और वह उसी क्षण से लंगड़ाने लगा।

Trotzdem arbeitete er, bis das Lager erreicht war, und legte sich dann ans Feuer.

फिर भी, वह शिविर तक पहुंचने तक काम करता रहा और फिर आग के पास लेट गया।

Am Morgen war Dave zu schwach, um zu reisen oder auch nur aufrecht zu stehen.

सुबह तक डेव इतना कमजोर हो गया था कि वह यात्रा करने या सीधा खड़ा होने में भी असमर्थ था।

Als es Zeit war, das Geschirr anzulegen, versuchte er mit zitternder Anstrengung, seinen Fahrer zu erreichen.

जब वह गाड़ी में सवार हुआ तो उसने कांपते हुए प्रयास के साथ अपने ड्राइवर तक पहुंचने की कोशिश की।

Er rappelte sich auf, taumelte und brach auf dem schneebedeckten Boden zusammen.

वह बलपूर्वक उठा, लड़खड़ाया और बर्फीली जमीन पर गिर पड़ा।

Mithilfe seiner Vorderbeine zog er seinen Körper in Richtung des Angeschirrs.

अपने अगले पैरों का उपयोग करते हुए, उसने अपने शरीर को हार्नेस क्षेत्र की ओर खींचा।

Zentimeter für Zentimeter schob er sich auf die Arbeitshunde zu.

वह काम करने वाले कुत्तों की ओर इंच-इंच आगे बढ़ता गया।

Er verließ die Kraft, aber er machte mit seinem letzten verzweifelten Vorstoß weiter.

उसकी शक्ति समाप्त हो गई, लेकिन वह अपने अंतिम प्रयास में आगे बढ़ता रहा।

Seine Teamkollegen sahen ihn im Schnee nach Luft schnappen und sich immer noch danach sehnen, zu ihnen zu kommen.

उसके साथियों ने उसे बर्फ में हांफते हुए देखा, फिर भी वह उनके साथ शामिल होने के लिए लालायित था।

Sie hörten ihn vor Kummer schreien, als sie das Lager hinter sich ließen.

जब वे शिविर छोड़कर जा रहे थे तो उन्होंने उसे दुःख से चिल्लाते हुए सुना।

Als das Team zwischen den Bäumen verschwand, hallte Daves Schrei hinter ihnen wider.

जैसे ही टीम पेड़ों में लुप्त हो गई, डेव की चीख उनके पीछे गूंज उठी।

Der Schlittenzug hielt kurz an, nachdem er einen Abschnitt des Flusswalds überquert hatte.

नदी के एक हिस्से को पार करने के बाद स्लेज ट्रेन कुछ देर के लिए रुकी।

Der schottische Mischling ging langsam zurück zum Lager dahinter.

स्कॉच का वह आधा-नस्ल वाला व्यक्ति धीरे-धीरे पीछे के शिविर की ओर चला गया।

Die Männer verstummten, als sie ihn den Schlittenzug verlassen sahen.

जब लोगों ने उसे स्लेज ट्रेन से उतरते देखा तो उनकी बोलती बंद हो गई।

Dann ertönte ein einzelner Schuss klar und scharf über den Weg.

तभी रास्ते में एक गोली की आवाज स्पष्ट और तेज सुनाई दी।

Der Mann kam schnell zurück und nahm wortlos seinen Platz ein.

वह आदमी तुरंत वापस आया और बिना कुछ बोले अपना स्थान ग्रहण कर लिया।

Peitschen knallten, Glöckchen bimmelten und die Schlitten rollten durch den Schnee.

चाबुक फटकारे गए, घंटियां बजने लगीं और स्लेज बर्फ में आगे बढ़ने लगीं।

Aber Buck wusste, was passiert war – und alle anderen Hunde auch.

लेकिन बक को पता था कि क्या हुआ था - और हर अन्य कुत्ते को भी।

Die Mühen der Zügel und des Trails
लगाम और राह का परिश्रम

Dreißig Tage nach dem Verlassen von Dawson erreichte die Salt Water Mail Skaguay.

डावसन से रवाना होने के तीस दिन बाद, साल्ट वाटर मेल स्काग्वे पहुंचा।

Buck und seine Teamkollegen gingen in Führung, kamen aber in einem erbärmlichen Zustand an.

बक और उनके साथियों ने दयनीय स्थिति में पहुँचकर बढ़त हासिल कर ली।

Buck hatte von hundertvierzig auf hundertfünfzehn Pfund abgenommen.

बक का वजन एक सौ चालीस पाउंड से घटकर एक सौ पंद्रह पाउंड रह गया था।

Die anderen Hunde hatten, obwohl kleiner, noch mehr Körpergewicht verloren.

अन्य कुत्ते, हालांकि छोटे थे, उनका शरीर का वजन और भी अधिक कम हो गया था।

Pike, einst ein vorgetäuschter Hinker, schleppte nun ein wirklich verletztes Bein hinter sich her.

पाइक, जो कभी नकली लंगड़ाता था, अब अपने पीछे सचमुच घायल पैर को घसीटता हुआ चल रहा था।

Solleks humpelte stark und Dub hatte ein verrenktes Schulterblatt.

सोलेक्स बुरी तरह लंगड़ा रहा था, और डब के कंधे की हड्डी में चोट लगी थी।

Die Füße aller Hunde im Team waren von den Wochen auf dem gefrorenen Pfad wund.

टीम के प्रत्येक कुत्ते के पैर बर्फीले रास्ते पर कई सप्ताह तक रहने के कारण दर्द सें पीड़ित थे।

Ihre Schritte waren völlig federnd und bewegten sich nur langsam und schleppend.

उनके कदमों में कोई स्फूर्ति नहीं बची थी, केवल धीमी, घिसटती हुई चाल थी।

Ihre Füße treffen den Weg hart und jeder Schritt belastet ihren Körper stärker.

उनके पैर रास्ते पर जोर से टकराते थे, और हर कदम उनके शरीर पर अधिक दबाव डालता था।

Sie waren nicht krank, sondern nur so erschöpft, dass sie sich auf natürliche Weise nicht mehr erholen konnten.

वे बीमार नहीं थे, केवल इतना ही था कि उनका शरीर प्राकृतिक रूप से ठीक होने लायक नहीं रह गया था।

Dies war nicht die Müdigkeit eines harten Tages, die durch eine Nachtruhe geheilt werden konnte.

यह एक कठिन दिन की थकान नहीं थी, जो एक रात के आराम से ठीक हो गई हो।

Es war eine Erschöpfung, die sich durch monatelange, zermürbende Anstrengungen langsam aufgebaut hatte.

यह महीनों के कठिन परिश्रम से धीरे-धीरे बढ़ती हुई थकावट थी।

Es waren keine Kraftreserven mehr vorhanden, sie hatten alles aufgebraucht, was sie hatten.

कोई आरक्षित शक्ति नहीं बची थी - उन्होंने अपनी सारी ताकत खर्च कर दी थी।

Jeder Muskel, jede Faser und jede Zelle ihres Körpers war erschöpft und abgenutzt.

उनके शरीर की प्रत्येक मांसपेशी, तंतु और कोशिका ख़त्म हो चुकी थी।

Und das hatte seinen Grund: Sie hatten zweitausendfünfhundert Meilen zurückgelegt.

और इसका एक कारण था - उन्होंने पच्चीस सौ मील की दूरी तय की थी।

Auf den letzten zweitausendachthundert Kilometern hatten sie sich nur fünf Tage ausgeruht.

पिछले अठारह सौ मील की यात्रा के दौरान उन्होंने केवल पाँच दिन आराम किया था।

Als sie Skaguay erreichten, sahen sie aus, als könnten sie kaum aufrecht stehen.

जब वे स्कागुआय पहुंचे तो वे मुश्किल से सीधे खड़े हो पा रहे थे।

Sie hatten Mühe, die Zügel straff zu halten und vor dem Schlitten zu bleiben.

उन्हें लगाम कस कर रखने और स्लेज से आगे रहने के लिए संघर्ष करना पड़ा।

Auf abschüssigen Hängen konnten sie nur noch vermeiden, überfahren zu werden.

ढलान पर वे बस कुचले जाने से बच पाए।

„Weiter, ihr armen, wunden Füße", sagte der Fahrer, während sie weiterhumpelten.

"आगे बढ़ो, बेचारे दुखते पैरों," ड्राइवर ने कहा और वे लंगड़ाते हुए आगे बढ़ रहे थे।

„Das ist die letzte Strecke, danach bekommen wir alle auf jeden Fall noch eine lange Pause."

"यह आखिरी पड़ाव है, फिर हम सभी को एक लम्बा आराम अवश्य मिलेगा।"

„Eine richtig lange Pause", versprach er und sah ihnen nach, wie sie weiter taumelten.

"एक सचमुच लम्बा विश्राम," उन्होंने उन्हें लड़खड़ाते हुए आगे बढ़ते देखकर वादा किया।

Die Fahrer rechneten damit, dass sie nun eine lange, notwendige Pause bekommen würden.

ड्राइवरों को उम्मीद थी कि अब उन्हें एक लम्बा और आवश्यक अवकाश मिलेगा।

Sie hatten zweitausend Meilen zurückgelegt und nur zwei Tage Pause gemacht.

उन्होंने केवल दो दिन के आराम के साथ बारह सौ मील की यात्रा की थी।

Sie waren der Meinung, dass sie sich die Zeit zum Entspannen verdient hätten, und das aus fairen und vernünftigen Gründen.

निष्पक्षता और तर्क से कहें तो उन्हें लगा कि उन्होंने आराम करने के लिए समय अर्जित किया है।

Aber zu viele waren zum Klondike gekommen und zu wenige waren zu Hause geblieben.

लेकिन बहुत अधिक लोग क्लोंडाइक आ गए थे, और बहुत कम लोग घर पर रह गए थे।

Es gingen unzählige Briefe von Familien ein, die zu Bergen verspäteter Post führten.

परिवारों से आने वाले पत्रों की बाढ़ आ गई, जिससे देरी से पहुंचने वाले पत्रों का ढेर लग गया।

Offizielle Anweisungen trafen ein – neue Hudson Bay-Hunde würden die Nachfolge antreten.

आधिकारिक आदेश आ गए - हडसन बे में नए कुत्ते कार्यभार संभालने जा रहे थे।

Die erschöpften Hunde, die nun als wertlos galten, sollten entsorgt werden.

थके हुए कुत्तों को, जिन्हें अब बेकार कहा जाता था, निपटाया जाना था।

Da Geld wichtiger war als Hunde, sollten sie billig verkauft werden.

चूंकि कुत्तों की तुलना में पैसा अधिक महत्वपूर्ण था, इसलिए उन्हें सस्ते दामों पर बेचा जाने वाला था।

Drei weitere Tage vergingen, bevor die Hunde spürten, wie schwach sie waren.

तीन दिन और बीतने के बाद कुत्तों को यह एहसास हुआ कि वे कितने कमज़ोर हो गए हैं।

Am vierten Morgen kauften zwei Männer aus den Staaten das gesamte Team.

चौथी सुबह, अमेरिका से आये दो लोगों ने पूरी टीम खरीद ली।

Der Verkauf umfasste alle Hunde sowie ihre abgenutzte Geschirrausrüstung.

बिक्री में सभी कुत्तों के साथ-साथ उनके पहने हुए हार्नेस उपकरण भी शामिल थे।

Die Männer nannten sich gegenseitig „Hal" und „Charles", als sie den Deal abschlossen.

सौदा पूरा करते समय दोनों पुरुषों ने एक-दूसरे को "हैल" और "चार्ल्स" कहा।

Charles war mittleren Alters, blass, hatte schlaffe Lippen und wilde Schnurrbartspitzen.

चार्ल्स मध्यम आयु का, पीला, लटके हुए होंठ और भयंकर मूंछों वाला था।

Hal war ein junger Mann, vielleicht neunzehn, der einen Patronengürtel trug.

हैल एक युवा व्यक्ति था, शायद उन्नीस वर्ष का, और उसने कारतूस से भरी बेल्ट पहन रखी थी।

Am Gürtel befanden sich ein großer Revolver und ein Jagdmesser, beide unbenutzt.

बेल्ट में एक बड़ी रिवाल्वर और एक शिकार करने वाला चाकू रखा हुआ था, दोनों ही अप्रयुक्त थे।

Es zeigte, wie unerfahren und ungeeignet er für das Leben im Norden war.

इससे पता चलता है कि वह उत्तरी जीवन के लिए कितना अनुभवहीन और अयोग्य था।

Keiner der beiden Männer gehörte in die Wildnis; ihre Anwesenheit widersprach jeder Vernunft.

दोनों ही मनुष्य जंगल में नहीं रहते थे; उनकी उपस्थिति सभी तर्कों को चुनौती देती थी।

Buck beobachtete, wie das Geld zwischen Käufer und Makler den Besitzer wechselte.

बक ने क्रेता और एजेंट के बीच पैसों का आदान-प्रदान होते देखा।

Er wusste, dass die Postzugführer sein Leben wie alle anderen verlassen würden.

वह जानता था कि मेल-ट्रेन ड्राइवर भी बाकी लोगों की तरह उसकी जिंदगी से जा रहे हैं।

Sie folgten Perrault und François, die nun unwiederbringlich verschwunden waren.

उन्होंने पेरौल्ट और फ्रांकोइस का अनुसरण किया, जो अब याद करने लायक नहीं रहे।

Buck und das Team wurden in das schlampige Lager ihrer neuen Besitzer geführt.

बक और टीम को उनके नए मालिकों के शिविर में ले जाया गया।

Das Zelt hing durch, das Geschirr war schmutzig und alles lag in Unordnung.

तम्बू टूटा हुआ था, बर्तन गंदे थे और सब कुछ अस्त-व्यस्त पड़ा था।

Buck bemerkte dort auch eine Frau – Mercedes, Charles' Frau und Hals Schwester.

बक ने वहां एक महिला को भी देखा - मर्सिडीज, चार्ल्स की पत्नी और हैल की बहन।

Sie bildeten eine vollständige Familie, obwohl sie alles andere als für den Wanderpfad geeignet waren.

वे एक पूर्ण परिवार थे, हालांकि वे इस यात्रा के लिए बिल्कुल भी उपयुक्त नहीं थे।

Buck beobachtete nervös, wie das Trio begann, die Vorräte einzupacken.

बक ने घबराहट से देखा कि तीनों ने सामान पैक करना शुरू कर दिया।

Sie arbeiteten hart, aber ohne Ordnung – nur Aufhebens und vergeudete Mühe.

उन्होंने कड़ी मेहनत की लेकिन बिना किसी क्रम के - केवल उपद्रव और व्यर्थ प्रयास।

Das Zelt war zu einer sperrigen Form zusammengerollt und viel zu groß für den Schlitten.

तम्बू को इतना भारी आकार दिया गया था कि वह स्लेज के लिए बहुत बड़ा था।

Schmutziges Geschirr wurde eingepackt, ohne dass es gespült oder getrocknet worden wäre.

गंदे बर्तनों को बिना साफ किए या सुखाए ही पैक कर दिया गया।

Mercedes flatterte herum, redete, korrigierte und mischte sich ständig ein.

मर्सिडीज इधर-उधर घूम रही थी, लगातार बातें कर रही थी, सुधार कर रही थी, और हस्तक्षेप कर रही थी।

Als ein Sack vorne platziert wurde, bestand sie darauf, dass er hinten drankam.

जब एक बोरी सामने रखी गई तो उसने जोर देकर कहा कि इसे पीछे रखा जाए।

Sie packte den Sack ganz unten rein und im nächsten Moment brauchte sie ihn.

उसने बोरा नीचे रख दिया और अगले ही पल उसे इसकी जरूरत पड़ गयी।

Also wurde der Schlitten erneut ausgepackt, um an die eine bestimmte Tasche zu gelangen.

इसलिए एक विशेष बैग तक पहुंचने के लिए स्लेज को फिर से खोला गया।

In der Nähe standen drei Männer vor einem Zelt und beobachteten die Szene.

पास ही एक तंबू के बाहर तीन आदमी खड़े होकर यह दृश्य देख रहे थे।

Sie lächelten, zwinkerten und grinsten über die offensichtliche Verwirrung der Neuankömmlinge.

वे नवागंतुकों की स्पष्ट उलझन को देखकर मुस्कुराये, आँख मारी और मुस्कुराये।

„Sie haben schon eine ziemlich schwere Last", sagte einer der Männer.

"तुम्हारे ऊपर पहले से ही बहुत भारी बोझ है", उनमें से एक आदमी ने कहा।

„Ich glaube nicht, dass Sie das Zelt tragen sollten, aber es ist Ihre Entscheidung."

"मुझे नहीं लगता कि आपको वह तम्बू ले जाना चाहिए, लेकिन यह आपकी पसंद है।"

„Unvorstellbar!", rief Mercedes und warf verzweifelt die Hände in die Luft.

"अकल्पनीय!" मर्सिडीज़ ने निराशा में अपने हाथ ऊपर उठाते हुए कहा।

„Wie könnte ich ohne Zelt reisen, unter dem ich übernachten kann?"

"मैं बिना किसी तंबू के कैसे यात्रा कर सकता हूँ?"

„Es ist Frühling – Sie werden kein kaltes Wetter mehr erleben", antwortete der Mann.

"यह वसंत ऋतु है - आप फिर कभी ठंड का मौसम नहीं देखेंगे," आदमी ने जवाब दिया।

Aber sie schüttelte den Kopf und sie stapelten weiterhin Gegenstände auf den Schlitten.

लेकिन उसने अपना सिर हिला दिया, और वे स्लेज पर सामान जमा करते रहे।

Als sie die letzten Dinge hinzufügten, türmte sich die Ladung gefährlich hoch auf.

जब वे अंतिम चीजें जोड़ रहे थे तो भार खतरनाक रूप से ऊंचा हो गया।

„Glauben Sie, der Schlitten fährt?", fragte einer der Männer mit skeptischem Blick.

"क्या आपको लगता है कि स्लेज चलेगी?" एक आदमी ने संदेह भरी नज़र से पूछा।

„Warum sollte es nicht?", blaffte Charles mit scharfer Verärgerung zurück.

"ऐसा क्यों नहीं होना चाहिए?" चार्ल्स ने तीखी झुंझलाहट के साथ जवाब दिया।

„Oh, das ist schon in Ordnung", sagte der Mann schnell und wich seiner Beleidigung aus.

"ओह, यह सब ठीक है," आदमी ने जल्दी से कहा, और अपना आपा खो दिया।

„Ich habe mich nur gewundert – es sah für mich einfach ein bisschen zu kopflastig aus."

"मैं तो बस यही सोच रहा था - यह तो मुझे थोड़ा ज़्यादा भारी लग रहा था।"

Charles drehte sich um und band die Ladung so gut fest, wie er konnte.

चार्ल्स ने मुड़कर जितना संभव हो सका, बोझ को बांध दिया।

Allerdings waren die Zurrgurte locker und die Verpackung insgesamt schlecht ausgeführt.

लेकिन पट्टियाँ ढीली थीं और पैकिंग भी कुल मिलाकर खराब थी।

„Klar, die Hunde machen das den ganzen Tag", sagte ein anderer Mann sarkastisch.

"ज़रूर, कुत्ते पूरे दिन यही खींचते रहेंगे," एक और आदमी ने व्यंग्यात्मक लहज़े में कहा।

„Natürlich", antwortete Hal kalt und packte die lange Lenkstange des Schlittens.

"बेशक," हेल ने ठंडे स्वर में जवाब दिया और स्लेज के लंबे जी-पोल को पकड़ लिया।

Mit einer Hand an der Stange schwang er mit der anderen die Peitsche.

एक हाथ से डंडे पर, दूसरे हाथ से उसने कोड़ा घुमाया।

„Los geht's!", rief er. „Bewegt euch!", und trieb die Hunde zum Aufbruch an.

"चलो चलें!" वह चिल्लाया। "चलें!" कुत्तों को चलने के लिए प्रेरित करते हुए।

Die Hunde lehnten sich in das Geschirr und spannten sich einige Augenblicke lang an.

कुत्ते कुछ क्षणों के लिए रस्सी से बंधे और तनाव में आ गए।

Dann blieben sie stehen, da sie den überladenen Schlitten keinen Zentimeter bewegen konnten.

फिर वे रुक गए, क्योंकि वे अतिभारित स्लेज को एक इंच भी हिलाने में असमर्थ थे।

„Diese faulen Bestien!", schrie Hal und hob die Peitsche, um sie zu schlagen.

"आलसी जानवर!" हैल ने चिल्लाते हुए उन्हें मारने के लिए कोड़ा उठाया।

Doch Mercedes stürzte herein und riss Hal die Peitsche aus der Hand.

लेकिन मर्सिडीज ने दौड़कर हैल के हाथों से चाबुक छीन लिया।

„Oh, Hal, wage es ja nicht, ihnen wehzutun", rief sie alarmiert.

"ओह, हैल, उन्हें चोट पहुँचाने की हिम्मत मत करना," वह घबरा कर चिल्लाई।

„Versprich mir, dass du nett zu ihnen bist, sonst gehe ich keinen Schritt weiter."

"मुझसे वादा करो कि तुम उनके प्रति दयालु रहोगे, नहीं तो मैं एक कदम भी आगे नहीं बढ़ूंगा।"

„Du weißt nichts über Hunde", fuhr Hal seine Schwester an.

"तुम्हें कुत्तों के बारे में कुछ भी नहीं पता," हैल ने अपनी बहन पर चिल्लाते हुए कहा।

„Sie sind faul, und die einzige Möglichkeit, sie zu bewegen, besteht darin, sie zu peitschen."

"वे आलसी हैं, और उन्हें चलाने का एकमात्र तरीका उन्हें कोड़ा मारना है।"

„Fragen Sie irgendjemanden – fragen Sie einen dieser Männer dort drüben, wenn Sie mir nicht glauben."

"किसी से भी पूछो - अगर तुम्हें मुझ पर शक है तो वहाँ बैठे किसी आदमी से पूछो।"

Mercedes sah die Zuschauer mit flehenden, tränennassen Augen an.

मर्सिडीज़ ने दर्शकों की ओर नम आंखों से देखा।

Ihr Gesicht zeigte, wie sehr sie den Anblick jeglichen Schmerzes hasste.

उसके चेहरे से पता चल रहा था कि वह किसी भी दर्द को देखने से कितनी नफरत करती थी।

„Sie sind schwach, das ist alles", sagte ein Mann. „Sie sind erschöpft."

एक आदमी ने कहा, "वे कमज़ोर हैं, बस इतना ही। वे घिस चुके हैं।"

„Sie brauchen Ruhe – sie haben zu lange ohne Pause gearbeitet."

"उन्हें आराम की ज़रूरत है - वे बिना ब्रेक के बहुत लंबे समय से काम कर रहे हैं।"

„Der Rest sei verflucht", murmelte Hal mit verzogenen Lippen.

"बाकी सब धिक्कार है," हैल ने अपने होंठ सिकोड़ते हुए कहा।

Mercedes schnappte nach Luft, sein grobes Wort schmerzte sie sichtlich.

मर्सिडीज़ ने चौंककर कहा, उसे उसके मुंह से निकले अपशब्दों से स्पष्ट रूप से दुख हुआ था।

Dennoch blieb sie loyal und verteidigte ihren Bruder sofort.

फिर भी, वह वफादार रही और उसने तुरंत अपने भाई का बचाव किया।

„Kümmere dich nicht um den Mann", sagte sie zu Hal. „Das sind unsere Hunde."

"उस आदमी की परवाह मत करो," उसने हैल से कहा। "वे हमारे कुत्ते हैं।"

„Fahren Sie sie, wie Sie es für richtig halten – tun Sie, was Sie für richtig halten."

"आप उन्हें वैसे ही चलाएं जैसा आप उचित समझें - वही करें जो आपको सही लगे।"

Hal hob die Peitsche und schlug die Hunde erneut gnadenlos.

हैल ने कोड़ा उठाया और कुत्तों पर बिना किसी दया के पुनः प्रहार किया।

Sie stürzten sich nach vorne, die Körper tief gebeugt, die Füße in den Schnee gedrückt.

वे आगे की ओर झुके, शरीर नीचे झुके हुए थे, पैर बर्फ में धंसे हुए थे।

Sie gaben sich alle Mühe, den Schlitten zu ziehen, aber er bewegte sich nicht.

उनकी सारी ताकत खींचने में लग गई, लेकिन स्लेज आगे नहीं बढ़ रही थी।

Der Schlitten blieb wie ein im Schnee festgefrorener Anker stecken.

स्लेज वहीं अटकी रही, जैसे कोई लंगर जमी हुई बर्फ में फंस गया हो।

Nach einem zweiten Versuch blieben die Hunde wieder stehen und keuchten schwer.

दूसरे प्रयास के बाद कुत्ते फिर रुक गए और जोर-जोर से हाँफने लगे।

Hal hob die Peitsche noch einmal, gerade als Mercedes erneut eingriff.

हेल ने एक बार फिर चाबुक उठाया, तभी मर्सिडीज ने फिर हस्तक्षेप किया।

Sie fiel vor Buck auf die Knie und umarmte seinen Hals.

वह बक के सामने घुटनों के बल बैठ गई और उसकी गर्दन को गले लगा लिया।

Tränen traten ihr in die Augen, als sie den erschöpften Hund anflehte.

थके हुए कुत्ते से विनती करते हुए उसकी आंखों में आंसू भर आए।

„Ihr Armen", sagte sie, „warum zieht ihr nicht einfach stärker?"

"बेचारे, तुम लोग, थोड़ा और जोर से क्यों नहीं खींचते?" उसने कहा।

„Wenn du ziehst, wirst du nicht so ausgepeitscht."

"अगर तुम खींचोगे, तो तुम्हें इस तरह से कोड़े नहीं मारे जाएँगे।"

Buck mochte Mercedes nicht, aber er war zu müde, um ihr jetzt zu widerstehen.

बक को मर्सिडीज़ नापसंद थी, लेकिन अब वह उसका विरोध करने में असमर्थ था।

Er akzeptierte ihre Tränen als einen weiteren Teil dieses elenden Tages.

उसने उसके आँसुओं को उस दुखद दिन का एक और हिस्सा मानकर स्वीकार कर लिया।

Einer der zuschauenden Männer ergriff schließlich das Wort, nachdem er seinen Ärger unterdrückt hatte.

वहां मौजूद एक व्यक्ति ने अपना गुस्सा काबू में रखते हुए आखिरकार बात की।

„Es ist mir egal, was mit euch passiert, Leute, aber diese Hunde sind wichtig.“

"मुझे परवाह नहीं कि आप लोगों के साथ क्या होता है, लेकिन उन कुत्तों का महत्व है।"

„Wenn du helfen willst, mach den Schlitten los – er ist am Schnee festgefroren.“

"यदि आप मदद करना चाहते हैं, तो उस स्लेज को ढीला कर दें - यह बर्फ में जम गया है।"

„Drücken Sie fest auf die Gee-Stange, rechts und links, und brechen Sie die Eisversiegelung.“

"जी-पोल पर ज़ोर से धक्का दो, दाएँ और बाएँ, और बर्फ़ की सील तोड़ दो।"

Ein dritter Versuch wurde unternommen, diesmal auf Vorschlag des Mannes.

इस बार उस व्यक्ति के सुझाव पर तीसरा प्रयास किया गया।

Hal schaukelte den Schlitten von einer Seite auf die andere und löste so die Kufen.

हैल ने स्लेज को एक ओर से दूसरी ओर हिलाया, जिससे धावक अलग हो गए।

Obwohl der Schlitten überladen und unhandlich war, machte er schließlich einen Satz nach vorne.

स्लेज, हालांकि अधिक भार से लदी हुई और बेढंगी थी, अंततः आगे बढ़ गई।

Buck und die anderen zogen wild, angetrieben von einem Sturm aus Schleudertraumen.

बक और अन्य लोग तेज झटके के साथ बेतहाशा आगे बढ़ रहे थे।

Hundert Meter weiter machte der Weg eine Biegung und führte in die Straße hinein.

सौ गज आगे रास्ता घुमावदार होकर सड़क पर उतर गया।

Um den Schlitten aufrecht zu halten, hätte es eines erfahrenen Fahrers bedurft.

स्लेज को सीधा रखने के लिए एक कुशल चालक की आवश्यकता थी।

Hal war nicht geschickt und der Schlitten kippte, als er um die Kurve schwang.

हैल कुशल नहीं था, और जब स्लेज मोड़ पर घूमी तो वह पलट गई।

Lose Zurrgurte gaben nach und die Hälfte der Ladung ergoss sich auf den Schnee.

ढीली रस्सियाँ टूट गईं और आधा भार बर्फ पर गिर गया।

Die Hunde hielten nicht an; der leichtere Schlitten flog auf der Seite weiter.

कुत्ते नहीं रुके; हल्का स्लेज अपनी तरफ उड़ता चला गया।

Wütend über die Beschimpfungen und die schwere Last rannten die Hunde noch schneller.

दुर्व्यवहार और भारी बोझ से क्रोधित होकर कुत्ते और तेजी से भागने लगे।

Buck rannte wütend los und das Team folgte ihm.

बक गुस्से में दौड़ पड़े, उनकी टीम भी उनके पीछे-पीछे चलने लगी।

Hal rief „Whoa! Whoa!", aber das Team beachtete ihn nicht.

हैल चिल्लाया "वाह! वाह!" लेकिन टीम ने उस पर कोई ध्यान नहीं दिया।

Er stolperte, fiel und wurde am Geschirr über den Boden geschleift.

वह लड़खड़ाकर गिर पड़ा और रस्सी के सहारे ज़मीन पर घसीटा गया।

Der umgekippte Schlitten wurde über ihn geworfen, als die Hunde weiterrasten.

कुत्ते आगे बढ़ते हुए पलटी हुई स्लेज से टकरा गए।

Die restlichen Vorräte verteilten sich über die belebte Straße von Skaguay.

बाकी सामान स्कागुए की व्यस्त सड़क पर बिखरा पड़ा था।

Gutherzige Menschen eilten herbei, um die Hunde anzuhalten und die Ausrüstung einzusammeln.

दयालु लोग कुत्तों को रोकने और सामान इकट्ठा करने के लिए दौड़े।

Sie gaben den neuen Reisenden auch direkte und praktische Ratschläge.

उन्होंने नये यात्रियों को स्पष्ट एवं व्यावहारिक सलाह भी दी।

„Wenn Sie Dawson erreichen wollen, nehmen Sie die halbe Ladung und die doppelte Anzahl an Hunden mit."

"यदि आप डावसन तक पहुंचना चाहते हैं, तो आधा भार ले जाएं और कुत्तों को दोगुना कर दें।"

Hal, Charles und Mercedes hörten zu, wenn auch nicht mit Begeisterung.

हैल, चार्ल्स और मर्सिडीज ने उनकी बातें सुनीं, हालांकि उत्साह के साथ नहीं।

Sie bauten ihr Zelt auf und begannen, ihre Vorräte zu sortieren.

उन्होंने अपना तंबू लगाया और अपनी आपूर्ति को छांटना शुरू कर दिया।

Heraus kamen Konserven, die die Zuschauer laut lachen ließen.

बाहर डिब्बाबंद सामान आया, जिसे देखकर देखने वाले लोग जोर से हंसने लगे।

„Konserven auf dem Weg? Bevor die schmelzen, verhungern Sie", sagte einer.

"ट्रेल पर डिब्बाबंद सामान? इससे पहले कि वह पिघले, आप भूखे मर जाएंगे," एक ने कहा।

„Hoteldecken? Die wirfst du am besten alle weg."

"होटल के कम्बल? बेहतर होगा कि आप उन्हें फेंक दें।"

„Schmeißen Sie auch das Zelt weg, und hier spült niemand mehr Geschirr."

"तम्बू भी हटा दो, और यहाँ कोई बर्तन नहीं धोएगा।"

„Sie glauben, Sie fahren in einem Pullman-Zug mit Bediensteten an Bord?"

"क्या आपको लगता है कि आप नौकरों के साथ पुलमैन ट्रेन में सफर कर रहे हैं?"

Der Prozess begann – jeder nutzlose Gegenstand wurde beiseite geworfen.

प्रक्रिया शुरू हुई - हर बेकार वस्तु को एक तरफ फेंक दिया गया।

Mercedes weinte, als ihre Taschen auf den schneebedeckten Boden geleert wurden.

जब मर्सिडीज के बैग बर्फीली जमीन पर फेंके गए तो वह रोने लगी।

Sie schluchzte ohne Pause über jeden einzelnen hinausgeworfenen Gegenstand.

वह बिना रुके, एक-एक करके बाहर फेंकी गई प्रत्येक वस्तु पर रोती रही।

Sie schwor, keinen Schritt weiterzugehen – nicht einmal für zehn Charleses.

उसने कसम खाई कि वह एक कदम भी आगे नहीं बढ़ेगी - दस चार्ल्स के लिए भी नहीं।

Sie flehte alle Menschen in ihrer Nähe an, ihr ihre wertvollen Sachen zu überlassen.

उसने आस-पास खड़े हर व्यक्ति से अपनी कीमती चीजें रखने की विनती की।

Schließlich wischte sie sich die Augen und begann, auch die wichtigsten Kleidungsstücke wegzuwerfen.

अन्त में उसने अपनी आँखें पोंछीं और अपने महत्वपूर्ण कपड़े भी फेंकने लगी।

Als sie mit ihrem eigenen fertig war, begann sie, die Vorräte der Männer auszuräumen.

जब उसका काम पूरा हो गया तो उसने पुरुषों का सामान खाली करना शुरू कर दिया।

Wie ein Wirbelwind verwüstete sie die Habseligkeiten von Charles und Hal.

बवंडर की तरह, उसने चार्ल्स और हैल के सामान को तहस-नहस कर दिया।

Obwohl die Ladung halbiert wurde, war sie immer noch viel schwerer als nötig.

यद्यपि भार आधा हो गया था, फिर भी यह आवश्यकता से कहीं अधिक भारी था।

In dieser Nacht gingen Charles und Hal los und kauften sechs neue Hunde.

उस रात, चार्ल्स और हैल बाहर गये और छह नये कुत्ते खरीद लाये।

Diese neuen Hunde gesellten sich zu den ursprünglichen sechs, plus Teek und Koona.

ये नए कुत्ते मूल छह कुत्तों के साथ टीक और कूना में शामिल हो गए।

Zusammen bildeten sie ein Gespann aus vierzehn Hunden, die vor den Schlitten gespannt wurden.

उन्होंने मिलकर स्लेज से जुड़े चौदह कुत्तों का एक दल बनाया।

Doch die neuen Hunde waren für die Schlittenarbeit ungeeignet und schlecht ausgebildet.

लेकिन नए कुत्ते स्लेज कार्य के लिए अयोग्य थे और उन्हें ठीक से प्रशिक्षित नहीं किया गया था।

Drei der Hunde waren kurzhaarige Vorstehhunde und einer war ein Neufundländer.

इनमें से तीन कुत्ते छोटे बालों वाले पॉइंटर थे, तथा एक न्यूफाउंडलैंड था।

Bei den letzten beiden Hunden handelte es sich um Mischlinge ohne eindeutige Rasse oder Zweckbestimmung.

अंतिम दो कुत्ते ऐसे थे जिनकी नस्ल या उद्देश्य स्पष्ट नहीं था।

Sie haben den Weg nicht verstanden und ihn nicht schnell gelernt.

वे रास्ता नहीं समझ पाए और उन्होंने इसे जल्दी नहीं सीखा।

Buck und seine Kameraden beobachteten sie mit Verachtung und tiefer Verärgerung.

बक और उसके साथी उन्हें घृणा और गहरी खीझ के साथ देख रहे थे।

Obwohl Buck ihnen beibrachte, was sie nicht tun sollten, konnte er ihnen keine Pflicht beibringen.

यद्यपि बक ने उन्हें सिखाया कि क्या नहीं करना चाहिए, परन्तु वह कर्तव्य नहीं सिखा सका।

Sie kamen mit dem Leben auf dem Wanderpfad und dem Ziehen von Zügeln und Schlitten nicht gut zurecht.

वे पगडंडी पर चलने वाले जीवन या लगाम और स्लेज के खिंचाव को अच्छी तरह से स्वीकार नहीं करते थे।

Nur die Mischlinge versuchten, sich anzupassen, und selbst ihnen fehlte der Kampfgeist.

केवल संकर जातियों ने ही अनुकूलन का प्रयास किया, और उनमें भी लड़ने की भावना का अभाव था।

Die anderen Hunde waren durch ihr neues Leben verwirrt, geschwächt und gebrochen.

अन्य कुत्ते अपने नए जीवन से भ्रमित, कमजोर और टूटे हुए थे।

Da die neuen Hunde ahnungslos und die alten erschöpft waren, gab es kaum Hoffnung.

नए कुत्तों के पास कोई जानकारी नहीं थी और पुराने कुत्ते थक चुके थे, इसलिए उम्मीद बहुत कम थी।

Bucks Team hatte zweitausendfünfhundert Meilen eines rauen Pfades zurückgelegt.

बक की टीम ने पच्चीस सौ मील की कठिन राह तय की थी।

Dennoch waren die beiden Männer fröhlich und stolz auf ihr großes Hundegespann.

फिर भी, दोनों व्यक्ति प्रसन्न थे और उन्हें अपने बड़े कुत्ते दल पर गर्व था।

Sie dachten, sie würden mit Stil reisen, mit vierzehn Hunden an der Leine.

उन्हें लगा कि वे चौदह कुत्तों को साथ लेकर शानदार तरीके से यात्रा कर रहे हैं।

Sie hatten gesehen, wie Schlitten nach Dawson aufbrachen und andere von dort ankamen.

उन्होंने स्लेजों को डाउसन के लिए रवाना होते तथा अन्य को वहां से आते देखा था।

Aber noch nie hatten sie eins gesehen, das von bis zu vierzehn Hunden gezogen wurde.

लेकिन उन्होंने कभी भी एक गाड़ी को चौदह कुत्तों द्वारा खींचते हुए नहीं देखा था।

Es gab einen Grund, warum solche Teams in der arktischen Wildnis selten waren.

आर्कटिक के जंगलों में ऐसी टीमें दुर्लभ थीं, इसका एक कारण यह भी था।

Kein Schlitten konnte genug Futter transportieren, um vierzehn Hunde für die Reise zu versorgen.

कोई भी स्लेज यात्रा के दौरान चौदह कुत्तों को खिलाने के लिए पर्याप्त भोजन नहीं ले जा सकता था।

Aber Charles und Hal wussten das nicht – sie hatten nachgerechnet.

लेकिन चार्ल्स और हैल को यह पता नहीं था - उन्होंने गणित कर लिया था।

Sie haben das Futter berechnet: so viel pro Hund, so viele Tage, fertig.

उन्होंने भोजन की मात्रा निर्धारित कर ली थी: प्रति कुत्ते इतना, इतने दिनों में, तैयार।

Mercedes betrachtete ihre Zahlen und nickte, als ob es Sinn machte.

मर्सिडीज़ ने उनके आंकड़े देखे और सिर हिलाया जैसे कि यह बात सही हो।

Zumindest auf dem Papier erschien ihr alles sehr einfach.

कम से कम कागज़ पर तो उसे यह सब बहुत सरल लगा।

Am nächsten Morgen führte Buck das Team langsam die verschneite Straße hinauf.

अगली सुबह, बक ने टीम को बर्फीली सड़क पर धीरे-धीरे आगे बढ़ाया।

Weder er noch die Hunde hinter ihm hatten Energie oder Tatendrang.

उसमें या उसके पीछे खड़े कुत्तों में कोई ऊर्जा या उत्साह नहीं था।

Sie waren von Anfang an todmüde, es waren keine Reserven mehr vorhanden.

वे शुरू से ही बहुत थके हुए थे - उनके पास कोई अतिरिक्त ताकत नहीं बची थी।

Buck hatte bereits vier Fahrten zwischen Salt Water und Dawson unternommen.

बक पहले ही साल्ट वाटर और डावसन के बीच चार यात्राएं कर चुका था।

Als er nun erneut vor derselben Spur stand, empfand er nichts als Bitterkeit.

अब, पुनः उसी राह पर चलते हुए, उसे केवल कड़वाहट महसूस हुई।

Er war nicht mit dem Herzen dabei und die anderen Hunde auch nicht.

न तो उसका दिल इसमें था और न ही अन्य कुत्तों का दिल इसमें था।

Die neuen Hunde waren schüchtern und den Huskys fehlte jegliches Vertrauen.

नये कुत्ते डरपोक थे और हस्कीज़ में विश्वास की कमी थी।

Buck spürte, dass er sich auf diese beiden Männer oder ihre Schwester nicht verlassen konnte.

बक को लगा कि वह इन दो व्यक्तियों या उनकी बहन पर भरोसा नहीं कर सकता।

Sie wussten nichts und zeigten auf dem Weg keine Anzeichen, etwas zu lernen.

वे कुछ भी नहीं जानते थे और इस मार्ग पर सीखने का कोई संकेत भी नहीं दिखा।

Sie waren unorganisiert und es fehlte ihnen jeglicher Sinn für Disziplin.

वे अव्यवस्थित थे और उनमें अनुशासन की भावना का अभाव था।

Sie brauchten jedes Mal die halbe Nacht, um ein schlampiges Lager aufzubauen.

हर बार उन्हें एक ढीला-ढाला शिविर स्थापित करने में आधी रात लग जाती थी।

Und den halben nächsten Morgen verbrachten sie wieder damit, am Schlitten herumzufummeln.

और अगली सुबह का आधा समय उन्होंने फिर से स्लेज के साथ छेड़छाड़ में बिताया।

Gegen Mittag hielten sie oft nur an, um die ungleichmäßige Beladung zu korrigieren.

दोपहर तक, वे अक्सर असमान लोड को ठीक करने के लिए रुक जाते थे।

An manchen Tagen legten sie insgesamt weniger als sechzehn Kilometer zurück.

कुछ दिनों में तो उन्होंने कुल मिलाकर दस मील से भी कम की यात्रा की।

An anderen Tagen schafften sie es überhaupt nicht, das Lager zu verlassen.

अन्य दिनों में तो वे शिविर से बाहर ही नहीं निकल पाते थे।

Sie kamen nie auch nur annähernd an die geplante Nahrungsdistanz heran.

वे कभी भी नियोजित भोजन-दूरी को पूरा करने के करीब नहीं पहुंचे।

Wie erwartet ging das Futter für die Hunde sehr schnell aus.

जैसी कि उम्मीद थी, बहुत जल्दी ही कुत्तों के लिए भोजन की कमी हो गई।

Sie haben die Sache noch schlimmer gemacht, indem sie in den ersten Tagen zu viel gefüttert haben.

शुरुआती दिनों में अधिक खिलाकर उन्होंने मामले को और बदतर बना दिया।

Mit jeder unvorsichtigen Ration rückte der Hungertod näher.

इससे प्रत्येक लापरवाह राशन के साथ भुखमरी निकट आती गई।

Die neuen Hunde hatten nicht gelernt, mit sehr wenig zu überleben.

नये कुत्तों ने बहुत कम में जीवित रहना नहीं सीखा था।

Sie aßen hungrig, ihr Appetit war zu groß für den Weg.

वे भूख से खा रहे थे, उनकी भूख इतनी अधिक थी कि वे रास्ते में ही खाना खा सकते थे।

Als Hal sah, wie die Hunde schwächer wurden, glaubte er, dass das Futter nicht ausreichte.

कुत्तों को कमजोर होते देख, हैल को लगा कि भोजन पर्याप्त नहीं है।

Er verdoppelte die Rationen und verschlimmerte damit den Fehler noch.

उसने राशन दोगुना कर दिया, जिससे गलती और भी गंभीर हो गई।

Mercedes verschärfte das Problem mit Tränen und leisem Flehen.

मर्सिडीज ने आंसू बहाकर और धीमी विनती करके समस्या को और बढ़ा दिया।

Als sie Hal nicht überzeugen konnte, fütterte sie die Hunde heimlich.

जब वह हैल को मना नहीं सकी तो उसने गुप्त रूप से कुत्तों को खाना खिलाया।

Sie stahl den Fisch aus den Säcken und gab ihn ihnen hinter seinem Rücken.

उसने मछलियों की बोरियों से कुछ चुराया और उसकी पीठ पीछे उन्हें दे दिया।

Doch was die Hunde wirklich brauchten, war nicht mehr Futter, sondern Ruhe.

लेकिन कुत्तों को वास्तव में अधिक भोजन की नहीं, बल्कि आराम की आवश्यकता थी।

Sie kamen nur langsam voran, aber der schwere Schlitten schleppte sich trotzdem weiter.

वे समय कम निकाल पा रहे थे, लेकिन भारी स्लेज फिर भी घिसटती जा रही थी।

Allein dieses Gewicht zehrte jeden Tag an ihrer verbleibenden Kraft.

अकेले उस वजन के कारण ही उनकी शेष शक्ति प्रतिदिन समाप्त हो रही थी।

Dann kam es zur Phase der Unterernährung, da die Vorräte zur Neige gingen.

इसके बाद आपूर्ति कम होने के कारण अल्पपोषण की स्थिति आ गई।

Eines Morgens stellte Hal fest, dass die Hälfte des Hundefutters bereits weg war.

एक सुबह हैल को एहसास हुआ कि कुत्ते का आधा खाना तो पहले ही ख़त्म हो चुका था।

Sie hatten nur ein Viertel der gesamten Wegstrecke zurückgelegt.

उन्होंने कुल दूरी का केवल एक चौथाई ही तय किया था।

Es konnten keine Lebensmittel mehr gekauft werden, egal zu welchem Preis.

अब और भोजन नहीं खरीदा जा सकता था, चाहे कोई भी कीमत दी जाए।

Er reduzierte die Portionen der Hunde unter die normale Tagesration.

उन्होंने कुत्तों के भोजन को मानक दैनिक राशन से कम कर दिया।

Gleichzeitig forderte er längere Reisemöglichkeiten, um die Verluste auszugleichen.

साथ ही उन्होंने नुकसान की भरपाई के लिए लंबी यात्रा की मांग की।

Mercedes und Charles unterstützten diesen Plan, scheiterten jedoch bei der Umsetzung.

मर्सिडीज़ और चार्ल्स ने इस योजना का समर्थन किया, लेकिन क्रियान्वयन में असफल रहे।

Ihr schwerer Schlitten und ihre mangelnden Fähigkeiten machten ein Vorankommen nahezu unmöglich.

उनके भारी स्लेज और कौशल की कमी के कारण आगे बढ़ना लगभग असंभव हो गया।

Es war einfach, weniger Futter zu geben, aber unmöglich, mehr Anstrengung zu erzwingen.

कम भोजन देना आसान था, लेकिन अधिक प्रयास करने के लिए मजबूर करना असंभव था।

Sie konnten weder früher anfangen, noch konnten sie Überstunden machen.

वे न तो जल्दी काम शुरू कर सकते थे और न ही अतिरिक्त घंटों तक यात्रा कर सकते थे।

Sie wussten nicht, wie sie mit den Hunden und überhaupt mit sich selbst arbeiten sollten.

वे न तो कुत्तों के साथ काम करना जानते थे, न ही स्वयं अपने साथ।

Der erste Hund, der starb, war Dub, der unglückliche, aber fleißige Dieb.

मरने वाला पहला कुत्ता डब था, जो बदकिस्मत लेकिन मेहनती चोर था।

Obwohl Dub oft bestraft wurde, leistete er ohne zu klagen seinen Beitrag.

यद्यपि अक्सर उसे दंडित किया जाता था, लेकिन डब ने बिना किसी शिकायत के अपना काम किया।

Seine Schulterverletzung verschlimmerte sich ohne Pflege und nötige Ruhe.

बिना देखभाल या आराम के उनका घायल कंधा और भी खराब हो गया।

Schließlich beendete Hal mit dem Revolver Dubs Leiden.

अंततः, हेल ने डब की पीड़ा को समाप्त करने के लिए रिवॉल्वर का इस्तेमाल किया।

Ein gängiges Sprichwort besagt, dass normale Hunde an der Husky-Ration sterben.

एक आम कहावत है कि सामान्य कुत्ते हस्की राशन पर मर जाते हैं।

Bucks sechs neue Gefährten bekamen nur die Hälfte des Futteranteils des Huskys.

बक के छह नए साथियों को हस्की के हिस्से का केवल आधा भोजन मिला।

Zuerst starb der Neufundländer, dann die drei kurzhaarigen Vorstehhunde.

सबसे पहले न्यूफाउंडलैंड की मृत्यु हुई, उसके बाद तीन छोटे बालों वाले पॉइंटर्स की।

Die beiden Mischlinge hielten länger durch, kamen aber schließlich wie die anderen um.

दोनों संकर मादाएं काफी समय तक जीवित रहीं, लेकिन अंततः बाकी की तरह उनकी भी मृत्यु हो गई।

Zu diesem Zeitpunkt waren alle Annehmlichkeiten und die Sanftheit des Südens verschwunden.

इस समय तक, साउथलैंड की सभी सुविधाएं और सौम्यता समाप्त हो चुकी थी।

Die drei Menschen hatten die letzten Spuren ihrer zivilisierten Erziehung abgelegt.

तीनों लोगों ने अपने सभ्य पालन-पोषण के अंतिम निशान मिटा दिए थे।

Ohne Glamour und Romantik wurde das Reisen in die Arktis zur brutalen Realität.

ग्लैमर और रोमांस से रहित, आर्कटिक यात्रा क्रूर रूप से वास्तविक हो गई।

Es war eine Realität, die zu hart für ihr Männlichkeits- und Weiblichkeitsgefühl war.

यह वास्तविकता उनके पुरुषत्व और नारीत्व की भावना के लिए बहुत कठोर थी।

Mercedes weinte nicht mehr um die Hunde, sondern nur noch um sich selbst.

मर्सिडीज अब कुत्तों के लिए नहीं रोती थी, बल्कि केवल अपने लिए रोती थी।

Sie verbrachte ihre Zeit damit, zu weinen und mit Hal und Charles zu streiten.

वह अपना समय हैल और चार्ल्स के साथ रोते और झगड़ते हुए बिताती थी।

Streiten war das Einzige, wozu sie nie zu müde waren.

झगड़ा करना एक ऐसा काम था जिसे करने से वे कभी थकते नहीं थे।

Ihre Gereiztheit rührte vom Elend her, wuchs mit ihm und übertraf es.

उनका चिड़चिड़ापन दुःख से आया, उसके साथ बढ़ता गया, और उससे आगे निकल गया।

Die Geduld des Weges, die diejenigen kennen, die sich abmühen und freundlich leiden, kam nie.

पथ पर चलने का धैर्य, जो उन लोगों को ज्ञात है जो दयालुता से परिश्रम करते हैं और कष्ट सहते हैं, कभी नहीं आया।

Diese Geduld, die die Sprache trotz Schmerzen süß hält, war ihnen unbekannt.

वह धैर्य, जो कष्ट में भी वाणी को मधुर बनाये रखता है, उन्हें ज्ञात नहीं था।

Sie besaßen nicht die geringste Spur von Geduld und schöpften keine Kraft aus dem anmutigen Leiden.

उनमें धैर्य का कोई चिह्न नहीं था, न ही अनुग्रहपूर्वक कष्ट सहने की शक्ति थी।

Sie waren steif vor Schmerz – ihre Muskeln, Knochen und ihr Herz schmerzten.

वे दर्द से अकड़ गए थे - उनकी मांसपेशियों, हड्डियों और दिल में दर्द हो रहा था।

Aus diesem Grund bekamen sie eine scharfe Zunge und waren schnell im Umgang mit harten Worten.

इस कारण वे तीखे वचन बोलने वाले और कठोर वचन बोलने में तेज हो गये।

Jeder Tag begann und endete mit wütenden Stimmen und bitteren Klagen.

प्रत्येक दिन गुस्से भरी आवाजों और कटु शिकायतों के साथ शुरू और ख़त्म होता था।

Charles und Hal stritten sich, wann immer Mercedes ihnen eine Chance gab.

जब भी मर्सिडीज़ को मौका मिलता, चार्ल्स और हैल झगड़ने लगते।

Jeder Mann glaubte, dass er mehr als seinen gerechten Anteil an der Arbeit geleistet hatte.

प्रत्येक व्यक्ति का मानना था कि उसने अपने हिस्से से अधिक काम किया है।

Keiner von beiden ließ es sich je entgehen, dies immer wieder zu sagen.

दोनों ने ऐसा कहने का कोई मौका नहीं छोड़ा, बार-बार।

Manchmal stand Mercedes auf der Seite von Charles, manchmal auf der Seite von Hal.

कभी मर्सिडीज चार्ल्स का पक्ष लेती, कभी हैल का।

Dies führte zu einem großen und endlosen Streit zwischen den dreien.

इससे तीनों के बीच बड़ा और अंतहीन झगड़ा शुरू हो गया।

Ein Streit darüber, wer Brennholz hacken sollte, geriet außer Kontrolle.

जलाऊ लकड़ी कौन काटेगा, इस पर विवाद नियंत्रण से बाहर हो गया।

Bald wurden Väter, Mütter, Cousins und verstorbene Verwandte genannt.

जल्द ही, पिता, माता, चचेरे भाई-बहन और मृत रिश्तेदारों के नाम भी घोषित कर दिए गए।

Hal's Ansichten über Kunst oder die Theaterstücke seines Onkels wurden Teil des Kampfes.

कला या अपने चाचा के नाटकों पर हैल के विचार लड़ाई का हिस्सा बन गए।

Auch Charles' politische Überzeugungen wurden in die Debatte einbezogen.

चार्ल्स की राजनीतिक मान्यताएं भी बहस में शामिल हो गईं।

Für Mercedes schienen sogar die Gerüchte über die Schwester ihres Mannes relevant zu sein.

मर्सिडीज को तो अपने पति की बहन की गपशप भी प्रासंगिक लगती थी।

Sie äußerte ihre Meinung dazu und zu vielen Fehlern in Charles' Familie.

उन्होंने इस विषय पर तथा चार्ल्स के परिवार की अनेक खामियों पर अपनी राय व्यक्त की।

Während sie stritten, blieb das Feuer aus und das Lager war halb fertig.

जब वे बहस कर रहे थे, तब आग बुझी हुई थी और शिविर आधा तैयार था।

In der Zwischenzeit waren die Hunde unterkühlt und hatten nichts zu fressen.

इस बीच, कुत्ते ठंड से ठिठुरते रहे और उन्हें भोजन भी नहीं मिला।

Mercedes hegte einen Groll, den sie als zutiefst persönlich betrachtete.

मर्सिडीज़ के पास एक शिकायत थी जिसे वह बेहद निजी मानती थी।

Sie fühlte sich als Frau misshandelt und fühlte sich ihrer Privilegien beraubt.

उन्होंने महसूस किया कि एक महिला के रूप में उनके साथ दुर्व्यवहार किया गया तथा उन्हें विशेषाधिकारों से वंचित रखा गया।

Sie war hübsch und sanft und pflegte ihr ganzes Leben lang ritterliche Gesten.

वह सुन्दर और कोमल थी, तथा जीवन भर शिष्टता से काम लेती रही।

Doch ihr Mann und ihr Bruder begegneten ihr nun mit Ungeduld.

लेकिन अब उसके पति और भाई उसके साथ अधीरता से पेश आने लगे।

Sie hatte die Angewohnheit, sich hilflos zu verhalten, und sie begannen, sich zu beschweren.

उसकी आदत असहाय होने का नाटक करने की थी, और वे शिकायत करने लगे।

Sie war davon beleidigt und machte ihnen das Leben noch schwerer.

इससे नाराज होकर उसने उनका जीवन और भी कठिन बना दिया।

Sie ignorierte die Hunde und bestand darauf, den Schlitten selbst zu fahren.

उसने कुत्तों की उपेक्षा की और स्वयं स्लेज की सवारी करने पर जोर दिया।

Obwohl sie von leichter Gestalt war, wog sie fünfundvierzig Kilo.

यद्यपि वह देखने में गोरी थी, परन्तु उसका वजन एक सौ बीस पाउंड था।

Diese zusätzliche Belastung war zu viel für die hungernden, schwachen Hunde.

भूखे, कमज़ोर कुत्तों के लिए यह अतिरिक्त बोझ बहुत ज़्यादा था।

Trotzdem ritt sie tagelang, bis die Hunde in den Zügeln zusammenbrachen.

फिर भी, वह कई दिनों तक घुड़सवारी करती रही, जब तक कि कुत्ते लगाम में फंसकर थक नहीं गए।

Der Schlitten stand still und Charles und Hal baten sie, zu laufen.

स्लेज वहीं खड़ी रही और चार्ल्स और हैल ने उससे चलने की विनती की।

Sie flehten und flehten, aber sie weinte und nannte sie grausam.

उन्होंने बहुत विनती की, अनुनय-विनय की, लेकिन वह रोती रही और उन्हें क्रूर कहती रही।

Einmal zogen sie sie mit purer Kraft und Wut vom Schlitten.

एक अवसर पर, उन्होंने उसे बहुत बल और क्रोध के साथ स्लेज से नीचे खींच लिया।

Nach dem, was damals passiert ist, haben sie es nie wieder versucht.

उस बार जो हुआ उसके बाद उन्होंने दोबारा कभी प्रयास नहीं किया।

Sie wurde schlaff wie ein verwöhntes Kind und setzte sich in den Schnee.

वह एक बिगड़ैल बच्चे की तरह लंगड़ाती हुई बर्फ में बैठ गयी।

Sie gingen weiter, aber sie weigerte sich aufzustehen oder ihnen zu folgen.

वे आगे बढ़ गए, लेकिन उसने उठने या उनके पीछे आने से इनकार कर दिया।

Nach drei Meilen hielten sie an, kehrten um und trugen sie zurück.

तीन मील चलने के बाद वे रुके, वापस लौटे और उसे वापस ले गए।

Sie luden sie wieder auf den Schlitten, wobei sie erneut rohe Gewalt anwandten.

उन्होंने पुनः पूरी ताकत लगाकर उसे स्लेज पर लाद दिया।

In ihrem tiefen Elend zeigten sie gegenüber dem Leid der Hunde keine Skrupel.

अपनी गहरी व्यथा में वे कुत्तों की पीड़ा के प्रति उदासीन थे।

Hal glaubte, man müsse sich abhärten und zwang anderen diesen Glauben auf.

हैल का मानना था कि व्यक्ति को कठोर होना चाहिए और उसने यह विश्वास दूसरों पर भी थोपा।

Er versuchte zunächst, seiner Schwester seine Philosophie zu predigen

उन्होंने सबसे पहले अपनी बहन को अपना दर्शनशास्त्र समझाने की कोशिश की।

und dann predigte er erfolglos seinem Schwager.

और फिर, सफलता न मिलने पर, उसने अपने बहनोई को उपदेश दिया।

Bei den Hunden hatte er mehr Erfolg, aber nur, weil er ihnen weh tat.

कुत्तों के साथ उसे अधिक सफलता मिली, लेकिन केवल इसलिए क्योंकि उसने उन्हें चोट पहुंचाई थी।

Bei Five Fingers ist das Hundefutter komplett ausgegangen.

फाइव फिंगर्स में कुत्तों के लिए भोजन पूरी तरह से ख़त्म हो गया।

Eine zahnlose alte Squaw verkaufte ein paar Pfund gefrorenes Pferdeleder

एक दंतहीन बूढ़ी महिला ने कुछ पाउंड जमे हुए घोड़े की खाल बेची

Hal tauschte seinen Revolver gegen das getrocknete Pferdefell.

हैल ने अपनी रिवाल्वर को सूखे घोड़े की खाल के बदले बेच दिया।

Das Fleisch stammte von den Pferden der Viehzüchter, die Monate zuvor verhungert waren.

यह मांस महीनों पहले भूखे पशुपालकों के घोड़ों से लाया गया था।

Gefroren war die Haut wie verzinktes Eisen: zäh und ungenießbar.

जमने पर चमड़ा लोहे की तरह सख्त और अखाद्य हो गया था।

Die Hunde mussten endlos auf dem Fell herumkauen, um es zu fressen.

कुत्तों को खाल को खाने के लिए उसे लगातार चबाना पड़ा।

Doch die ledrigen Fäden und das kurze Haar waren kaum Nahrung.

लेकिन चमड़े की डोरियाँ और छोटे बाल पोषण के लिए बिलकुल भी उपयुक्त नहीं थे।

Das Fell war größtenteils irritierend und kein echtes Nahrungsmittel.

खाल का अधिकांश भाग परेशान करने वाला था, तथा सही मायनों में भोजन नहीं था।

Und während all dem taumelte Buck vorne herum, wie in einem Albtraum.

और इस सबके बीच, बक किसी बुरे सपने की तरह आगे की ओर लड़खड़ाता रहा।

Er zog, wenn er dazu in der Lage war; wenn nicht, blieb er liegen, bis er mit einer Peitsche oder einem Knüppel hochgehoben wurde.

जब सक्षम होता तो वह खींचता था; जब सक्षम नहीं होता तो तब तक लेटा रहता था जब तक चाबुक या डंडे से उसे उठाया नहीं जाता था।

Sein feines, glänzendes Fell hatte jegliche Steifheit und jeglichen Glanz verloren, den es einst hatte.

उसके सुन्दर, चमकदार बालों की सारी कठोरता और चमक खत्म हो गई थी।

Sein Haar hing schlaff herunter, war zerzaust und mit getrocknetem Blut von den Schlägen verklebt.

उसके बाल लटक रहे थे, उलझे हुए थे, और मार से सूखे खून से जम गए थे।

Seine Muskeln schrumpften zu Sehnen und seine Fleischpolster waren völlig abgenutzt.

उसकी मांसपेशियाँ सिकुड़कर तार जैसी हो गयी थीं, और उसकी मांस-तंतु सब घिस गये थे।

Jede Rippe, jeder Knochen war deutlich durch die Falten der runzligen Haut zu sehen.

प्रत्येक पसली, प्रत्येक हड्डी झुर्रीदार त्वचा की तहों के माध्यम से स्पष्ट रूप से दिखाई दे रही थी।

Es war herzzerreißend, doch Bucks Herz konnte nicht brechen.

यह हृदय विदारक था, फिर भी बक का दिल नहीं टूट सका।

Der Mann im roten Pullover hatte das getestet und vor langer Zeit bewiesen.

लाल स्वेटर वाले व्यक्ति ने बहुत पहले ही इसका परीक्षण कर लिया था और इसे सिद्ध भी कर दिया था।

So wie es bei Buck war, war es auch bei allen seinen übrigen Teamkollegen.

जैसा बक के साथ हुआ, वैसा ही उसके सभी शेष साथियों के साथ भी हुआ।

Insgesamt waren es sieben, jeder einzelne ein wandelndes Skelett des Elends.

कुल सात लोग थे, जिनमें से प्रत्येक दुख का चलता-फिरता कंकाल था।

Sie waren gegenüber den Peitschenhieben taub geworden und spürten nur noch entfernten Schmerz.

वे कोड़ों के प्रति सुन्न हो गए थे, केवल दूर का दर्द ही महसूस कर रहे थे।

Sogar Bild und Ton erreichten sie nur schwach, wie durch dichten Nebel.

यहां तक कि दृश्य और ध्वनि भी उन तक धुंधले रूप से पहुंचती थी, जैसे घने कोहरे के माध्यम से।

Sie waren nicht halb lebendig – es waren Knochen mit schwachen Funken darin.

वे आधे जीवित नहीं थे - वे हड्डियाँ थीं जिनके अन्दर मंद चिंगारियाँ थीं।

Als sie angehalten wurden, brachen sie wie Leichen zusammen, ihre Funken waren fast erloschen.

जब उन्हें रोका गया तो वे लाशों की तरह गिर पड़े, उनकी चिंगारियां लगभग खत्म हो गईं।

Und als die Peitsche oder der Knüppel erneut zuschlug, sprühten schwache Funken.

और जब चाबुक या डंडा दोबारा मारा जाता तो चिंगारियां कमजोर ढंग से फड़फड़ातीं।

Dann erhoben sie sich, taumelten vorwärts und schleiften ihre Gliedmaßen vor sich her.

फिर वे उठे, लड़खड़ाते हुए आगे बढ़े और अपने अंगों को घसीटते हुए आगे बढ़े।

Eines Tages stürzte der nette Billee und konnte überhaupt nicht mehr aufstehen.

एक दिन दयालु बिली गिर पड़ी और फिर उठ न सकी।

Hal hatte seinen Revolver eingetauscht und benutzte stattdessen eine Axt, um Billee zu töten.

हैल ने अपनी रिवाल्वर बेच दी थी, इसलिए उसने बिली को मारने के लिए कुल्हाड़ी का इस्तेमाल किया।

Er schlug ihm auf den Kopf, schnitt dann seinen Körper los und schleifte ihn weg.

उसने उसके सिर पर वार किया, फिर उसके शरीर को काटकर अलग कर दिया और उसे घसीटकर ले गया।

Buck sah dies und die anderen auch; sie wussten, dass der Tod nahe war.

बक ने यह देखा, और अन्य लोगों ने भी; वे जानते थे कि मृत्यु निकट है।

Am nächsten Tag ging Koona und ließ nur fünf Hunde im hungernden Team zurück.

अगले दिन कूना चला गया, और भूखे दल में केवल पांच कुत्ते रह गए।

Joe war nicht länger gemein, sondern zu weit weg, um überhaupt noch viel mitzubekommen.

जो अब दुष्ट नहीं रहा, वह इतना दूर चला गया था कि उसे कुछ भी पता नहीं था।

Pike täuschte seine Verletzung nicht länger vor und war kaum bei Bewusstsein.

पाइक अब चोट का नाटक नहीं कर रहा था, वह लगभग बेहोश था।

Solleks, der immer noch treu war, beklagte, dass er nicht mehr die Kraft hatte, etwas zu geben.

सोलेक्स, जो अभी भी वफादार था, शोक मनाता रहा कि उसके पास देने के लिए कोई ताकत नहीं थी।

Teek wurde am häufigsten geschlagen, weil er frischer war, aber schnell nachließ.

टीक को सबसे अधिक इसलिए हराया गया क्योंकि वह नया था, लेकिन तेजी से कमजोर होता जा रहा था।

Und Buck, der immer noch in Führung lag, sorgte nicht länger für Ordnung und setzte sie auch nicht durch.

और बक, जो अभी भी नेतृत्व में था, अब न तो व्यवस्था बनाए रखता था और न ही उसे लागू करता था।

Halb blind vor Schwäche folgte Buck der Spur nur nach Gefühl.

कमजोरी के कारण आधा अंधा होकर बक अकेले ही मार्ग का अनुसरण करता रहा।

Es war schönes Frühlingswetter, aber keiner von ihnen bemerkte es.

मौसम बहुत सुंदर था, लेकिन किसी ने इस पर ध्यान नहीं दिया।

Jeden Tag ging die Sonne früher auf und später unter als zuvor.

प्रत्येक दिन सूर्य पहले की अपेक्षा पहले उदय होता था और बाद में अस्त होता था।

Um drei Uhr morgens dämmerte es, die Dämmerung dauerte bis neun Uhr.

सुबह तीन बजे तक भोर हो गई, तथा अँधेरा नौ बजे तक जारी रहा।

Die langen Tage waren erfüllt von der vollen Strahlkraft des Frühlingssonnenscheins.

लम्बे दिन वसंत की धूप की पूरी चमक से भरे हुए थे।

Die gespenstische Stille des Winters hatte sich in ein warmes Murmeln verwandelt.

सर्दियों की भूतिया खामोशी एक गर्म बड़बड़ाहट में बदल गई थी।

Das ganze Land erwachte und war erfüllt von der Freude am Leben.

सारी धरती जाग रही थी, जीवित प्राणियों के आनंद से जीवंत।

Das Geräusch kam von etwas, das den Winter über tot und reglos dagelegen hatte.

यह ध्वनि उस चीज़ से आ रही थी जो सर्दियों के दौरान मृत और स्थिर पड़ी थी।

Jetzt bewegten sich diese Dinger wieder und schüttelten den langen Frostschlaf ab.

अब, वे चीजें फिर से हिलने लगीं, जिससे लम्बी ठंडी नींद टूट गई।

Saft stieg durch die dunklen Stämme der wartenden Kiefern.

प्रतीक्षारत देवदार के पेड़ों के काले तनों से रस निकल रहा था।

An jedem Zweig von Weiden und Espen treiben leuchtende junge Knospen aus.

विलो और ऐस्पन की प्रत्येक टहनी पर चमकीली युवा कलियाँ फूटती हैं।

Sträucher und Weinreben erstrahlten in frischem Grün, als der Wald zum Leben erwachte.

जंगल जीवंत हो गया और झाड़ियाँ और लताएँ हरी हो गईं।

Nachts zirpten Grillen und in der Sonne krabbelten Käfer.

रात में झींगुर चहचहाते थे और दिन के उजाले में कीड़े रेंगते थे।

Rebhühner dröhnten und Spechte klopften tief in den Bäumen.

तीतरों की दहाड़ सुनाई दी और कठफोड़वे पेड़ों की गहराई में दस्तक देने लगे।

Eichhörnchen schnatterten, Vögel sangen und Gänse schnatterten über den Hunden.

गिलहरियाँ चहचहा रही थीं, पक्षी गा रहे थे, और हंस कुत्तों के ऊपर भौंक रहे थे।

Das Wildgeflügel kam in scharfen Keilen und flog aus dem Süden heran.

जंगली पक्षी तीखे पंखों के साथ दक्षिण दिशा से उड़ते हुए आये।

Von jedem Hügel ertönte die Musik verborgener, rauschender Bäche.

हर पहाड़ी से छुपी हुई, तेज़ बहती धाराओं का संगीत आ रहा था।

Alles taute auf, brach, bog sich und geriet wieder in Bewegung.

सभी चीजें पिघल गईं, टूट गईं, मुड़ गईं और पुनः गति में आ गईं।

Der Yukon bemühte sich, die Kälteketten des gefrorenen Eises zu durchbrechen.

युकोन ने जमी हुई बर्फ की शीत श्रृंखलाओं को तोड़ने के लिए कड़ी मेहनत की।

Das Eis schmolz von unten, während die Sonne es von oben zum Schmelzen brachte.

बर्फ नीचे से पिघल रही थी, जबकि सूरज उसे ऊपर से पिघला रहा था।

Luftlöcher öffneten sich, Risse breiteten sich aus und Brocken fielen in den Fluss.

हवा के छिद्र खुल गए, दरारें फैल गईं और टुकड़े नदी में गिरने लगे।

Inmitten dieses pulsierenden und lodernden Lebens taumelten die Reisenden.

इस भागदौड़ भरी जिंदगी के बीच यात्री लड़खड़ा रहे थे।

Zwei Männer, eine Frau und ein Rudel Huskys liefen wie die Toten.

दो पुरुष, एक महिला और हस्की (एक प्रकार का पक्षी) का एक झुंड मरे हुए लोगों की तरह चल रहे थे।

Die Hunde fielen, Mercedes weinte, fuhr aber immer noch Schlitten.

कुत्ते गिर रहे थे, मर्सिडीज रो रही थी, लेकिन फिर भी स्लेज पर सवार थी।

Hal fluchte schwach und Charles blinzelte mit tränenden Augen.

हैल ने कमजोर स्वर में कोसा और चार्ल्स ने नम आंखों से पलकें झपकाईं।

Sie stolperten in John Thorntons Lager an der Mündung des White River.

वे व्हाइट नदी के मुहाने पर जॉन थॉर्नटन के शिविर में पहुंचे।

Als sie anhielten, fielen die Hunde flach um, als wären sie alle tot.

जब वे रुके तो कुत्ते नीचे गिर पड़े, मानो सभी मर गए हों।

Mercedes wischte sich die Tränen ab und sah zu John Thornton hinüber.

मर्सिडीज ने अपने आँसू पोंछे और जॉन थॉर्नटन की ओर देखा।

Charles saß langsam und steif auf einem Baumstamm, mit Schmerzen vom Weg.

चार्ल्स एक लकड़ी के लट्ठे पर धीरे-धीरे और अकड़कर बैठा, उसे रास्ते में दर्द हो रहा था।

Hal redete, während Thornton das Ende eines Axtstiels schnitzte.

हैल ने बात की, जबकि थॉर्नटन ने कुल्हाड़ी के हैंडल का अंत तराशा।

Er schnitzte Birkenholz und antwortete mit kurzen, bestimmten Antworten.

उसने सन्टी की लकड़ी को छीला और संक्षिप्त, दृढ़ उत्तर दिया।

Wenn man ihn fragte, gab er Ratschläge, war sich jedoch sicher, dass diese nicht befolgt würden.

जब उनसे पूछा गया तो उन्होंने सलाह दी, लेकिन उन्हें यकीन था कि इसका पालन नहीं किया जाएगा।

Hal erklärte: „Sie sagten uns, dass das Eis auf dem Weg schmelzen würde."

हैल ने बताया, "उन्होंने हमें बताया कि रास्ते से बर्फ पिघल रही है।"

„Sie sagten, wir sollten bleiben, wo wir waren – aber wir haben es bis nach White River geschafft."

"उन्होंने कहा कि हमें यहीं रुकना चाहिए - लेकिन हम व्हाइट रिवर तक पहुंच गए।"

Er schloss mit höhnischem Ton, als wolle er einen Sieg in der Not für sich beanspruchen.

उन्होंने व्यंग्यात्मक लहजे में अपनी बात समाप्त की, मानो कठिनाई में विजय का दावा कर रहे हों।

„Und sie haben dir die Wahrheit gesagt", antwortete John Thornton Hal ruhig.

"और उन्होंने तुम्हें सच बताया," जॉन थॉर्नटन ने हैल को शांति से उत्तर दिया।

„Das Eis kann jeden Moment nachgeben – es ist kurz davor, abzufallen."

"बर्फ किसी भी क्षण टूट सकती है - यह गिरने के लिए तैयार है।"

„Nur durch blindes Glück und ein paar Narren wäre es möglich gewesen, lebend so weit zu kommen.“

"केवल अंधे भाग्य और मूर्ख ही इतनी दूर तक जीवित बच सकते थे।"

„Ich sage es Ihnen ganz offen: Ich würde mein Leben nicht für alles Gold Alaskas riskieren.“

"मैं आपको स्पष्ट रूप से बताता हूं, मैं अलास्का के सारे सोने के लिए अपनी जान जोखिम में नहीं डालूंगा।"

„Das liegt wohl daran, dass Sie kein Narr sind“, antwortete Hal.

"ऐसा इसलिए है क्योंकि आप मूर्ख नहीं हैं, मुझे लगता है," हैल ने उत्तर दिया।

„Trotzdem fahren wir weiter nach Dawson.“ Er rollte seine Peitsche ab.

"फिर भी, हम डाउसन की ओर चलेंगे।" उसने अपना चाबुक निकाला।

„Komm rauf, Buck! Hallo! Steh auf! Los!“, rief er barsch.

"वहाँ चढ़ जाओ, बक! हाय! उठो! चलो!" वह कठोरता से चिल्लाया।

Thornton schnitzte weiter, wohl wissend, dass Narren nicht auf Vernunft hören.

थॉर्नटन लगातार नक्काशी करते रहे, क्योंकि उन्हें पता था कि मूर्ख लोग तर्क नहीं सुनेंगे।

Einen Narren aufzuhalten war sinnlos – und zwei oder drei Narren änderten nichts.

एक मूर्ख को रोकना व्यर्थ था - और दो या तीन बार मूर्ख बनाये जाने से कुछ नहीं बदलता।

Doch als das Team Hal's Befehl hörte, bewegte es sich nicht.

लेकिन हैल के आदेश पर भी टीम आगे नहीं बढ़ी।

Jetzt konnten sie nur noch durch Schläge wieder auf die Beine kommen und weiterkommen.

अब तक केवल प्रहार से ही उन्हें उठाया जा सकता था और आगे खींचा जा सकता था।

Immer wieder knallte die Peitsche über die geschwächten Hunde.

कमज़ोर कुत्तों पर बार-बार चाबुक बरसाया गया।

John Thornton presste die Lippen fest zusammen und sah schweigend zu.

जॉन थॉर्नटन ने अपने होठों को कसकर दबाया और चुपचाप देखता रहा।

Solleks war der Erste, der unter der Peitsche auf die Beine kam.

सोलेक्स कोड़े की मार के नीचे रेंगकर अपने पैरों पर खड़ा होने वाला पहला व्यक्ति था।

Dann folgte Teek zitternd. Joe schrie auf, als er stolperte.

फिर टीक कांपता हुआ उसके पीछे आया। जो लड़खड़ाते हुए उठा और चिल्लाया।

Pike versuchte aufzustehen, scheiterte zweimal und stand schließlich unsicher da.

पाइक ने उठने की कोशिश की, दो बार असफल रहा, फिर अंततः अस्थिर होकर खड़ा हो गया।

Aber Buck blieb liegen, wo er hingefallen war, und bewegte sich dieses Mal überhaupt nicht.

लेकिन बक वहीं पड़ा रहा जहां वह गिरा था, इस बार वह बिल्कुल भी नहीं हिला।

Die Peitsche schlug immer wieder auf ihn ein, aber er gab keinen Laut von sich.

कोड़े ने उसे बार-बार मारा, लेकिन उसने कोई आवाज नहीं की।

Er zuckte nicht zusammen und wehrte sich nicht, sondern blieb einfach still und ruhig.

वह न तो झुका और न ही प्रतिरोध किया, बस शांत और स्थिर रहा।

Thornton rührte sich mehr als einmal, als wolle er etwas sagen, tat es aber nicht.

थॉर्नटन एक से अधिक बार हिला, मानो बोलना चाहता हो, लेकिन बोला नहीं।

Seine Augen wurden feucht und immer noch knallte die Peitsche gegen Buck.

उसकी आँखें नम हो गईं, और फिर भी कोड़ा बक पर टूट पड़ा।

Schließlich begann Thornton langsam auf und ab zu gehen, unsicher, was er tun sollte.

अंततः थॉर्नटन धीरे-धीरे चलने लगा, उसे समझ में नहीं आ रहा था कि क्या करे।

Es war das erste Mal, dass Buck versagt hatte, und Hal wurde wütend.

यह पहली बार था जब बक असफल हुआ था, और हैल क्रोधित हो गया।

Er warf die Peitsche weg und nahm stattdessen die schwere Keule.

उसने चाबुक फेंक दिया और उसकी जगह भारी डंडा उठा लिया।

Der Holzknüppel schlug hart auf, aber Buck stand immer noch nicht auf, um sich zu bewegen.

लकड़ी का डंडा जोर से नीचे गिरा, लेकिन बक फिर भी हिलने के लिए नहीं उठा।

Wie seine Teamkollegen war er zu schwach – aber mehr als das.

अपने साथियों की तरह वह भी बहुत कमज़ोर था - लेकिन उससे भी अधिक।

Buck hatte beschlossen, sich nicht zu bewegen, egal was als Nächstes passieren würde.

बक ने निर्णय कर लिया था कि वह आगे नहीं बढ़ेगा, चाहे आगे कुछ भी हो।

Er spürte, wie etwas Dunkles und Bestimmtes direkt vor ihm schwebte.

उसे लगा कि कुछ अंधकारमय और निश्चित चीज़ उसके सामने ही मँडरा रही है।

Diese Angst hatte ihn ergriffen, sobald er das Flussufer erreicht hatte.

नदी किनारे पहुंचते ही उस भय ने उसे जकड़ लिया।

Dieses Gefühl hatte ihn nicht verlassen, seit er das Eis unter seinen Pfoten dünner werden fühlte.

जब से उसने अपने पंजों के नीचे बर्फ की पतली परत को महसूस किया था, तब से यह एहसास उसके अंदर से खत्म नहीं हुआ था।

Etwas Schreckliches wartete – er spürte es gleich weiter unten auf dem Weg.

कुछ भयानक चीज़ उसकी प्रतीक्षा कर रही थी - उसे यह अहसास रास्ते के नीचे ही हुआ।

Er würde nicht auf das Schreckliche vor ihm zugehen

वह उस भयानक चीज़ की ओर नहीं जा रहा था जो आगे आने वाली थी

Er würde keinem Befehl gehorchen, der ihn zu diesem Ding führte.

वह किसी भी आदेश का पालन नहीं करने वाला था जो उसे उस चीज़ तक ले जाता।

Der Schmerz der Schläge war für ihn kaum noch spürbar, er war zu weit weg.

अब उसे मार का दर्द भी महसूस नहीं हो रहा था - वह बहुत दूर जा चुका था।

Der Funke des Lebens flackerte schwach und erlosch unter jedem grausamen Schlag.

जीवन की चिंगारी धीमी गति से टिमटिमा रही थी, प्रत्येक क्रूर प्रहार के नीचे मंद पड़ रही थी।

Seine Glieder fühlten sich fremd an, sein ganzer Körper schien einem anderen zu gehören.

उसके अंग दूर-दूर लग रहे थे; उसका पूरा शरीर किसी और का लग रहा था।

Er spürte eine seltsame Taubheit, als der Schmerz vollständig nachließ.

जैसे ही दर्द पूरी तरह खत्म हुआ, उसे एक अजीब सी सुन्नता महसूस हुई।

Aus der Ferne spürte er, dass er geschlagen wurde, aber er wusste es kaum.

दूर से उसे महसूस हो गया कि उसे पीटा जा रहा है, लेकिन उसे इसका पता नहीं चला।

Er konnte die Schläge schwach hören, aber sie taten nicht mehr wirklich weh.

वह धमाकों की हल्की आवाज सुन सकता था, लेकिन अब उनसे कोई वास्तविक चोट नहीं लगती थी।

Die Schläge trafen, aber sein Körper schien nicht mehr sein eigener zu sein.

वार तो हुए, लेकिन उसका शरीर अब उसका अपना नहीं लग रहा था।

Dann stieß John Thornton plötzlich und ohne Vorwarnung einen wilden Schrei aus.

तभी अचानक, बिना किसी चेतावनी के, जॉन थॉर्नटन ने जोर से चीख मारी।

Es war unartikuliert, eher der Schrei eines Tieres als eines Menschen.

यह अस्पष्ट थी, मनुष्य की नहीं, बल्कि पशु की चीख थी।

Er sprang mit der Keule auf den Mann zu und stieß Hal nach hinten.

वह डंडा लिए हुए आदमी पर झपटा और हैल को पीछे की ओर गिरा दिया।

Hal flog, als wäre er von einem Baum getroffen worden, und landete hart auf dem Boden.

हैल ऐसे उड़ा जैसे किसी पेड़ से टकराया हो, और जोर से ज़मीन पर गिरा।

Mercedes schrie laut vor Panik und umklammerte ihr Gesicht.

मर्सिडीज़ घबराहट में जोर से चिल्लाई और अपना चेहरा पकड़ लिया।

Charles sah nur zu, wischte sich die Augen und blieb sitzen.

चार्ल्स केवल देखता रहा, अपनी आंखें पोंछता रहा और बैठा रहा।

Sein Körper war vor Schmerzen zu steif, um aufzustehen oder beim Kampf mitzuhelfen.

उसका शरीर दर्द से इतना अकड़ गया था कि वह उठ नहीं सका या लड़ाई में मदद नहीं कर सका।

Thornton stand über Buck, zitterte vor Wut und konnte nicht sprechen.

थॉर्नटन बक के पास खड़ा था, क्रोध से कांप रहा था, बोल नहीं पा रहा था।

Er zitterte vor Wut und kämpfte darum, trotz allem seine Stimme wiederzufinden.

वह क्रोध से कांप उठा और अपनी आवाज निकालने की कोशिश करने लगा।

„Wenn du den Hund noch einmal schlägst, bringe ich dich um", sagte er schließlich.

अंत में उसने कहा, "अगर तुमने उस कुत्ते पर दोबारा हमला किया तो मैं तुम्हें मार डालूंगा।"

Hal wischte sich das Blut aus dem Mund und kam wieder nach vorne.

हैल ने अपने मुंह से खून पोंछा और पुनः आगे आया।

„Es ist mein Hund", murmelte er. „Geh mir aus dem Weg, sonst kriege ich dich wieder in Ordnung."

"यह मेरा कुत्ता है," वह बुदबुदाया। "रास्ते से हट जाओ, नहीं तो मैं तुम्हें मार डालूँगा।"

„Ich gehe nach Dawson und Sie halten mich nicht auf", fügte er hinzu.

उन्होंने कहा, "मैं डाउसन जा रहा हूं और आप मुझे रोक नहीं रहे हैं।"

Thornton stand fest zwischen Buck und dem wütenden jungen Mann.

बक और क्रोधित युवक के बीच थॉर्नटन मजबूती से खड़ा रहा।

Er hatte nicht die Absicht, zur Seite zu treten oder Hal vorbeizulassen.

उसका एक तरफ हटने या हैल को जाने देने का कोई इरादा नहीं था।

Hal zog sein Jagdmesser heraus, das lang und gefährlich in der Hand lag.

हैल ने अपना शिकार करने वाला चाकू निकाला, जो हाथ में लम्बा और खतरनाक था।

Mercedes schrie, dann weinte sie und lachte dann in wilder Hysterie.

मर्सिडीज पहले चीखी, फिर रोई, फिर उन्माद में हंसने लगी।

Thornton schlug mit dem Axtstiel hart und schnell auf Hals Hand.

थॉर्नटन ने अपनी कुल्हाड़ी के हैंडल से हैल के हाथ पर जोरदार और तेज प्रहार किया।

Das Messer wurde aus Hals Griff gerissen und flog zu Boden.

चाकू हेल की पकड़ से छूटकर ज़मीन पर गिर गया।

Hal versuchte, das Messer aufzuheben, und Thornton klopfte erneut auf seine Fingerknöchel.

हैल ने चाकू उठाने की कोशिश की, और थॉर्नटन ने फिर से उसकी अंगुलियों पर थपकी दी।

Dann bückte sich Thornton, griff nach dem Messer und hielt es fest.

तभी थॉर्नटन नीचे झुका, चाकू पकड़ लिया और उसे पकड़ लिया।

Mit zwei schnellen Hieben des Axtstiels zerschnitt er Bucks Zügel.

कुल्हाड़ी के हैंडल के दो तेज वार से उसने बक की लगाम काट दी।

Hal hatte keine Kraft mehr, sich zu wehren, und trat von dem Hund zurück.

हैल में लड़ने की कोई क्षमता नहीं बची थी और वह कुत्ते से पीछे हट गया।

Außerdem brauchte Mercedes jetzt beide Arme, um aufrecht zu bleiben.

इसके अलावा, मर्सिडीज को अब सीधा खड़े रहने के लिए दोनों हाथों की जरूरत थी।

Buck war dem Tod zu nahe, um noch einmal einen Schlitten ziehen zu können.

बक मौत के इतने करीब था कि वह फिर से स्लेज खींचने के काम में नहीं आ सका।

Ein paar Minuten später legten sie ab und fuhren flussabwärts.

कुछ मिनट बाद वे नदी की ओर बढ़ चले।

Buck hob schwach den Kopf und sah ihnen nach, wie sie die Bank verließen.

बक ने कमज़ोरी से अपना सिर उठाया और उन्हें बैंक से बाहर जाते हुए देखा।

Pike führte das Team an, mit Solleks am Ende des Feldes.

पाइक ने टीम का नेतृत्व किया, जबकि सोलेक्स व्हील स्पॉट पर सबसे पीछे थे।

Joe und Teek gingen dazwischen, beide humpelten vor Erschöpfung.

जो और टीक दोनों ही थकान के कारण लंगड़ाते हुए उनके बीच से गुजरे।

Mercedes saß auf dem Schlitten und Hal hielt die lange Lenkstange fest.

मर्सिडीज़ स्लेज पर बैठ गई और हैल ने लंबे जी-पोल को पकड़ लिया।

Charles stolperte hinterher, seine Schritte waren unbeholfen und unsicher.

चार्ल्स पीछे से लड़खड़ाता हुआ आया, उसके कदम अनाड़ी और अनिश्चित थे।

Thornton kniete neben Buck und tastete vorsichtig nach gebrochenen Knochen.

थॉर्नटन बक के पास घुटनों के बल बैठ गया और धीरे से टूटी हड्डियों को छूने लगा।

Seine Hände waren rau, bewegten sich aber mit Freundlichkeit und Sorgfalt.

उसके हाथ खुरदरे थे, लेकिन दयालुता और देखभाल से चलते थे।

Bucks Körper wies Blutergüsse auf, wies jedoch keine bleibenden Verletzungen auf.

बक के शरीर पर चोटें थीं, लेकिन कोई स्थायी चोट नहीं थी।

Zurück blieben schrecklicher Hunger und nahezu völlige Schwäche.

जो बचा वह था भयंकर भूख और लगभग पूर्ण कमजोरी।

Als dies klar wurde, war der Schlitten bereits weit flussabwärts gefahren.

जब तक यह बात स्पष्ट हुई, स्लेज नदी में काफी दूर जा चुकी थी।

Mann und Hund sahen zu, wie der Schlitten langsam über das knackende Eis kroch.

आदमी और कुत्ते ने स्लेज को धीरे-धीरे टूटती बर्फ पर रेंगते हुए देखा।

Dann sahen sie, wie der Schlitten in eine Mulde sank.

तभी उन्होंने देखा कि स्लेज एक गड्ढे में डूब गई।

Die Gee-Stange flog in die Höhe, und Hal klammerte sich immer noch vergeblich daran fest.

जी-पोल उड़ गया, और हेल अभी भी व्यर्थ ही उससे चिपका हुआ था।

Mercedes' Schrei erreichte sie über die kalte Ferne.

मर्सिडीज़ की चीख दूर-दूर तक उन तक पहुंची।

Charles drehte sich um und trat zurück – aber er war zu spät.

चार्ल्स मुड़ा और पीछे हट गया - लेकिन तब तक बहुत देर हो चुकी थी।

Eine ganze Eisdecke brach nach und sie alle fielen hindurch.

पूरी बर्फ की चादर टूट गई और वे सभी नीचे गिर गए।

Hunde, Schlitten und Menschen verschwanden im schwarzen Wasser darunter.

कुत्ते, स्लेज और लोग नीचे काले पानी में गायब हो गए।

An der Stelle, an der sie vorbeigekommen waren, war nur ein breites Loch im Eis zurückgeblieben.

जहां से वे गुजरे थे वहां बर्फ में केवल एक चौड़ा छेद रह गया था।

Der Boden des Pfades war nach unten abgesunken – genau wie Thornton gewarnt hatte.

पगडंडी का निचला हिस्सा ढह चुका था - ठीक वैसे ही जैसा कि थॉर्नटन ने चेतावनी दी थी।

Thornton und Buck sahen sich einen Moment lang schweigend an.

थॉर्नटन और बक एक दूसरे की ओर देखते रहे, एक क्षण के लिए चुप हो गए।

„Du armer Teufel", sagte Thornton leise und Buck leckte ihm die Hand.

"तुम बेचारे शैतान हो," थॉर्नटन ने धीरे से कहा, और बक ने अपना हाथ चाटा।

Aus Liebe zu einem Mann
एक आदमी के प्यार के लिए

John Thornton erfror in der Kälte des vergangenen Dezembers seine Füße.

पिछले दिसंबर की ठंड में जॉन थॉर्नटन के पैर जम गए थे।

Seine Partner machten es ihm bequem und ließen ihn allein genesen.

उनके सहयोगियों ने उन्हें सहज महसूस कराया और उन्हें अकेले ही ठीक होने के लिए छोड़ दिया।

Sie fuhren den Fluss hinauf, um ein Floß mit Sägestämmen für Dawson zu holen.

वे डाउसन के लिए लकड़ियों का एक बेड़ा इकट्ठा करने नदी पर गए।

Er humpelte noch leicht, als er Buck vor dem Tod rettete.

जब उन्होंने बक को मौत से बचाया तब भी वह थोड़ा लंगड़ा रहे थे।

Aber bei anhaltend warmem Wetter verschwand sogar dieses Hinken.

लेकिन गर्म मौसम जारी रहने के कारण वह लंगड़ाहट भी गायब हो गई।

Buck ruhte sich an langen Frühlingstagen am Flussufer aus.

लंबे वसंत के दिनों में नदी के किनारे लेटकर बक आराम करता था।

Er beobachtete das fließende Wasser und lauschte den Vögeln und Insekten.

वह बहते पानी को देखता और पक्षियों और कीड़ों की आवाजें सुनता।

Langsam erlangte Buck unter Sonne und Himmel seine Kraft zurück.

धीरे-धीरे, बक ने सूरज और आकाश के नीचे अपनी ताकत वापस पा ली।

Nach einer Reise von dreitausend Meilen war eine Pause ein wunderbares Gefühl.

तीन हजार मील की यात्रा के बाद विश्राम अद्भुत लगा।

Buck wurde träge, als seine Wunden heilten und sein Körper an Gewicht zunahm.

जैसे-जैसे उसके घाव भरते गए और शरीर भरता गया, बक आलसी होता गया।

Seine Muskeln wurden fester und das Fleisch bedeckte wieder seine Knochen.

उसकी मांसपेशियाँ मजबूत हो गईं और उसकी हड्डियों पर मांस फिर से जम गया।

Sie ruhten sich alle aus – Buck, Thornton, Skeet und Nig.

वे सभी आराम कर रहे थे - बक, थॉर्नटन, स्कीट और निग।

Sie warteten auf das Floß, das sie nach Dawson bringen sollte.

वे उस बेड़ा का इंतजार कर रहे थे जो उन्हें डाउसन तक ले जाने वाला था।

Skeet war ein kleiner Irish Setter, der sich mit Buck anfreundete.

स्कीट एक छोटा आयरिश सेटर था जिसने बक से दोस्ती कर ली थी।

Buck war zu schwach und krank, um ihr bei ihrem ersten Treffen Widerstand zu leisten.

बक इतना कमजोर और बीमार था कि पहली मुलाकात में उसका विरोध नहीं कर सका।

Skeet hatte die Heilereigenschaft, die manche Hunde von Natur aus besitzen.

स्कीट में उपचारक गुण था जो कुछ कुत्तों में स्वाभाविक रूप से पाया जाता है।

Wie eine Katzenmutter leckte und reinigte sie Bucks offene Wunden.

एक माँ बिल्ली की तरह, उसने बक के कच्चे घावों को चाटा और साफ़ किया।

Jeden Morgen nach dem Frühstück wiederholte sie ihre sorgfältige Arbeit.

हर सुबह नाश्ते के बाद, वह अपना सावधानीपूर्वक किया गया काम दोहराती थी।

Buck erwartete ihre Hilfe ebenso sehr wie die von Thornton.

बक को थॉर्नटन की तरह ही उससे भी मदद की उम्मीद थी।

Nig war auch freundlich, aber weniger offen und weniger liebevoll.

निग भी मिलनसार था, लेकिन कम खुला और कम स्नेही था।

Nig war ein großer schwarzer Hund, halb Bluthund, halb Hirschhund.

निग एक बड़ा काला कुत्ता था, जो आंशिक रूप से ब्लडहाउंड और आंशिक रूप से डियरहाउंड था।

Er hatte lachende Augen und eine unendlich gute Seele.

उसकी आँखें हँसती थीं और आत्मा में असीम अच्छा स्वभाव था।

Zu Bucks Überraschung zeigte keiner der Hunde Eifersucht ihm gegenüber.

बक को आश्चर्य हुआ कि किसी भी कुत्ते ने उसके प्रति ईर्ष्या नहीं दिखाई।

Sowohl Skeet als auch Nig erfuhren die Freundlichkeit von John Thornton.

स्कीट और निग दोनों ने जॉन थॉर्नटन की दयालुता को साझा किया।

Als Buck stärker wurde, verleiteten sie ihn zu albernen Hundespielen.

जैसे-जैसे बक मजबूत होता गया, उन्होंने उसे मूर्खतापूर्ण कुत्तों के खेलों में फंसा दिया।

Auch Thornton spielte oft mit ihnen und konnte ihrer Freude nicht widerstehen.

थॉर्नटन भी अक्सर उनके साथ खेला करते थे और उनकी खुशी को रोक नहीं पाते थे।

Auf diese spielerische Weise gelang Buck der Übergang von der Krankheit in ein neues Leben.

इस खेलपूर्ण तरीके से, बक बीमारी से निकलकर एक नए जीवन की ओर बढ़ गया।

Endlich hatte er Liebe gefunden – wahre, brennende und leidenschaftliche Liebe.

प्रेम - सच्चा, ज्वलंत और भावुक प्रेम - अंततः उसका था।

Auf Millers Anwesen hatte er diese Art von Liebe nie erlebt.

उन्होंने मिलर की संपत्ति में इस तरह का प्यार कभी नहीं देखा था।

Mit den Söhnen des Richters hatte er Arbeit und Abenteuer geteilt.

जज के बेटों के साथ उन्होंने काम और साहसिक कार्य साझा किये थे।

Bei den Enkeln sah er steifen und prahlerischen Stolz.

पोते-पोतियों के साथ उन्होंने कठोर और घमंडी गर्व देखा।

Mit Richter Miller selbst verband ihn eine respektvolle Freundschaft.

स्वयं न्यायाधीश मिलर के साथ उनकी सम्मानजनक मित्रता थी।

Doch mit Thornton kam eine Liebe, die Feuer, Wahnsinn und Anbetung war.

लेकिन वह प्रेम जो आग, पागलपन और पूजा था, थॉर्नटन के साथ आया।

Dieser Mann hatte Bucks Leben gerettet, und das allein bedeutete sehr viel.

इस आदमी ने बक की जान बचाई थी और केवल यही बात बहुत मायने रखती थी।

Aber darüber hinaus war John Thornton der ideale Meistertyp.

लेकिन इससे भी बढ़कर, जॉन थॉर्नटन एक आदर्श प्रकार के गुरु थे।

Andere Männer kümmerten sich aus Pflichtgefühl oder geschäftlicher Notwendigkeit um Hunde.

अन्य लोग कर्तव्य या व्यावसायिक आवश्यकता के कारण कुत्तों की देखभाल करते थे।

John Thornton kümmerte sich um seine Hunde, als wären sie seine Kinder.

जॉन थॉर्नटन अपने कुत्तों की देखभाल ऐसे करते थे जैसे वे उनके बच्चे हों।

Er kümmerte sich um sie, weil er sie liebte und einfach nicht anders konnte.

वह उनकी देखभाल करता था क्योंकि वह उनसे प्यार करता था और इसमें कोई मदद नहीं कर सकता था।

John Thornton sah sogar weiter, als die meisten Menschen jemals sehen konnten.

जॉन थॉर्नटन ने उससे भी अधिक दूर तक देखा जितना कि अधिकांश लोग कभी नहीं देख पाए।

Er vergaß nie, sie freundlich zu grüßen oder ein aufmunterndes Wort zu sagen.

वह उनका विनम्रतापूर्वक अभिवादन करना या उत्साहवर्धक शब्द बोलना कभी नहीं भूलते थे।

Er liebte es, mit den Hunden zusammenzusitzen und lange zu reden, oder, wie er sagte, „gasy".

उन्हें कुत्तों के साथ बैठकर लम्बी बातें करना बहुत पसंद था, या जैसा कि वे कहते थे, "गैसी"।

Er packte Bucks Kopf gern grob zwischen seinen starken Händen.

उसे बक के सिर को अपने मजबूत हाथों से जोर से पकड़ना पसंद था।

Dann lehnte er seinen Kopf an Bucks und schüttelte ihn sanft.

फिर उसने अपना सिर बक के सिर पर टिका दिया और उसे धीरे से हिलाया।

Die ganze Zeit über beschimpfte er Buck mit unhöflichen Namen, die für ihn Liebe bedeuteten.

इस दौरान वह बक को अभद्र नामों से पुकारता रहा, जो बक के लिए प्रेम का प्रतीक थे।

Buck bereiteten diese grobe Umarmung und diese Worte große Freude.

बक के लिए वह कठोर आलिंगन और वे शब्द गहरी खुशी लेकर आये।

Sein Herz schien bei jeder Bewegung vor Glück zu beben.

प्रत्येक हरकत पर उसका हृदय खुशी से उछल पड़ता था।

Als er anschließend aufsprang, sah sein Mund aus, als würde er lachen.

जब वह बाद में उछला तो उसके मुंह से ऐसा लग रहा था जैसे वह हंस रहा हो।

Seine Augen leuchteten hell und seine Kehle zitterte vor unausgesprochener Freude.

उसकी आँखें चमक उठीं और उसका गला अवर्णनीय खुशी से काँप उठा।

Sein Lächeln blieb in diesem Zustand der Ergriffenheit und glühenden Zuneigung stehen.

भावना और प्रज्वलित स्नेह की उस अवस्था में उनकी मुस्कान स्थिर रही।

Dann rief Thornton nachdenklich aus: „Gott! Er kann fast sprechen!"

तब थॉर्नटन ने सोच-विचार कर कहा, "भगवान! वह लगभग बोल सकता है!"

Buck hatte eine seltsame Art, Liebe auszudrücken, die beinahe Schmerzen verursachte.

बक का प्यार व्यक्त करने का तरीका अजीब था, जिससे लगभग दर्द होता था।

Er umklammerte Thorntons Hand oft sehr fest mit seinen Zähnen.

वह अक्सर थॉर्नटन के हाथ को अपने दांतों में कसकर पकड़ लेता था।

Der Biss würde tiefe Spuren hinterlassen, die noch einige Zeit blieben.

काटने के गहरे निशान रह गए जो कुछ समय तक बने रहे।

Buck glaubte, dass diese Eide Liebe waren, und Thornton wusste das auch.

बक का मानना था कि ये शपथें प्रेम थीं, और थॉर्नटन भी यही जानता था।

Meistens zeigte sich Bucks Liebe in stiller, fast stummer Verehrung.

अधिकतर, बक का प्रेम शांत, लगभग मौन आराधना में प्रकट होता था।

Obwohl er sich freute, wenn man ihn berührte oder ansprach, suchte er nicht nach Aufmerksamkeit.

यद्यपि उसे छूने या उससे बात करने पर वह प्रसन्न हो जाता था, फिर भी वह ध्यान आकर्षित नहीं करना चाहता था।

Skeet schob ihre Nase unter Thorntons Hand, bis er sie streichelte.

स्कीट ने अपनी नाक को थॉर्नटन के हाथ के नीचे तब तक दबाया जब तक कि उसने उसे सहलाया नहीं।

Nig kam leise herbei und legte seinen großen Kopf auf Thorntons Knie.

निग चुपचाप चला आया और अपना बड़ा सिर थॉर्नटन के घुटने पर टिका दिया।

Buck hingegen war zufrieden damit, aus respektvoller Distanz zu lieben.

इसके विपरीत, बक सम्मानजनक दूरी से प्यार करने में संतुष्ट था।

Er lag stundenlang zu Thorntons Füßen, wachsam und aufmerksam beobachtend.

वह घंटों तक थॉर्नटन के पैरों के पास लेटा रहा, सतर्क और बारीकी से देखता रहा।

Buck studierte jedes Detail des Gesichts seines Herrn und jede kleinste Bewegung.

बक ने अपने मालिक के चेहरे के हर विवरण और उसकी छोटी से छोटी हरकत का अध्ययन किया।

Oder er blieb weiter weg liegen und betrachtete schweigend die Gestalt des Mannes.

या फिर दूर लेटकर चुपचाप उस आदमी की आकृति का अध्ययन करता रहता।

Buck beobachtete jede kleine Bewegung, jede Veränderung seiner Haltung oder Geste.

बक ने प्रत्येक छोटी सी हरकत, मुद्रा या हाव-भाव में प्रत्येक बदलाव को ध्यान से देखा।

Diese Verbindung war so stark, dass sie Thorntons Blick oft auf sich zog.

यह संबंध इतना शक्तिशाली था कि अक्सर थॉर्नटन की नजर उस पर पड़ जाती थी।

Er begegnete Bucks Blick ohne Worte, Liebe schimmerte deutlich hindurch.

उसने बिना कुछ कहे बक की आँखों से आँखें मिलाईं, उनमें प्रेम स्पष्ट झलक रहा था।

Nach seiner Rettung ließ Buck Thornton lange Zeit nicht aus den Augen.

बचाए जाने के बाद काफी समय तक बक ने थॉर्नटन को अपनी नजरों से ओझल नहीं होने दिया।

Immer wenn Thornton das Zelt verließ, folgte Buck ihm dicht auf den Fersen.

जब भी थॉर्नटन तम्बू से बाहर निकलता, बक उसके पीछे-पीछे बाहर तक जाता।

All die strengen Herren im Nordland hatten Buck Angst gemacht, zu vertrauen.

नॉर्थलैंड के सभी कठोर स्वामियों ने बक को भरोसा करने से डरा दिया था।

Er befürchtete, dass kein Mann länger als kurze Zeit sein Herr bleiben könnte.

उन्हें डर था कि कोई भी व्यक्ति थोड़े समय से अधिक समय तक उनका स्वामी नहीं रह सकेगा।

Er befürchtete, dass John Thornton wie Perrault und François verschwinden würde.

उन्हें डर था कि जॉन थॉर्नटन भी पेराल्ट और फ्रांकोइस की तरह गायब हो जायेंगे।

Sogar nachts quälte die Angst, ihn zu verlieren, Buck mit unruhigem Schlaf.

यहां तक कि रात में भी, उसे खोने का डर बक की बेचैन नींद में बाधा डालता था।

Als Buck aufwachte, kroch er in die Kälte hinaus und ging zum Zelt.

जब बक की नींद खुली तो वह ठंड से बचने के लिए बाहर निकला और तंबू में चला गया।

Er lauschte aufmerksam auf das leise Geräusch des Atmens in seinem Inneren.

उसने अंदर से आती सांसों की धीमी आवाज को ध्यान से सुना।

Trotz Bucks tiefer Liebe zu John Thornton blieb die Wildnis am Leben.

जॉन थॉर्नटन के प्रति बक के गहरे प्रेम के बावजूद, जंगल जीवित रहा।

Dieser im Norden erwachte primitive Instinkt ist nicht verschwunden.

उत्तर में जागृत वह आदिम प्रवृत्ति लुप्त नहीं हुई।

Liebe brachte Hingabe, Treue und die warme Verbundenheit des Kaminfeuers.

प्रेम ने भक्ति, निष्ठा और अग्नि-पक्ष का गर्म बंधन लाया।

Aber Buck behielt auch seine wilden Instinkte, scharf und stets wachsam.

लेकिन बक ने अपनी जंगली प्रवृत्ति को भी तीव्र और सदैव सतर्क रखा।

Er war nicht nur ein gezähmtes Haustier aus den sanften Ländern der Zivilisation.

वह सभ्यता की कोमल भूमि से आया कोई पालतू जानवर मात्र नहीं था।

Buck war ein wildes Wesen, das hereingekommen war, um an Thorntons Feuer zu sitzen.

बक एक जंगली प्राणी था जो थॉर्नटन की आग के पास बैठने के लिए आया था।

Er sah aus wie ein Südlandhund, aber in ihm lebte Wildheit.

वह साउथलैंड कुत्ते जैसा दिखता था, लेकिन उसके भीतर जंगलीपन रहता था।

Seine Liebe zu Thornton war zu groß, um zuzulassen, dass er den Mann bestohlen hätte.

थॉर्नटन के प्रति उसका प्रेम इतना अधिक था कि वह उससे चोरी करने की अनुमति नहीं दे सका।

Aber in jedem anderen Lager würde er dreist und ohne Pause stehlen.

लेकिन किसी अन्य शिविर में वह निर्भीकता से और बिना रुके चोरी करता।

Er war beim Stehlen so geschickt, dass ihn niemand erwischen oder beschuldigen konnte.

वह चोरी करने में इतना चतुर था कि कोई उसे पकड़ नहीं सका, न ही उस पर आरोप लगा सका।

Sein Gesicht und sein Körper waren mit Narben aus vielen vergangenen Kämpfen übersät.

उसका चेहरा और शरीर पिछली कई लड़ाइयों के निशानों से ढका हुआ था।

Buck kämpfte immer noch erbittert, aber jetzt kämpfte er mit mehr List.

बक अब भी जमकर लड़ा, लेकिन अब वह अधिक चालाकी से लड़ा।

Skeet und Nig waren zu sanft, um zu kämpfen, und sie gehörten Thornton.

स्कीट और निग लड़ने के लिए बहुत कोमल थे, और वे थॉर्नटन के थे।

Aber jeder fremde Hund, egal wie stark oder mutig, wich zurück.

लेकिन कोई भी अजनबी कुत्ता, चाहे वह कितना भी शक्तिशाली या बहादुर क्यों न हो, हार मान लेता था।

Ansonsten kämpfte der Hund gegen Buck und um sein Leben.

अन्यथा, कुत्ते को खुद को बक से लड़ते हुए पाया; अपने जीवन के लिए संघर्ष करते हुए।

Buck kannte keine Gnade, wenn er sich entschied, gegen einen anderen Hund zu kämpfen.

एक बार जब बक ने दूसरे कुत्ते के खिलाफ लड़ने का फैसला किया तो उसे कोई दया नहीं आई।

Er hatte das Gesetz der Keule und des Reißzahns im Nordland gut gelernt.

उन्होंने नॉर्थलैंड में क्लब और फैंग का कानून अच्छी तरह से सीखा था।

Er gab nie einen Vorteil auf und wich nie einer Schlacht aus.

उन्होंने कभी भी अपनी बढ़त नहीं छोड़ी और कभी भी युद्ध से पीछे नहीं हटे।

Er hatte Spitz und die wildesten Post- und Polizeihunde studiert.

उन्होंने स्पिट्ज़ तथा डाक एवं पुलिस के सबसे खूंखार कुत्तों का अध्ययन किया था।

Er wusste genau, dass es im wilden Kampf keinen Mittelweg gab.

वह स्पष्ट रूप से जानते थे कि जंगली लड़ाई में कोई बीच का रास्ता नहीं होता।

Er musste herrschen oder beherrscht werden; Gnade zu zeigen, hieße, Schwäche zu zeigen.

उसे या तो शासन करना होगा या शासित होना होगा; दया दिखाने का मतलब है कमज़ोरी दिखाना।

In der rauen und brutalen Welt des Überlebens kannte man keine Gnade.

जीवित रहने की कच्ची और क्रूर दुनिया में दया अज्ञात थी।

Gnade zu zeigen wurde als Angst angesehen und Angst führte schnell zum Tod.

दया दिखाना भय के समान माना जाता था, और भय शीघ्र ही मृत्यु का कारण बनता था।

Das alte Gesetz war einfach: töten oder getötet werden, essen oder gefressen werden.

पुराना नियम सरल था: मारो या मारे जाओ, खाओ या खाए जाओ।

Dieses Gesetz stammte aus längst vergangenen Zeiten und Buck befolgte es vollständig.

वह नियम समय की गहराई से आया था और बक ने उसका पूरी तरह पालन किया।

Buck war älter als sein Alter und die Anzahl seiner Atemzüge.

बक अपनी उम्र और सांसों की संख्या से अधिक उम्र का था।

Er verband die ferne Vergangenheit klar mit der Gegenwart.

उन्होंने प्राचीन अतीत को वर्तमान क्षण से स्पष्ट रूप से जोड़ा।

Die tiefen Rhythmen der Zeitalter bewegten sich durch ihn wie die Gezeiten.

युगों की गहरी लयें ज्वार की तरह उसके भीतर प्रवाहित होती थीं।

Die Zeit pulsierte in seinem Blut so sicher, wie die Jahreszeiten die Erde bewegen.

समय उसके रक्त में उसी प्रकार धड़कता था, जिस प्रकार ऋतुएँ पृथ्वी को चलाती हैं।

Er saß mit starker Brust und weißen Reißzähnen an Thorntons Feuer.

वह थॉर्नटन की आग के पास बैठा था, उसकी छाती मजबूत और दांत सफेद थे।

Sein langes Fell wehte, aber hinter ihm beobachteten ihn die Geister wilder Hunde.

उसके लंबे फर लहरा रहे थे, लेकिन उसके पीछे जंगली कुत्तों की आत्माएं देख रही थीं।

Halbwölfe und Vollwölfe regten sich in seinem Herzen und seinen Sinnen.

उसके हृदय और इन्द्रियों में आधे-भेड़िये और पूरे-भेड़िये हलचल मचा रहे थे।

Sie probierten sein Fleisch und tranken dasselbe Wasser wie er.

उन्होंने उसका मांस चखा और वही पानी पिया जो उसने पिया था।

Sie schnupperten neben ihm den Wind und lauschten dem Wald.

वे उसके साथ-साथ हवा को सूँघते रहे और जंगल की आवाज़ सुनते रहे।

Sie flüsterten die Bedeutung der wilden Geräusche in der Dunkelheit.

वे अंधेरे में जंगली ध्वनियों का अर्थ फुसफुसाते रहे।

Sie prägten seine Stimmungen und leiteten jede seiner stillen Reaktionen.

उन्होंने उसके मूड को आकार दिया और उसकी प्रत्येक शांत प्रतिक्रिया को निर्देशित किया।

Sie lagen bei ihm, während er schlief, und wurden Teil seiner tiefen Träume.

वे सोते समय उसके साथ लेटे रहते थे और उसके गहरे सपनों का हिस्सा बन जाते थे।

Sie träumten mit ihm, über ihn hinaus und bildeten seinen Geist.

उन्होंने उसके साथ, उससे परे स्वप्न देखे, और उसकी आत्मा का निर्माण किया।

Die Geister der Wildnis riefen so stark, dass Buck sich hingezogen fühlte.

जंगली आत्माओं ने इतनी जोर से पुकारा कि बक को भी अपने ओर खींचा जाने लगा।

Mit jedem Tag wurden die Menschheit und ihre Ansprüche in Bucks Herzen schwächer.

प्रत्येक दिन, बक के दिल में मानव जाति और उसके दावे कमजोर होते गए।

Tief im Wald würde ein seltsamer und aufregender Ruf erklingen.

जंगल के गहरे इलाके में एक अजीब और रोमांचकारी आवाज़ उठने वाली थी।

Jedes Mal, wenn er den Ruf hörte, verspürte Buck einen Drang, dem er nicht widerstehen konnte.

हर बार जब वह पुकार सुनता, तो बक को एक ऐसी इच्छा होती जिसका वह विरोध नहीं कर सकता था।

Er wollte sich vom Feuer und den ausgetretenen menschlichen Pfaden abwenden.

वह आग से और पीटे हुए मानवीय मार्गों से मुड़ने वाला था।

Er wollte in den Wald eintauchen und weitergehen, ohne zu wissen, warum.

वह बिना कारण जाने जंगल में आगे बढ़ने वाला था।

Er hinterfragte diese Anziehungskraft nicht, denn der Ruf war tief und kraftvoll.

उन्होंने इस आकर्षण पर प्रश्न नहीं उठाया, क्योंकि यह आह्वान गहरा और शक्तिशाली था।

Oft erreichte er den grünen Schatten und die weiche, unberührte Erde

अक्सर, वह हरी छाया और नरम अछूती धरती तक पहुँच जाता था

Doch dann zog ihn die große Liebe zu John Thornton zurück zum Feuer.

लेकिन फिर जॉन थॉर्नटन के प्रति प्रबल प्रेम ने उसे पुनः आग के पास खींच लिया।

Nur John Thornton hatte Bucks wildes Herz wirklich in seiner Gewalt.

केवल जॉन थॉर्नटन ही बक के जंगली दिल को अपनी मुट्ठी में रख सकता था।

Der Rest der Menschheit hatte für Buck keinen bleibenden Wert oder keine bleibende Bedeutung.

बक के लिए शेष मानव जाति का कोई स्थायी मूल्य या अर्थ नहीं था।

Fremde könnten ihn loben oder ihm mit freundlichen Händen über das Fell streicheln.

अजनबी लोग उसकी प्रशंसा कर सकते थे या अपने मित्रवत हाथों से उसके बालों को सहला सकते थे।

Buck blieb ungerührt und ging vor lauter Zuneigung davon.

बक अविचलित रहा और अत्यधिक स्नेह से दूर चला गया।

Hans und Pete kamen mit dem lange erwarteten Floß

हंस और पीट उस बेड़ा के साथ पहुंचे जिसका लंबे समय से इंतजार किया जा रहा था

Buck ignorierte sie, bis er erfuhr, dass sie sich in der Nähe von Thornton befanden.

बक ने उन्हें तब तक नजरअंदाज किया जब तक उसे पता नहीं चला कि वे थॉर्नटन के करीब थे।

Danach tolerierte er sie, zeigte ihnen jedoch nie seine volle Zuneigung.

उसके बाद, उन्होंने उन्हें सहन तो किया, लेकिन कभी भी उनके प्रति पूरी गर्मजोशी नहीं दिखाई।

Er nahm Essen oder Freundlichkeiten von ihnen an, als täte er ihnen einen Gefallen.

वह उनसे भोजन या दयालुता ऐसे लेता था मानो उन पर कोई उपकार कर रहा हो।

Sie waren wie Thornton – einfach, ehrlich und klar im Denken.

वे थॉर्नटन की तरह थे - सरल, ईमानदार और स्पष्ट विचार वाले।

Gemeinsam reisten sie zu Dawsons Sägewerk und dem großen Wirbel

वे सब मिलकर डाउसन की आरा मिल और महान भँवर की यात्रा पर गए।

Auf ihrer Reise lernten sie Bucks Wesen tiefgründig kennen.

अपनी यात्रा के दौरान उन्होंने बक के स्वभाव को गहराई से समझा।

Sie versuchten nicht, sich näherzukommen, wie es Skeet und Nig getan hatten.

उन्होंने स्कीट और निग की तरह नजदीक आने की कोशिश नहीं की।

Doch Bucks Liebe zu John Thornton wurde mit der Zeit immer stärker.

लेकिन समय के साथ बक का जॉन थॉर्नटन के प्रति प्रेम और भी गहरा होता गया।

Nur Thornton könnte Buck im Sommer eine Last auf die Schultern laden.

गर्मियों में केवल थॉर्नटन ही बक की पीठ पर बोझ डाल सकता था।

Was auch immer Thornton befahl, Buck war bereit, es uneingeschränkt zu tun.

थॉर्नटन जो भी आदेश देते, बक उसे पूरी तरह से करने को तैयार रहते थे।

Eines Tages, nachdem sie Dawson in Richtung der Quellgewässer des Tanana verlassen hatten,

एक दिन, जब वे डावसन से तानाना नदी के उद्गम स्थल की ओर चले गए,

die Gruppe saß auf einer Klippe, die dreihundert Fuß bis zum nackten Fels abfiel.

समूह एक चट्टान पर बैठा था जो तीन फीट नीचे नंगी चट्टान तक गिर गई थी।

John Thornton saß nahe der Kante und Buck ruhte sich neben ihm aus.

जॉन थॉर्नटन किनारे पर बैठा था और बक उसके बगल में आराम कर रहा था।

Thornton hatte plötzlich eine Idee und rief die Männer auf sich aufmerksam.

थॉर्नटन के मन में अचानक एक विचार आया और उसने उन लोगों का ध्यान अपनी ओर आकर्षित किया।

Er deutete über den Abgrund und gab Buck einen einzigen Befehl.

उन्होंने खाई की ओर इशारा किया और बक को एक आदेश दिया।

„Spring, Buck!", sagte er und schwang seinen Arm über den Abgrund.

"कूदो, बक!" उसने अपना हाथ नीचे की ओर घुमाते हुए कहा।

Einen Moment später musste er Buck packen, der sofort lossprang, um zu gehorchen.

एक क्षण में, उसे बक को पकड़ना पड़ा, जो आज्ञा पालन करने के लिए उछल रहा था।

Hans und Pete eilten nach vorne und zogen beide in Sicherheit.

हंस और पीट आगे बढ़े और दोनों को सुरक्षित स्थान पर खींच लिया।

Nachdem alles vorbei war und sie wieder zu Atem gekommen waren, ergriff Pete das Wort.

जब सब कुछ समाप्त हो गया और उन्होंने अपनी सांसें संभाल लीं, तो पीट बोला।

„Die Liebe ist unheimlich", sagte er, erschüttert von der wilden Hingabe des Hundes.

"यह प्रेम अद्भुत है," उन्होंने कुत्ते की तीव्र भक्ति से हिलकर कहा।

Thornton schüttelte den Kopf und antwortete mit ruhiger Ernsthaftigkeit.

थॉर्नटन ने अपना सिर हिलाया और शांत गंभीरता से जवाब दिया।

„Nein, die Liebe ist großartig", sagte er, „aber auch schrecklich."

"नहीं, यह प्यार शानदार है," उन्होंने कहा, "लेकिन भयानक भी है।"

„Manchmal, das muss ich zugeben, macht mir diese Art von Liebe Angst."

"कभी-कभी, मुझे मानना होगा, इस तरह का प्यार मुझे डराता है।"

Pete nickte und sagte: „Ich möchte nicht der Mann sein, der dich berührt."

पीट ने सिर हिलाया और कहा, "मैं वह आदमी बनना पसंद नहीं करूंगा जो तुम्हें छूता है।"

Er sah Buck beim Sprechen ernst und voller Respekt an.

बक बोलते समय वह गंभीर और सम्मान से भरे हुए नजर आए।

„Py Jingo!", sagte Hans schnell. „Ich auch nicht, nein, Sir."

"पाई जिंगो!" हंस ने जल्दी से कहा। "मैं भी नहीं, नहीं सर।"

Noch vor Jahresende wurden Petes Befürchtungen in Circle City wahr.

वर्ष समाप्त होने से पहले, सर्किल सिटी में पीट की आशंकाएं सच साबित हुईं।

Ein grausamer Mann namens Black Burton hat in der Bar eine Schlägerei angezettelt.

ब्लैक बर्टन नामक एक क्रूर व्यक्ति ने बार में झगड़ा शुरू कर दिया।

Er war wütend und bösartig und ging auf einen Neuling los.

वह क्रोधित और दुर्भावनापूर्ण था, तथा एक नये नवयुवक पर प्रहार कर रहा था।

John Thornton schritt ein, ruhig und gutmütig wie immer.

जॉन थॉर्नटन हमेशा की तरह शांत और अच्छे स्वभाव के साथ आगे आए।

Buck lag mit gesenktem Kopf in einer Ecke und beobachtete Thornton aufmerksam.

बक एक कोने में सिर झुकाए लेटा हुआ था और थॉर्नटन को करीब से देख रहा था।

Burton schlug plötzlich zu und sein Schlag ließ Thornton herumwirbeln.

बर्टन ने अचानक वार किया, जिससे थॉर्नटन चक्कर खा गया।

Nur die Stangenreling verhinderte, dass er hart auf den Boden stürzte.

केवल बार की रेलिंग ही उसे जमीन पर गिरने से बचा पाई।

Die Beobachter hörten ein Geräusch, das weder Bellen noch Jaulen war

देखने वालों ने एक ऐसी आवाज सुनी जो भौंकने या चीखने की नहीं थी

Ein tiefes Brüllen kam von Buck, als er auf den Mann zustürzte.

बक ने उस आदमी की ओर बढ़ते हुए गहरी दहाड़ लगाई।

Burton riss seinen Arm hoch und rettete nur knapp sein eigenes Leben.

बर्टन ने अपना हाथ ऊपर उठाया और बड़ी मुश्किल से अपनी जान बचाई।

Buck prallte gegen ihn und warf ihn flach auf den Boden.

बक ने उस पर जोरदार प्रहार किया, जिससे वह सीधा फर्श पर गिर पड़ा।

Buck biss tief in den Arm des Mannes und stürzte sich dann auf die Kehle.

बक ने उस आदमी की बांह पर गहरा काट लिया, फिर उसके गले पर झपटा।

Burton konnte den Angriff nur teilweise blocken und sein Hals wurde aufgerissen.

बर्टन केवल आंशिक रूप से ही अवरोध उत्पन्न कर सका, तथा उसकी गर्दन फट गई।

Männer stürmten mit erhobenen Knüppeln herein und vertrieben Buck von dem blutenden Mann.

लोग दौड़े, लाठियां उठाईं, और खून से लथपथ बक को वहां से भगा दिया।

Ein Chirurg arbeitete schnell, um den Blutausfluss zu stoppen.

एक सर्जन ने रक्त को बाहर बहने से रोकने के लिए तेजी से काम किया।

Buck ging auf und ab und knurrte, während er immer wieder versuchte anzugreifen.

बक इधर-उधर घूमता और गुर्राता हुआ बार-बार हमला करने की कोशिश कर रहा था।

Nur schwingende Knüppel hielten ihn davon ab, Burton zu erreichen.

केवल झूलते हुए डंडे ही उसे बर्टन तक पहुंचने से रोक रहे थे।

Eine Bergarbeiterversammlung wurde einberufen und noch vor Ort abgehalten.

खनिकों की एक बैठक बुलाई गई और उसे वहीं पर आयोजित किया गया।

Sie waren sich einig, dass Buck provoziert worden war, und stimmten für seine Freilassung.

उन्होंने इस बात पर सहमति जताई कि बक को उकसाया गया था और उसे रिहा करने के लिए मतदान किया गया।

Doch Bucks wilder Name hallte nun durch jedes Lager in Alaska.

लेकिन बक का भयंकर नाम अब अलास्का के हर शिविर में गूंजने लगा।

Später im Herbst rettete Buck Thornton erneut auf eine neue Art und Weise.

बाद में उसी वर्ष, बक ने एक नए तरीके से थॉर्नटन को पुनः बचाया।

Die drei Männer steuerten ein langes Boot durch wilde Stromschnellen.

तीनों व्यक्ति एक लम्बी नाव को तेज बहाव वाली नदी में ले जा रहे थे।

Thornton steuerte das Boot und rief Anweisungen zur Küste.

थॉर्नटन नाव को चला रहे थे और तटरेखा की ओर जाने का रास्ता बता रहे थे।

Hans und Pete rannten an Land und hielten sich an einem Seil fest, das sie von Baum zu Baum führte.

हंस और पीट एक रस्सी पकड़कर एक पेड़ से दूसरे पेड़ तक दौड़ते रहे।

Buck hielt am Ufer Schritt und behielt seinen Herrn immer im Auge.

बक किनारे पर लगातार चलता रहा और हमेशा अपने मालिक पर नज़र रखता रहा।

An einer ungünstigen Stelle ragten Felsen aus dem schnellen Wasser hervor.

एक ख़राब जगह पर, तेज़ पानी के नीचे चट्टानें उभरी हुई थीं।

Hans ließ das Seil los und Thornton steuerte das Boot weit.

हंस ने रस्सी छोड़ दी और थॉर्नटन ने नाव को दूर ले गया।

Hans sprintete, um das Boot an den gefährlichen Felsen vorbei wieder zu erreichen.

हंस खतरनाक चट्टानों को पार करते हुए नाव को पकड़ने के लिए दौड़ा।

Das Boot passierte den Felsvorsprung, geriet jedoch in eine stärkere Strömung.

नाव किनारे से तो निकल गई, लेकिन धारा के तेज बहाव से टकरा गई।

Hans griff zu schnell nach dem Seil und brachte das Boot aus dem Gleichgewicht.

हंस ने रस्सी को बहुत तेजी से पकड़ लिया और नाव का संतुलन बिगाड़ दिया।

Das Boot kenterte und prallte mit dem Hinterteil nach oben gegen das Ufer.

नाव पलट गई और नीचे की ओर किनारे से टकरा गई।

Thornton wurde hinausgeworfen und in den wildesten Teil des Wassers geschwemmt.

थॉर्नटन को बाहर फेंक दिया गया और वह पानी के सबसे खतरनाक हिस्से में बह गया।

Kein Schwimmer hätte in diesen tödlichen, reißenden Gewässern überleben können.

कोई भी तैराक उस जानलेवा, तेज़ पानी में जीवित नहीं बच सकता था।

Buck sprang sofort hinein und jagte seinen Herrn den Fluss hinunter.

बक तुरन्त पानी में कूद पड़ा और अपने मालिक का नदी में पीछा किया।

Nach dreihundert Metern erreichte er endlich Thornton.

तीन सौ गज चलने के बाद वह अंततः थॉर्नटन पहुँच गया।

Thornton packte Buck am Schwanz und Buck drehte sich zum Ufer um.

थॉर्नटन ने बक की पूंछ पकड़ ली और बक किनारे की ओर मुड़ गया।

Er schwamm mit voller Kraft und kämpfte gegen den wilden Sog des Wassers an.

वह पानी के तेज़ बहाव से लड़ते हुए पूरी ताकत से तैरने लगा।

Sie bewegten sich schneller flussabwärts, als sie das Ufer erreichen konnten.

वे तट तक पहुंचने से पहले ही तेजी से नीचे की ओर बढ़ गए।

Vor ihnen toste der Fluss immer lauter und stürzte in tödliche Stromschnellen.

आगे नदी और भी जोर से दहाड़ने लगी, क्योंकि वह जानलेवा तेज बहाव में गिर रही थी।

Felsen schnitten durch das Wasser wie die Zähne eines riesigen Kamms.

चट्टानें पानी को किसी बड़े कंघे के दांतों की तरह चीरती हुई निकल रही थीं।

Die Anziehungskraft des Wassers in der Nähe des Tropfens war wild und unausweichlich.

बूंद के पास पानी का खिंचाव बहुत भयानक और अपरिहार्य था।

Thornton wusste, dass sie das Ufer nie rechtzeitig erreichen würden.

थॉर्नटन को पता था कि वे कभी भी समय पर किनारे तक नहीं पहुंच सकेंगे।

Er schrammte über einen Felsen, zerschmetterte einen zweiten,

उसने एक चट्टान को खुरच दिया, दूसरी को तोड़ दिया,

Und dann prallte er gegen einen dritten Felsen, den er mit beiden Händen festhielt.

और फिर वह तीसरी चट्टान से टकराया और उसे दोनों हाथों से पकड़ लिया।

Er ließ Buck los und übertönte das Gebrüll: „Los, Buck! Los!"

उसने बक को छोड़ दिया और दहाड़ते हुए चिल्लाया, "जाओ, बक! जाओ!"

Buck konnte sich nicht über Wasser halten und wurde von der Strömung mitgerissen.

बक तैर नहीं सका और धारा के साथ बह गया।

Er kämpfte hart und versuchte, sich umzudrehen, kam aber überhaupt nicht voran.

उसने कड़ी मशक्कत की, मुड़ने का प्रयास किया, लेकिन कोई प्रगति नहीं हुई।

Dann hörte er, wie Thornton den Befehl über das Tosen des Flusses hinweg wiederholte.

तभी उसने नदी की गर्जना के बीच थॉर्नटन को आदेश दोहराते सुना।

Buck erhob sich aus dem Wasser und hob den Kopf, als wolle er einen letzten Blick werfen.

बक पानी से बाहर निकला और अपना सिर ऊपर उठाया जैसे कि आखिरी बार देख रहा हो।

dann drehte er sich um und gehorchte und schwamm entschlossen auf das Ufer zu.

फिर मुड़कर आज्ञा का पालन किया और दृढ़ संकल्प के साथ किनारे की ओर तैरने लगे।

Pete und Hans zogen ihn im letzten Moment an Land.

पीट और हंस ने उसे अंतिम क्षण में किनारे पर खींच लिया।

Sie wussten, dass Thornton sich nur noch wenige Minuten am Felsen festklammern konnte.

वे जानते थे कि थॉर्नटन चट्टान से केवल कुछ मिनट ही और चिपक सकता है।

Sie rannten das Ufer hinauf zu einer Stelle weit oberhalb der Stelle, an der er hing.

वे किनारे पर उस स्थान तक दौड़े, जहां वह लटका हुआ था।

Sie befestigten die Bootsleine sorgfältig an Bucks Hals und Schultern.

उन्होंने नाव की रस्सी को बक की गर्दन और कंधों पर सावधानीपूर्वक बाँध दिया।

Das Seil saß eng, war aber locker genug zum Atmen und für Bewegung.

रस्सी कसी हुई थी, लेकिन सांस लेने और चलने के लिए पर्याप्त ढीली थी।

Dann warfen sie ihn erneut in den reißenden, tödlichen Fluss.

इसके बाद उन्होंने उसे पुनः उस तेज़ बहती, जानलेवा नदी में फेंक दिया।

Buck schwamm mutig, verpasste jedoch seinen Winkel in die Kraft des Stroms.

बक ने साहसपूर्वक तैरना जारी रखा, लेकिन धारा के तेज वेग में उसका कोण चूक गया।

Er sah zu spät, dass er an Thornton vorbeiziehen würde.

उसे बहुत देर से पता चला कि वह थॉर्नटन से आगे निकल जाएगा।

Hans riss das Seil fest, als wäre Buck ein kenterndes Boot.

हंस ने रस्सी को इस तरह खींचा, मानो बक कोई पलटती हुई नाव हो।

Die Strömung zog ihn nach unten und er verschwand unter der Oberfläche.

धारा ने उसे पानी के नीचे खींच लिया और वह सतह के नीचे गायब हो गया।

Sein Körper schlug gegen das Ufer, bevor Hans und Pete ihn herauszogen.

इससे पहले कि हंस और पीट उसे बाहर निकालते, उसका शरीर किनारे से टकराया।

Er war halb ertrunken und sie haben das Wasser aus ihm herausgeprügelt.

वह आधा डूब चुका था और उन्होंने उससे पानी निकाला।

Buck stand auf, taumelte und brach erneut auf dem Boden zusammen.

बक लड़खड़ाकर खड़ा हो गया और पुनः जमीन पर गिर पड़ा।

Dann hörten sie Thorntons Stimme, die schwach vom Wind getragen wurde.

तभी उन्हें हवा के साथ आती हुई थॉर्नटन की धीमी आवाज सुनाई दी।

Obwohl die Worte undeutlich waren, wussten sie, dass er dem Tode nahe war.

यद्यपि शब्द स्पष्ट नहीं थे, फिर भी वे जानते थे कि वह मृत्यु के निकट है।

Der Klang von Thorntons Stimme traf Buck wie ein elektrischer Schlag.

थॉर्नटन की आवाज ने बक को बिजली के झटके की तरह झकझोर दिया।

Er sprang auf, rannte das Ufer hinauf und kehrte zum Startpunkt zurück.

वह उछलकर किनारे की ओर भागा और वापस प्रक्षेपण स्थल पर आ गया।

Wieder banden sie Buck das Seil fest und wieder betrat er den Bach.

उन्होंने फिर से रस्सी को बक के हाथ में बाँध दिया और वह फिर से धारा में प्रवेश कर गया।

Diesmal schwamm er direkt und entschlossen in das rauschende Wasser.

इस बार, वह सीधे और मजबूती से बहते पानी में तैर गया।

Hans ließ das Seil langsam los, während Pete darauf achtete, dass es sich nicht verhedderte.

हंस ने रस्सी को धीरे से छोड़ा जबकि पीट ने उसे उलझने से बचाया।

Buck schwamm schnell, bis er direkt über Thornton auf einer Linie lag.

बक ने तब तक तेजी से तैराकी की जब तक कि वह थॉर्नटन के ठीक ऊपर नहीं पहुंच गया।

Dann drehte er sich um und raste wie ein Zug mit voller Geschwindigkeit nach unten.

फिर वह मुड़ा और पूरी गति से रेलगाड़ी की तरह दौड़ पड़ा।

Thornton sah ihn kommen, machte sich bereit und schlang die Arme um seinen Hals.

थॉर्नटन ने उसे आते देखा, अपने आप को संभाला, तथा उसकी गर्दन के चारों ओर अपनी बाहें लपेट लीं।

Hans band das Seil fest um einen Baum, als beide unter Wasser gezogen wurden.

हंस ने रस्सी को पेड़ के चारों ओर बांध दिया और दोनों को नीचे खींच लिया गया।

Sie stürzten unter Wasser und zerschellten an Felsen und Flusstrümmern.

वे पानी के नीचे लुढ़क गए और चट्टानों और नदी के मलबे से टकराने लगे।

In einem Moment war Buck oben, im nächsten erhob sich Thornton keuchend.

एक क्षण बक शीर्ष पर था, अगले ही क्षण थॉर्नटन हांफता हुआ ऊपर उठा।

Zerschlagen und erstickend steuerten sie auf das Ufer zu und waren in Sicherheit.

बुरी तरह से घायल और घुटते हुए वे किनारे और सुरक्षित स्थान की ओर मुड़े।

Thornton erlangte sein Bewusstsein wieder und lag quer über einem Treibholzbaumstamm.

थॉर्नटन को होश आया तो वह एक लकड़ी के ढेर पर लेटा हुआ था।

Hans und Pete haben hart gearbeitet, um ihm Atem und Leben zurückzugeben.

हंस और पीट ने उसकी सांस और जीवन वापस लाने के लिए कड़ी मेहनत की।

Sein erster Gedanke galt Buck, der regungslos und schlaff dalag.

उसका पहला विचार बक के बारे में था, जो निश्चल और शिथिल पड़ा था।

Nig heulte über Bucks Körper und Skeet leckte sanft sein Gesicht.

निग बक के शरीर पर चिल्लाया, और स्कीट ने उसके चेहरे को धीरे से चाटा।

Thornton, wund und verletzt, untersuchte Buck mit vorsichtigen Händen.

चोटिल और पीड़ा से भरे थॉर्नटन ने सावधानीपूर्वक अपने हाथों से बक की जांच की।

Er stellte fest, dass der Hund drei Rippen gebrochen hatte, jedoch keine tödlichen Wunden aufwies.

उन्होंने पाया कि कुत्ते की तीन पसलियां टूटी हुई थीं, लेकिन कोई घातक घाव नहीं था।

„Damit ist die Sache geklärt", sagte Thornton. „Wir zelten hier." Und das taten sie.

"यह बात तय हो गई," थॉर्नटन ने कहा। "हम यहीं डेरा डालेंगे।" और उन्होंने ऐसा ही किया।

Sie blieben, bis Bucks Rippen verheilt waren und er wieder laufen konnte.

वे तब तक वहीं रहे जब तक बक की पसलियां ठीक नहीं हो गईं और वह फिर से चलने लायक नहीं हो गया।

In diesem Winter vollbrachte Buck eine Leistung, die seinen Ruhm noch weiter steigerte.

उस शीतकाल में बक ने एक ऐसा कारनामा किया जिससे उसकी प्रसिद्धि और बढ़ गयी।

Es war weniger heroisch als Thornton zu retten, aber genauso beeindruckend.

यह थॉर्नटन को बचाने से कम वीरतापूर्ण था, लेकिन उतना ही प्रभावशाली था।

In Dawson benötigten die Partner Vorräte für eine weite Reise.

डावसन में साझेदारों को दूर की यात्रा के लिए आपूर्ति की आवश्यकता थी।

Sie wollten nach Osten reisen, in unberührte Wildnisgebiete.

वे पूर्व की ओर, अछूते निर्जन प्रदेशों की यात्रा करना चाहते थे।

Bucks Tat im Eldorado Saloon machte diese Reise möglich.

एल्डोरैडो सैलून में बक के कार्य ने उस यात्रा को संभव बनाया।

Es begann damit, dass Männer bei einem Drink mit ihren Hunden prahlten.

इसकी शुरुआत शराब पीते समय पुरुषों द्वारा अपने कुत्तों की शेखी बघारने से हुई।

Bucks Ruhm machte ihn zur Zielscheibe von Herausforderungen und Zweifeln.

बक की प्रसिद्धि ने उन्हें चुनौतियों और संदेह का लक्ष्य बना दिया।

Thornton blieb stolz und ruhig und verteidigte Bucks Namen standhaft.

गर्व और शांति से भरे थॉर्नटन, बक के नाम की रक्षा में दृढ़ रहे।

Ein Mann sagte, sein Hund könne problemlos zweihundertsechsunddreißig kg ziehen.

एक व्यक्ति ने बताया कि उसका कुत्ता पांच सौ पाउंड का भार आसानी से खींच सकता है।

Ein anderer sagte sechshundert und ein dritter prahlte mit siebenhundert.

एक अन्य ने कहा छः सौ, और तीसरे ने कहा सात सौ।

„Pfft!", sagte John Thornton, „Buck kann einen fünfhundert kg schweren Schlitten ziehen."

"प्फ़ट!" जॉन थॉर्नटन ने कहा, "बक एक हज़ार पाउंड की स्लेज खींच सकता है।"

Matthewson, ein Bonanza-König, beugte sich vor und forderte ihn heraus.

मैथ्यूसन, जो एक बोनान्ज़ा किंग था, आगे झुका और उसे चुनौती दी।

„Glauben Sie, er kann so viel Gewicht in Bewegung setzen?"

"तुम्हें लगता है कि वह इतना वजन उठाकर चल सकता है?"

„Und Sie glauben, er kann das Gewicht volle hundert Meter weit ziehen?"

"और आपको लगता है कि वह वजन को पूरे सौ गज तक खींच सकता है?"

Thornton antwortete kühl: „Ja. Buck ist Hund genug, um das zu tun."

थॉर्नटन ने शांत भाव से उत्तर दिया, "हाँ। बक ऐसा करने के लिए पर्याप्त कुत्ता है।"

„Er wird tausend Pfund in Bewegung setzen und es hundert Meter weit ziehen."

"वह एक हजार पाउंड का भार गति में डाल देगा, और उसे सौ गज तक खींच लेगा।"

Matthewson lächelte langsam und stellte sicher, dass alle Männer seine Worte hörten.

मैथ्यूसन धीरे से मुस्कुराये और यह सुनिश्चित किया कि सभी लोग उनकी बातें सुनें।

„Ich habe tausend Dollar, die sagen, dass er es nicht kann. Da ist es."

"मेरे पास एक हज़ार डॉलर हैं जो कहते हैं कि वह ऐसा नहीं कर सकता। यह रहा।"

Er knallte einen Sack Goldstaub von der Größe einer Wurst auf die Theke.

उसने सॉसेज के आकार की सोने की धूल से भरी एक बोरी बार पर पटक दी।

Niemand sagte ein Wort. Die Stille um sie herum wurde drückend und angespannt.

कोई भी एक शब्द नहीं बोला। उनके चारों ओर सन्नाटा भारी और तनावपूर्ण हो गया।

Thorntons Bluff – wenn es denn einer war – war ernst genommen worden.

थॉर्नटन की धमकी को - यदि वह झूठी थी - गंभीरता से लिया गया।

Er spürte, wie ihm die Hitze im Gesicht aufstieg und das Blut in seine Wangen schoss.

उसने अपने चेहरे पर गर्मी महसूस की और खून उसके गालों पर चढ़ गया।

In diesem Moment war seine Zunge seiner Vernunft voraus.

उस क्षण उसकी जीभ उसकी बुद्धि से आगे निकल गई थी।

Er wusste wirklich nicht, ob Buck fünfhundert kg bewegen konnte.

वह सचमुच नहीं जानता था कि बक एक हजार पाउंड का भार उठा सकता है या नहीं।

Eine halbe Tonne! Allein die Größe ließ ihm das Herz schwer werden.

आधा टन! सिर्फ़ इसके आकार से ही उसका दिल भारी हो गया।

Er hatte Vertrauen in Bucks Stärke und hielt ihn für fähig.

उन्हें बक की ताकत पर भरोसा था और वे उसे सक्षम समझते थे।

Doch einer solchen Herausforderung war er noch nie begegnet, nicht auf diese Art und Weise.

लेकिन उन्होंने कभी इस तरह की चुनौती का सामना नहीं किया था।

Ein Dutzend Männer beobachteten ihn still und warteten darauf, was er tun würde.

एक दर्जन लोग चुपचाप उसे देख रहे थे, यह देखने के लिए कि वह क्या करेगा।

Er hatte das Geld nicht – Hans und Pete auch nicht.

उसके पास पैसे नहीं थे - न ही हंस के पास और न ही पीट के पास।

„Ich habe draußen einen Schlitten", sagte Matthewson kalt und direkt.

मैथ्यूसन ने ठंडे और सीधे स्वर में कहा, "मेरे पास बाहर एक स्लेज है।"

„Es ist mit zwanzig Säcken zu je fünfzig Pfund beladen, alles Mehl.

"इसमें बीस बोरियाँ भरी हुई हैं, प्रत्येक बोरी में पचास पाउंड आटा है।

Lassen Sie sich also jetzt nicht von einem fehlenden Schlitten als Ausrede ausreden", fügte er hinzu.

उन्होंने कहा, "इसलिए अब स्लेज गुम होने को अपना बहाना मत बनाइए।"

Thornton stand still da. Er wusste nicht, was er sagen sollte.

थॉर्नटन चुप खड़ा रहा। उसे समझ नहीं आ रहा था कि वह क्या कहे।

Er blickte sich die Gesichter an, ohne sie deutlich zu erkennen.

उसने चारों ओर चेहरों को देखा, लेकिन उन्हें स्पष्ट रूप से नहीं देख सका।

Er sah aus wie ein Mann, der in Gedanken erstarrt war und versuchte, neu zu starten.

वह विचारों में डूबा हुआ एक आदमी लग रहा था, जो पुनः आरंभ करने का प्रयास कर रहा था।

Dann sah er Jim O'Brien, einen Freund aus der Mastodon-Zeit.

तभी उनकी मुलाकात जिम ओ'ब्रायन से हुई, जो मैस्टोडॉन के दिनों के उनके मित्र थे।

Dieses vertraute Gesicht gab ihm Mut, von dem er nicht wusste, dass er ihn hatte.

उस परिचित चेहरे ने उसे वह साहस दिया जिसका उसे पता भी नहीं था।

Er drehte sich um und fragte mit leiser Stimme: „Können Sie mir tausend leihen?"

वह मुड़ा और धीमी आवाज़ में पूछा, "क्या आप मुझे एक हज़ार रुपये उधार दे सकते हैं?"

„Sicher", sagte O'Brien und ließ bereits einen schweren Sack neben dem Gold fallen.

"ज़रूर," ओ'ब्रायन ने कहा, और सोने के पास एक भारी बोरी गिरा दी।

„Aber ehrlich gesagt, John, ich glaube nicht, dass das Biest das tun kann."

"लेकिन सच कहूं तो, जॉन, मुझे विश्वास नहीं है कि जानवर ऐसा कर सकता है।"

Alle im Eldorado Saloon strömten nach draußen, um sich die Veranstaltung anzusehen.

एल्डोरैडो सैलून में सभी लोग घटना देखने के लिए बाहर दौड़े।

Sie ließen Tische und Getränke zurück und sogar die Spiele wurden unterbrochen.

उन्होंने अपनी मेजें और पेय पदार्थ छोड़ दिए, यहां तक कि खेल भी रोक दिए गए।

Dealer und Spieler kamen, um das Ende der kühnen Wette mitzuerleben.

डीलर और जुआरी साहसिक दांव का अंत देखने के लिए आए थे।

Hunderte versammelten sich auf der vereisten Straße um den Schlitten.

बर्फीली खुली सड़क पर स्लेज के चारों ओर सैकड़ों लोग एकत्र हुए।

Matthewsons Schlitten stand mit einer vollen Ladung Mehlsäcke da.

मैथ्यूसन की स्लेज पर आटे की बोरियां भरी हुई थीं।

Der Schlitten stand stundenlang bei Minustemperaturen.

स्लेज घंटों तक शून्य से नीचे के तापमान में खड़ी रही।

Die Kufen des Schlittens waren fest am festgetretenen Schnee festgefroren.

स्लेज के धावक बर्फ से चिपके हुए थे।

Die Männer wetteten zwei zu eins, dass Buck den Schlitten nicht bewegen könne.

लोगों ने दो-एक की संभावना जताई कि बक स्लेज को नहीं हिला सकेगा।

Es kam zu einem Streit darüber, was „ausbrechen“ eigentlich bedeutet.

इस बात पर विवाद छिड़ गया कि वास्तव में "ब्रेक आउट" का क्या अर्थ है।

O'Brien sagte, Thornton solle die festgefrorene Basis des Schlittens lösen.

ओ'ब्रायन ने कहा कि थॉर्नटन को स्लेज के जमे हुए आधार को ढीला करना चाहिए।

Buck könnte dann aus einem soliden, bewegungslosen Start „ausbrechen".

बक तब एक ठोस, गतिहीन शुरुआत से "बाहर निकल" सकता था।

Matthewson argumentierte, dass der Hund auch die Läufer befreien müsse.

मैथ्यूसन ने तर्क दिया कि कुत्ते को भी धावकों को मुक्त करना होगा।

Die Männer, die von der Wette gehört hatten, stimmten Matthewsons Ansicht zu.

जिन लोगों ने शर्त सुनी थी वे मैथ्यूसन के विचार से सहमत थे।

Mit dieser Entscheidung stiegen die Chancen auf drei zu eins gegen Buck.

इस निर्णय के साथ ही बक के विरुद्ध संभावना तीन-से-एक हो गई।

Niemand trat vor, um die wachsende Drei-zu-eins-Chance auf sich zu nehmen.

बढ़ती हुई तीन-से-एक की विषमता को स्वीकार करने के लिए कोई भी आगे नहीं आया।

Kein einziger Mann glaubte, dass Buck diese große Leistung vollbringen könnte.

किसी भी व्यक्ति को विश्वास नहीं था कि बक इतना महान कार्य कर सकता है।

Thornton war zu der Wette gedrängt worden, obwohl er voller Zweifel war.

थॉर्नटन को संदेहों से भरा हुआ शर्त में जल्दबाजी में शामिल किया गया था।

Nun blickte er auf den Schlitten und das zehnköpfige Hundegespann daneben.

अब उसने स्लेज और उसके पास खड़े दस कुत्तों के दल को देखा।

Als ich die Realität der Aufgabe sah, erschien sie noch unmöglicher.

कार्य की वास्तविकता को देखकर यह और भी असम्भव लगने लगा।

Matthewson war in diesem Moment voller Stolz und Selbstvertrauen.

उस क्षण मैथ्यूसन गर्व और आत्मविश्वास से भरे हुए थे।

„Drei zu eins!", rief er. „Ich wette noch tausend, Thornton!"

"तीन से एक!" वह चिल्लाया। "मैं एक हज़ार और दांव लगाऊँगा, थॉर्नटन!

Was sagst du dazu?", fügte er laut genug hinzu, dass es alle hören konnten.

आप क्या कहते हैं?" उन्होंने इतनी ऊंची आवाज में कहा कि सभी सुन सकें।

Thorntons Gesicht zeigte seine Zweifel, aber sein Geist war aufgeblüht.

थॉर्नटन के चेहरे पर संदेह झलक रहा था, लेकिन उसका उत्साह बढ़ गया था।

Dieser Kampfgeist ignorierte alle Widrigkeiten und fürchtete sich überhaupt nicht.

उस लड़ाकू भावना ने मुश्किलों को नजरअंदाज कर दिया और किसी भी चीज से नहीं डरी।

Er forderte Hans und Pete auf, ihr gesamtes Bargeld auf den Tisch zu bringen.

उन्होंने हंस और पीट को बुलाया और कहा कि वे अपनी सारी नकदी मेज पर ले आएं।

Ihnen blieb nicht mehr viel übrig – insgesamt nur zweihundert Dollar.

उनके पास बहुत कम पैसा बचा था - कुल मिलाकर केवल दो सौ डॉलर।

Diese kleine Summe war ihr gesamtes Vermögen in schweren Zeiten.

यह छोटी सी रकम कठिन समय के दौरान उनकी कुल संपत्ति थी।

Dennoch setzten sie ihr gesamtes Vermögen auf Matthewsons Wette.

फिर भी, उन्होंने मैथ्यूसन की शर्त पर अपनी सारी सम्पत्ति दांव पर लगा दी।

Das zehnköpfige Hundegespann wurde abgekoppelt und vom Schlitten wegbewegt.

दस कुत्तों की टीम को अलग कर दिया गया और स्लेज से दूर ले जाया गया।

Buck wurde in die Zügel genommen und trug sein vertrautes Geschirr.

बक को उसकी परिचित लगाम पहनाकर कमान सौंपी गई।

Er hatte die Energie der Menge aufgefangen und die Spannung gespürt.

उन्होंने भीड़ की ऊर्जा और तनाव को महसूस किया था।

Irgendwie wusste er, dass er etwas für John Thornton tun musste.

किसी तरह, उन्हें पता था कि उन्हें जॉन थॉर्नटन के लिए कुछ करना होगा।

Die Leute murmelten voller Bewunderung über die stolze Gestalt des Hundes.

लोग कुत्ते की गर्वित आकृति को देखकर प्रशंसा से बड़बड़ाने लगे।

Er war schlank und stark und hatte kein einziges Gramm Fleisch zu viel.

वह दुबला-पतला और मजबूत था, उसके शरीर पर एक भी अतिरिक्त मांस नहीं था।

Sein Gesamtgewicht von hundertfünfzig Pfund bestand nur aus Kraft und Ausdauer.

उनका पूरा वजन, जो कि एक सौ पचास पाउंड था, शक्ति और सहनशक्ति का प्रतीक था।

Bucks Fell glänzte wie Seide und strotzte vor Gesundheit und Kraft.

बक का कोट रेशम की तरह चमक रहा था, जो स्वास्थ्य और शक्ति से भरपूर था।

Das Fell an seinem Hals und seinen Schultern schien sich aufzurichten und zu sträuben.

उसकी गर्दन और कंधों के पास का फर ऊपर उठ गया और उसमें बाल खड़े हो गए।

Seine Mähne bewegte sich leicht, jedes Haar war voller Energie.

उसकी अयाल हल्की सी हिल रही थी, प्रत्येक बाल उसकी महान ऊर्जा से जीवंत था।

Seine breite Brust und seine starken Beine passten zu seinem schweren, robusten Körperbau.

उसकी चौड़ी छाती और मजबूत पैर उसके भारी, मजबूत शरीर से मेल खाते थे।

Unter seinem Mantel spannten sich Muskeln, straff und fest wie geschmiedetes Eisen.

उसके कोट के नीचे मांसपेशियाँ फड़क रही थीं, लोहे की तरह सख्त और दृढ़।

Männer berührten ihn und schworen, er sei gebaut wie eine Stahlmaschine.

लोग उसे छूकर कसम खाते थे कि वह स्टील मशीन की तरह बना है।

Die Quoten sanken leicht auf zwei zu eins gegen den großen Hund.

महान कुत्ते के खिलाफ बाधाएं थोड़ी कम होकर दो से एक हो गईं।

Ein Mann von den Skookum Benches drängte sich stotternd nach vorne.

स्कूकम बेंचेज से एक आदमी हकलाते हुए आगे बढ़ा।

„Gut, Sir! Ich biete achthundert für ihn – vor der Prüfung, Sir!"

"अच्छा, सर! मैं उसके लिए आठ सौ की पेशकश करता हूँ - परीक्षण से पहले, सर!"

„Achthundert, so wie er jetzt dasteht!", beharrte der Mann.

"अभी तो आठ सौ है!" आदमी ने जोर देकर कहा।

Thornton trat vor, lächelte und schüttelte ruhig den Kopf.

थॉर्नटन आगे बढ़े, मुस्कुराये और शांति से अपना सिर हिलाया।

Matthewson schritt schnell mit warnender Stimme und einem Stirnrunzeln ein.

मैथ्यूसन ने तुरंत चेतावनी भरे स्वर में भौंहें सिकोड़ते हुए हस्तक्षेप किया।

„Sie müssen Abstand von ihm halten", sagte er. „Geben Sie ihm Raum."

उन्होंने कहा, "तुम्हें उससे दूर चले जाना चाहिए। उसे जगह दो।"

Die Menge verstummte; nur die Spieler boten noch zwei zu eins.

भीड़ शांत हो गई; केवल जुआरी ही अब भी दो-दो दांव लगा रहे थे।

Alle bewunderten Bucks Körperbau, aber die Last schien zu groß.

सभी लोग बक के शरीर की प्रशंसा कर रहे थे, लेकिन उसका वजन बहुत अधिक था।

Zwanzig Säcke Mehl – jeder fünfzig Pfund schwer – schienen viel zu viel.

आटे की बीस बोरियाँ - प्रत्येक का वजन पचास पाउंड - बहुत ज़्यादा लग रही थीं।

Niemand war bereit, seinen Geldbeutel zu öffnen und sein Geld zu riskieren.

कोई भी अपनी थैली खोलने और अपना पैसा जोखिम में डालने को तैयार नहीं था।

Thornton kniete neben Buck und nahm seinen Kopf in beide Hände.

थॉर्नटन बक के पास घुटनों के बल बैठ गया और उसके सिर को दोनों हाथों में ले लिया।

Er drückte seine Wange an Bucks und sprach in sein Ohr.

उसने अपना गाल बक के गाल से सटाया और उसके कान में बोला।

Es gab jetzt kein spielerisches Schütteln oder geflüsterte liebevolle Beleidigungen.

अब कोई चंचल हिलाना-डुलाना या फुसफुसाकर प्यार भरी गालियाँ नहीं थीं।

Er murmelte nur leise: „So sehr du mich liebst, Buck."

वह केवल धीरे से बुदबुदाया, "जितना तुम मुझसे प्यार करते हो, बक!"

Buck stieß ein leises Winseln aus, seine Begierde konnte er kaum zurückhalten.

बक ने धीमी सी कराह निकाली, उसकी उत्सुकता पर कोई काबू नहीं था।

Die Zuschauer beobachteten neugierig, wie Spannung in der Luft lag.

दर्शक उत्सुकता से देख रहे थे क्योंकि वातावरण में तनाव व्याप्त था।

Der Moment fühlte sich fast unwirklich an, wie etwas jenseits der Vernunft.

वह क्षण लगभग अवास्तविक सा लगा, जैसे कुछ तर्क से परे हो।

Als Thornton aufstand, nahm Buck sanft seine Hand zwischen die Kiefer.

जब थॉर्नटन खड़ा हुआ, तो बक ने धीरे से उसका हाथ अपने जबड़े में ले लिया।

Er drückte mit den Zähnen nach unten und ließ dann langsam und sanft los.

उसने अपने दांतों से दबाया, फिर धीरे से और धीरे से छोड़ दिया।

Es war eine stille Antwort der Liebe, nicht ausgesprochen, aber verstanden.

यह प्रेम का मौन उत्तर था, बोला हुआ नहीं, बल्कि समझा हुआ।

Thornton trat weit von dem Hund zurück und gab das Signal.

थॉर्नटन कुत्ते से काफी पीछे हट गया और संकेत दिया।

„Jetzt, Buck", sagte er und Buck antwortete mit konzentrierter Ruhe.

"अब, बक," उन्होंने कहा, और बक ने ध्यान केंद्रित कर शांति से जवाब दिया।

Buck spannte die Leinen und lockerte sie dann um einige Zentimeter.

बक ने ट्रेस को पहले कस दिया, फिर कुछ इंच तक ढीला कर दिया।

Dies war die Methode, die er gelernt hatte; seine Art, den Schlitten zu zerbrechen.

यह वह विधि थी जो उसने सीखी थी; स्लेज तोड़ने का उसका तरीका।

„Mensch!", rief Thornton mit scharfer Stimme in der schweren Stille.

"जी!" थॉर्नटन चिल्लाया, उसकी आवाज़ भारी सन्नाटे में तीखी थी।

Buck drehte sich nach rechts und stürzte sich mit seinem gesamten Gewicht nach vorn.

बक दाहिनी ओर मुड़ा और अपना पूरा वजन डालकर आगे बढ़ा।

Das Spiel verschwand und Bucks gesamte Masse traf die straffen Leinen.

ढीलापन गायब हो गया, और बक का पूरा शरीर तंग पटरियों से टकराया।

Der Schlitten zitterte und die Kufen machten ein knackendes, knisterndes Geräusch.

स्लेज कांपने लगी और धावकों ने तीखी चटचटाहट वाली आवाज निकाली।

„Haw!", befahl Thornton und änderte erneut Bucks Richtung.

"हाउ!" थॉर्नटन ने बक की दिशा फिर बदलते हुए आदेश दिया।

Buck wiederholte die Bewegung und zog diesmal scharf nach links.

बक ने यही चाल दोहराई, इस बार वह तेजी से बायीं ओर खिंचा।

Das Knacken des Schlittens wurde lauter, die Kufen knackten und verschoben sich.

स्लेज की आवाज तेज हो गई, धावक झटके खाने लगे और इधर-उधर हिलने लगे।

Die schwere Last rutschte leicht seitwärts über den gefrorenen Schnee.

भारी बोझ जमी हुई बर्फ पर थोड़ा सा बगल की ओर खिसक गया।

Der Schlitten hatte sich aus der Umklammerung des eisigen Pfades gelöst!

स्लेज बर्फीले रास्ते की पकड़ से मुक्त हो गयी थी!

Die Männer hielten den Atem an, ohne zu merken, dass sie nicht einmal atmeten.

पुरुषों ने अपनी सांस रोक ली, उन्हें पता ही नहीं था कि वे सांस भी नहीं ले रहे हैं।

„Jetzt ZIEHEN!", rief Thornton durch die eisige Stille.

"अब, खींचो!" थॉर्नटन ने जमी हुई खामोशी के पार चिल्लाकर कहा।

Thorntons Befehl klang scharf wie ein Peitschenknall.

थॉर्नटन का आदेश चाबुक की तड़तड़ाहट की तरह तीव्र सुनाई दिया।

Buck stürzte sich mit einem heftigen und heftigen Ausfallschritt nach vorne.

बक ने स्वयं को एक भयंकर और झटके के साथ आगे की ओर फेंका।

Sein ganzer Körper war aufgrund der enormen Belastung angespannt und verkrampft.

उसका पूरा शरीर भारी तनाव के कारण तनावग्रस्त और सिकुड़ गया।

Unter seinem Fell spannten sich Muskeln wie lebendig werdende Schlangen.

उसके फर के नीचे मांसपेशियाँ ऐसे लहरा रही थीं जैसे जीवित साँप हों।

Seine breite Brust war tief, der Kopf nach vorne zum Schlitten gestreckt.

उसकी बड़ी छाती नीचे झुकी हुई थी, सिर स्लेज की ओर आगे की ओर बढ़ा हुआ था।

Seine Pfoten bewegten sich blitzschnell und seine Krallen zerschnitten den gefrorenen Boden.

उसके पंजे बिजली की तरह चलते थे, और उसके पंजे जमी हुई ज़मीन को चीरते थे।

Er kämpfte um jeden Zentimeter Bodenhaftung und hinterließ tiefe Rillen.

वह प्रत्येक इंच पकड़ के लिए संघर्ष कर रहा था, तथा खांचे गहरे हो गए थे।

Der Schlitten schaukelte, zitterte und begann eine langsame, unruhige Bewegung.

स्लेज हिलने लगी, कांपने लगी और धीमी, असहज गति से चलने लगी।

Ein Fuß rutschte aus und ein Mann in der Menge stöhnte laut auf.

एक पैर फिसला और भीड़ में से एक आदमी जोर से कराह उठा।

Dann machte der Schlitten mit einer ruckartigen, heftigen Bewegung einen Satz nach vorne.

तभी स्लेज झटके के साथ, उग्र गति से आगे बढ़ी।

Es hörte nicht wieder auf – noch einen halben Zoll … einen Zoll … zwei Zoll mehr.

यह फिर नहीं रुका - आधा इंच...एक इंच...दो इंच और।

Die Stöße wurden kleiner, als der Schlitten an Geschwindigkeit zunahm.

जैसे-जैसे स्लेज ने गति पकड़नी शुरू की, झटके कम होते गए।

Bald zog Buck mit sanfter, gleichmäßiger Rollkraft.

जल्द ही बक सहज, समान, लुढ़कती शक्ति के साथ खींचने लगा।

Die Männer schnappten nach Luft und erinnerten sich schließlich wieder daran zu atmen.

लोगों की सांस फूलने लगी और अंततः उन्हें दोबारा सांस लेने की याद आई।

Sie hatten nicht bemerkt, dass ihnen vor Ehrfurcht der Atem stockte.

उन्हें पता ही नहीं चला कि भय के कारण उनकी सांसें रुक गई थीं।

Thornton rannte hinterher und rief kurze, fröhliche Befehle.

थॉर्नटन पीछे दौड़ा और छोटे-छोटे, प्रसन्नचित्त आदेश देता हुआ बोला।

Vor uns lag ein Stapel Brennholz, der die Entfernung markierte.

आगे लकड़ियों का ढेर था जो दूरी का संकेत दे रहा था।

Als Buck sich dem Haufen näherte, wurde der Jubel immer lauter.

जैसे ही बक ढेर के पास पहुंचा, जयजयकार और तेज होती गई।

Der Jubel schwoll zu einem Brüllen an, als Buck den Endpunkt passierte.

जैसे ही बक अंतिम बिंदु से आगे बढ़ा, जयजयकार गर्जना में बदल गई।

Männer sprangen auf und schrien, sogar Matthewson grinste.

लोग उछलने लगे और चिल्लाने लगे, यहां तक कि मैथ्यूसन भी मुस्कुराने लगा।

Hüte flogen durch die Luft, Fäustlinge wurden gedankenlos und ziellos herumgeworfen.

टोपियाँ हवा में उड़ने लगीं, दस्ताने बिना सोचे-समझे या उद्देश्य के उछाले जाने लगे।

Männer packten einander und schüttelten sich die Hände, ohne zu wissen, wer es war.

पुरुषों ने एक दूसरे को पकड़ लिया और बिना यह जाने कि वे कौन हैं, हाथ मिलाया।

Die ganze Menge war in wilder, freudiger Stimmung.

पूरी भीड़ उन्मत्त, आनन्दपूर्ण उत्सव में झूम उठी।

Thornton fiel mit zitternden Händen neben Buck auf die Knie.

थॉर्नटन कांपते हाथों से बक के पास घुटनों के बल बैठ गया।

Er drückte seinen Kopf an Bucks und schüttelte ihn sanft hin und her.

उसने अपना सिर बक के सिर से सटाया और उसे धीरे से आगे-पीछे हिलाया।

Diejenigen, die näher kamen, hörten, wie er den Hund mit stiller Liebe verfluchte.

जो लोग उसके पास गए, उन्होंने उसे शांत प्रेम से कुत्ते को कोसते हुए सुना।

Er beschimpfte Buck lange – leise, herzlich und emotional.

वह काफी देर तक बक को गालियाँ देता रहा - धीरे से, गर्मजोशी से, भावुकता से।

„Gut, Sir! Gut, Sir!", rief der König der Skookum-Bank hastig.

"अच्छा, सर! अच्छा, सर!" स्कूकम बेंच राजा ने जल्दी से चिल्लाया।

„Ich gebe Ihnen tausend – nein, zwölfhundert – für diesen Hund, Sir!"

"मैं आपको उस कुत्ते के लिए एक हज़ार - नहीं, बारह सौ - दूँगा, सर!"

Thornton stand langsam auf, seine Augen glänzten vor Emotionen.

थॉर्नटन धीरे-धीरे अपने पैरों पर खड़ा हुआ, उसकी आँखें भावनाओं से चमक रही थीं।

Tränen strömten ihm ohne jede Scham über die Wangen.

बिना किसी शर्म के उसके गालों पर खुलकर आँसू बहने लगे।

„Sir", sagte er zum König der Skookum-Bank, ruhig und bestimmt

"सर," उसने स्कूकम बेंच राजा से स्थिर और दृढ़ स्वर में कहा

„Nein, Sir. Sie können zur Hölle fahren, Sir. Das ist meine endgültige Antwort."

"नहीं, सर। आप नरक में जा सकते हैं, सर। यह मेरा अंतिम उत्तर है।"

Buck packte Thorntons Hand sanft mit seinen starken Kiefern.

बक ने थॉर्नटन का हाथ धीरे से अपने मजबूत जबड़ों में पकड़ लिया।

Thornton schüttelte ihn spielerisch, ihre Bindung war so tief wie eh und je.

थॉर्नटन ने उसे खेल-खेल में हिलाया, उनका रिश्ता पहले की तरह गहरा था।

Die Menge, bewegt von diesem Moment, trat schweigend zurück.

इस क्षण से द्रवित भीड़ चुपचाप पीछे हट गई।

Von da an wagte es niemand mehr, diese heilige Zuneigung zu unterbrechen.

तब से, किसी ने भी ऐसे पवित्र स्नेह को बाधित करने का साहस नहीं किया।

Der Klang des Rufs
पुकार की ध्वनि

Buck hatte in fünf Minuten Sechzehnhundert Dollar verdient.

बक ने पाँच मिनट में सोलह सौ डॉलर कमा लिये थे।

Mit dem Geld konnte John Thornton einen Teil seiner Schulden begleichen.

इस धन से जॉन थॉर्नटन ने अपने कुछ कर्ज चुकाये।

Mit dem restlichen Geld machte er sich mit seinen Partnern auf den Weg nach Osten.

बाकी बचे पैसों से वह अपने साझेदारों के साथ पूर्व की ओर चल पड़ा।

Sie suchten nach einer sagenumwobenen verlorenen Mine, die so alt ist wie das Land selbst.

वे एक ऐसी खोई हुई खदान की तलाश में थे, जो देश जितनी ही पुरानी थी।

Viele Männer hatten nach der Mine gesucht, aber nur wenige hatten sie je gefunden.

कई लोगों ने खदान की खोज की थी, लेकिन बहुत कम लोग इसे खोज पाए थे।

Während der gefährlichen Suche waren nicht wenige Männer verschwunden.

इस खतरनाक खोज के दौरान कई लोग गायब हो गये थे।

Diese verlorene Mine war sowohl in Geheimnisse als auch in eine alte Tragödie gehüllt.

यह खोई हुई खदान रहस्य और पुरानी त्रासदी दोनों से लिपटी हुई थी।

Niemand wusste, wer der erste Mann war, der die Mine entdeckt hatte.

कोई नहीं जानता था कि खदान खोजने वाला पहला व्यक्ति कौन था।

In den ältesten Geschichten wird niemand namentlich erwähnt.

सबसे पुरानी कहानियों में किसी का नाम नहीं लिया गया है।

Dort hatte immer eine alte, baufällige Hütte gestanden.

वहाँ हमेशा से एक पुराना जर्जर केबिन रहा था।

Sterbende Männer hatten geschworen, dass sich neben dieser alten Hütte eine Mine befand.

मरते हुए लोगों ने कसम खाई थी कि उस पुराने केबिन के बगल में एक बारूदी सुरंग थी।

Sie bewiesen ihre Geschichten mit Gold, wie es nirgendwo sonst zu finden ist.

उन्होंने अपनी कहानियों को सोने से प्रमाणित किया जैसा अन्यत्र कहीं नहीं मिलता।

Keine lebende Seele hatte den Schatz von diesem Ort jemals geplündert.

किसी भी जीवित आत्मा ने उस स्थान से खजाना कभी नहीं लूटा था।

Die Toten waren tot, und Tote erzählen keine Geschichten.

मरे हुए लोग तो मरे हुए हैं, और मरे हुए लोग कोई कहानी नहीं बताते।

Also machten sich Thornton und seine Freunde auf den Weg in den Osten.

इसलिए थॉर्नटन और उसके दोस्त पूर्व की ओर चले गए।

Pete und Hans kamen mit Buck und sechs starken Hunden.

पीट और हंस भी बक और छह मजबूत कुत्तों को साथ लेकर आये।

Sie begaben sich auf einen unbekannten Weg, an dem andere gescheitert waren.

वे एक अज्ञात रास्ते पर चल पड़े, जहां अन्य लोग असफल हो गए थे।

Sie rodelten siebzig Meilen den zugefrorenen Yukon River hinauf.

उन्होंने जमी हुई युकोन नदी पर सत्तर मील तक स्लेज से यात्रा की।

Sie bogen links ab und folgten dem Pfad bis zum Stewart.

वे बायीं ओर मुड़े और स्टीवर्ट नदी के रास्ते पर चले गए।

Sie passierten Mayo und McQuestion und drängten weiter.

वे मेयो और मैकक्वेश्चन को पार करते हुए आगे बढ़ गए।

Der Stewart schrumpfte zu einem Strom, der sich durch zerklüftete Gipfel schlängelte.

स्टीवर्ट नदी सिकुड़कर एक धारा में बदल गई, जिसके दांतेदार शिखर उभर आए।

Diese scharfen Gipfel markierten das Rückgrat des Kontinents.

ये तीखी चोटियाँ महाद्वीप की रीढ़ की हड्डी का प्रतीक थीं।

John Thornton verlangte wenig von den Menschen oder der Wildnis.

जॉन थॉर्नटन को मनुष्यों या जंगली भूमि से कोई खास अपेक्षा नहीं थी।

Er fürchtete nichts in der Natur und begegnete der Wildnis mit Leichtigkeit.

उन्हें प्रकृति से किसी भी चीज का डर नहीं था और उन्होंने जंगली जीवन का सामना सहजता से किया।

Nur mit Salz und einem Gewehr konnte er reisen, wohin er wollte.

केवल नमक और एक राइफल के साथ वह जहां चाहे यात्रा कर सकता था।

Wie die Eingeborenen jagte er auf seiner Reise nach Nahrung.

स्थानीय लोगों की तरह वह भी यात्रा करते समय भोजन की तलाश में रहते थे।

Wenn er nichts fing, machte er weiter und vertraute auf sein Glück.

यदि उसे कुछ नहीं मिलता तो वह भाग्य पर भरोसा करते हुए आगे बढ़ता रहता।

Auf dieser langen Reise war Fleisch die Hauptnahrungsquelle.

इस लम्बी यात्रा में मांस ही मुख्य चीज थी जो उन्होंने खाई।

Der Schlitten enthielt Werkzeuge und Munition, jedoch keinen strengen Zeitplan.

स्लेज में औजार और गोला-बारूद तो था, लेकिन कोई सख्त समय-सारणी नहीं थी।

Buck liebte dieses Herumwandern, die endlose Jagd und das Fischen.

बक को यह भ्रमण, अंतहीन शिकार और मछली पकड़ना बहुत पसंद था।

Wochenlang waren sie Tag für Tag unterwegs.

कई सप्ताह तक वे लगातार दिन-रात यात्रा करते रहे।

Manchmal schlugen sie Lager auf und blieben wochenlang dort.

कभी-कभी वे शिविर बनाकर हफ्तों तक वहीं रहते थे।

Die Hunde ruhten sich aus, während die Männer im gefrorenen Dreck gruben.

जब लोग जमी हुई मिट्टी खोद रहे थे, तब कुत्ते आराम कर रहे थे।

Sie erwärmten Pfannen über dem Feuer und suchten nach verborgenem Gold.

वे आग पर बर्तन गर्म करते और उसमें छिपे हुए सोने की खोज करते।

An manchen Tagen hungerten sie, an anderen feierten sie Feste.

कुछ दिन वे भूखे रहे, और कुछ दिन उन्होंने दावतें खाईं।

Ihre Mahlzeiten hingen vom Wild und vom Jagdglück ab.

उनका भोजन खेल और शिकार के भाग्य पर निर्भर करता था।

Als der Sommer kam, trugen Männer und Hunde schwere Lasten auf ihren Rücken.

जब गर्मियां आती थीं, तो लोग और कुत्ते अपनी पीठ पर बोझ लाद लेते थे।

Sie fuhren mit dem Floß über blaue Seen, die in Bergwäldern versteckt waren.

उन्होंने पहाड़ी जंगलों में छिपी नीली झीलों पर राफ्टिंग की।

Sie segelten in schmalen Booten auf Flüssen, die noch nie von Menschen kartiert worden waren.

वे उन नदियों पर पतली नावें चलाते थे जिनका मानचित्र कभी किसी मनुष्य ने नहीं बनाया था।

Diese Boote wurden aus Bäumen gebaut, die sie in der Wildnis gesägt haben.

वे नावें जंगल में काटे गए पेड़ों से बनाई गई थीं।

Die Monate vergingen und sie schlängelten sich durch die wilden, unbekannten Länder.

कई महीने बीत गए और वे जंगली अनजान भूमि से होकर गुज़रते रहे।

Es waren keine Männer dort, doch alte Spuren deuteten darauf hin, dass Männer dort gewesen waren.

वहाँ कोई आदमी नहीं था, फिर भी पुराने निशानों से संकेत मिलता है कि वहाँ आदमी थे।

Wenn die verlorene Hütte echt war, dann waren einst andere hier entlang gekommen.

यदि खोया हुआ केबिन वास्तविक था, तो अन्य लोग भी कभी इस रास्ते से आये होंगे।

Sie überquerten hohe Pässe bei Schneestürmen, sogar im Sommer.

वे बर्फानी तूफानों में भी, यहाँ तक कि गर्मियों के दौरान भी, ऊँचे दर्रे पार करते थे।

Sie zitterten unter der Mitternachtssonne auf kahlen Berghängen.

वे नंगे पहाड़ी ढलानों पर आधी रात के सूरज के नीचे ठिठुर रहे थे।

Zwischen der Baumgrenze und den Schneefeldern stiegen sie langsam auf.

वृक्षों और बर्फ के मैदानों के बीच वे धीरे-धीरे चढ़ते रहे।

In warmen Tälern schlugen sie nach Schwärmen aus Mücken und Fliegen.

गर्म घाटियों में, वे मक्खियों और मच्छरों के झुंड को मारते थे।

Sie pflückten süße Beeren in der Nähe von Gletschern in voller Sommerblüte.

उन्होंने गर्मियों में खिले ग्लेशियरों के पास से मीठे जामुन तोड़े।

Die Blumen, die sie fanden, waren genauso schön wie die im Süden.

उन्हें जो फूल मिले वे साउथलैंड के फूलों जैसे ही सुन्दर थे।

Im Herbst erreichten sie eine einsame Region voller stiller Seen.

उस पतझड़ में वे शांत झीलों से भरे एक सुनसान क्षेत्र में पहुँच गये।

Das Land war traurig und leer, einst voller Vögel und Tiere.

यह भूमि उदास और खाली थी, जहां कभी पक्षी और जानवर रहते थे।

Jetzt gab es kein Leben mehr, nur noch den Wind und das Eis, das sich in Pfützen bildete.

अब वहाँ कोई जीवन नहीं था, केवल हवा और तालाबों में जमती बर्फ थी।

Mit einem sanften, traurigen Geräusch schlugen die Wellen gegen die leeren Ufer.

लहरें खाली तटों से मृदु, शोकपूर्ण ध्वनि के साथ टकरा रही थीं।

Ein weiterer Winter kam und sie folgten erneut schwachen, alten Spuren.

एक और सर्दी आई और वे फिर से धुंधले, पुराने रास्तों पर चल पड़े।

Dies waren die Spuren von Männern, die schon lange vor ihnen gesucht hatten.

ये उन लोगों के निशान थे जिन्होंने इनसे बहुत पहले खोज की थी।

Einmal fanden sie einen Pfad, der tief in den dunklen Wald hineinreichte.

एक बार उन्हें अंधेरे जंगल में एक रास्ता मिल गया।

Es war ein alter Pfad und sie hatten das Gefühl, dass die verlorene Hütte ganz in der Nähe war.

यह एक पुराना रास्ता था और उन्हें लगा कि खोया हुआ केबिन नजदीक ही है।

Doch die Spur führte nirgendwo hin und verlor sich im dichten Wald.

लेकिन रास्ता कहीं नहीं गया और घने जंगल में लुप्त हो गया।

Wer auch immer die Spur angelegt hat und warum, das wusste niemand.

यह रास्ता किसने बनाया और क्यों बनाया, यह कोई नहीं जानता।

Später fanden sie das Wrack einer Hütte, versteckt zwischen den Bäumen.

बाद में उन्हें पेड़ों के बीच छिपे एक लॉज का मलबा मिला।

Verrottende Decken lagen verstreut dort, wo einst jemand geschlafen hatte.

जहां कभी कोई सोया था, वहां सड़े हुए कम्बल बिखरे पड़े थे।

John Thornton fand darin ein Steinschlossgewehr mit langem Lauf.

जॉन थॉर्नटन को अंदर दबा हुआ एक लंबी बैरल वाला फ्लिंटलॉक मिला।

Er wusste, dass es sich um eine Waffe von Hudson Bay aus den frühen Handelstagen handelte.

उन्हें शुरुआती कारोबारी दिनों से ही पता था कि यह हडसन बे की बंदूक है।

Damals wurden solche Gewehre gegen Stapel von Biberfellen eingetauscht.

उन दिनों ऐसी बंदूकों का व्यापार ऊदबिलाव की खाल के ढेर के बदले में किया जाता था।

Das war alles – von dem Mann, der die Hütte gebaut hatte, gab es keine Spur mehr.

बस इतना ही था - लॉज बनाने वाले व्यक्ति का कोई सुराग नहीं बचा।

Der Frühling kam wieder und sie fanden keine Spur von der verlorenen Hütte.

फिर वसंत आया और उन्हें खोए हुए केबिन का कोई निशान नहीं मिला।

Stattdessen fanden sie ein breites Tal mit einem seichten Bach.

इसके बजाय उन्हें एक उथली धारा वाली चौड़ी घाटी मिली।

Gold lag wie glatte, gelbe Butter auf dem Pfannenboden.

पैन के तले पर चिकने, पीले मक्खन की तरह सोना फैला हुआ था।

Sie hielten dort an und suchten nicht weiter nach der Hütte.

वे वहीं रुक गए और केबिन की ओर खोज नहीं की।

Jeden Tag arbeiteten sie und fanden Tausende in Goldstaub.

प्रत्येक दिन वे काम करते थे और हजारों की संख्या में सोने की धूल ढूंढते थे।

Sie packten das Gold in Säcke aus Elchhaut, jeder Fünfzig Pfund schwer.

उन्होंने सोने को मूस की खाल से बने बैगों में पैक किया, प्रत्येक बैग का वजन पचास पाउंड था।

Die Säcke waren wie Brennholz vor ihrer kleinen Hütte gestapelt.

उनके छोटे से लॉज के बाहर बैगों को जलाऊ लकड़ी की तरह ढेर करके रखा गया था।

Sie arbeiteten wie Giganten und die Tage vergingen wie im Flug.

वे दिग्गजों की तरह काम करते थे, और दिन सपनों की तरह बीतते थे।

Sie häuften Schätze an, während die endlosen Tage schnell vorbeizogen.

जैसे-जैसे अंतहीन दिन तेजी से बीतते गए, उन्होंने खजाना इकट्ठा करना जारी रखा।

Außer ab und zu Fleisch zu schleppen, gab es für die Hunde nicht viel zu tun.

कुत्तों के पास अब मांस ढोने के अलावा कोई और काम नहीं था।

Thornton jagte und tötete das Wild, und Buck lag am Feuer.

थॉर्नटन शिकार करता और उसे मारता था, और बक आग के पास लेटा रहता था।

Er verbrachte viele Stunden schweigend, versunken in Gedanken und Erinnerungen.

वह कई घंटे मौन रहकर विचारों और स्मृतियों में खोए रहते थे।

Das Bild des haarigen Mannes kam Buck immer häufiger in den Sinn.

बक के मन में बालों वाले आदमी की छवि बार-बार आती थी।

Jetzt, wo es kaum noch Arbeit gab, träumte Buck, während er ins Feuer blinzelte.

अब चूंकि काम कम हो गया था, बक आग के पास आंखें झपकाते हुए सपने देखने लगा।

In diesen Träumen wanderte Buck mit dem Mann in eine andere Welt.

उन सपनों में, बक उस आदमी के साथ दूसरी दुनिया में भटकता रहा।

Angst schien das stärkste Gefühl in dieser fernen Welt zu sein.

उस दूर के संसार में भय सबसे प्रबल भावना प्रतीत हो रही थी।

Buck sah, wie der haarige Mann mit gesenktem Kopf schlief.

बक ने देखा कि वह बालों वाला आदमी सिर झुकाए सो रहा था।

Seine Hände waren gefaltet und sein Schlaf war unruhig und unterbrochen.

उसके हाथ आपस में बंधे हुए थे और उसकी नींद बेचैन और टूटी हुई थी।

Er wachte immer ruckartig auf und starrte ängstlich in die Dunkelheit.

वह अचानक जाग जाता था और भयभीत होकर अंधेरे में देखता रहता था।

Dann warf er mehr Holz ins Feuer, um die Flamme hell zu halten.

फिर वह आग की लौ को तेज बनाए रखने के लिए उसमें और लकड़ियाँ डालता।

Manchmal spazierten sie an einem Strand entlang, der an einem grauen, endlosen Meer entlangführte.

कभी-कभी वे धूसर, अंतहीन समुद्र के किनारे समुद्र तट पर टहलते थे।

Der haarige Mann sammelte Schalentiere und aß sie im Gehen.

बालों वाला आदमी चलते-चलते सीपदार मछलियाँ उठाता और खाता रहा।

Seine Augen suchten immer nach verborgenen Gefahren in den Schatten.

उसकी आँखें हमेशा छाया में छिपे खतरों की तलाश में रहती थीं।

Seine Beine waren immer bereit, beim ersten Anzeichen einer Bedrohung loszusprinten.

खतरे का पहला संकेत मिलते ही उसके पैर दौड़ने के लिए हमेशा तैयार रहते थे।

Sie schlichen still und vorsichtig Seite an Seite durch den Wald.

वे जंगल में एक-दूसरे के साथ-साथ चुपचाप और सतर्क होकर रेंगते रहे।

Buck folgte ihm auf den Fersen und beide blieben wachsam.

बक उसके पीछे-पीछे गया, और वे दोनों सतर्क रहे।

Ihre Ohren zuckten und bewegten sich, ihre Nasen schnüffelten in der Luft.

उनके कान फड़कने लगे और हिलने लगे, उनकी नाक हवा सूँघने लगी।

Der Mann konnte den Wald genauso gut hören und riechen wie Buck.

वह आदमी जंगल की आवाज़ को बक की तरह ही तेज़ी से सुन और सूंघ सकता था।

Der haarige Mann schwang sich mit plötzlicher Geschwindigkeit durch die Bäume.

बालों वाला आदमी अचानक तेजी से पेड़ों के बीच से गुजरा।

Er sprang von Ast zu Ast, ohne jemals den Halt zu verlieren.

वह एक डाल से दूसरी डाल पर छलांग लगाता रहा, लेकिन उसकी पकड़ कभी ढीली नहीं पड़ी।

Er bewegte sich über dem Boden genauso schnell wie auf ihm.

वह जमीन पर जितनी तेजी से चलता था, उतनी ही तेजी से ऊपर भी चलता था।

Buck erinnerte sich an lange Nächte, in denen er unter den Bäumen Wache hielt.

बक को पेड़ों के नीचे पहरा देते हुए बिताई गई लंबी रातें याद थीं।

Der Mann schlief auf seiner Stange in den Zweigen und klammerte sich fest.

वह आदमी शाखाओं से चिपककर सो गया।

Diese Vision des haarigen Mannes war eng mit dem tiefen Ruf verbunden.

बालों वाले आदमी का यह दर्शन गहरी पुकार से बहुत निकटता से जुड़ा हुआ था।

Der Ruf klang noch immer mit eindringlicher Kraft durch den Wald.

वह पुकार अभी भी जंगल में भयावह शक्ति के साथ गूंजती है।

Der Anruf erfüllte Buck mit Sehnsucht und einem rastlosen Gefühl der Freude.

इस कॉल ने बक को लालसा और खुशी की बेचैन भावना से भर दिया।

Er spürte seltsame Triebe und Regungen, die er nicht benennen konnte.

उसे अजीब सी इच्छाएं और हलचल महसूस हुई जिनका वह नाम नहीं बता सका।

Manchmal folgte er dem Ruf tief in die Stille des Waldes.

कभी-कभी वह उस पुकार का पीछा करते हुए जंगल की शांत गहराई में चला जाता था।

Er suchte nach dem Ruf und bellte dabei leise oder scharf.

वह पुकार की तलाश में था, चलते समय धीरे से या तेजी से भौंकता हुआ।

Er roch am Moos und der schwarzen Erde, wo die Gräser wuchsen.

उसने उस जगह पर काई और काली मिट्टी को सूँघा जहाँ घास उगी हुई थी।

Er schnaubte entzückt über den reichen Geruch der tiefen Erde.

वह गहरी धरती की समृद्ध गंध से प्रसन्न होकर सूँघने लगा।

Er hockte stundenlang hinter pilzbefallenen Baumstämmen.

वह घंटों तक फफूंद से ढके पेड़ों के पीछे दुबका रहा।

Er blieb still und lauschte mit großen Augen jedem noch so kleinen Geräusch.

वह चुपचाप खड़ा रहा और अपनी आँखें चौड़ी करके हर छोटी सी आवाज़ को सुनता रहा।

Vielleicht hoffte er, das Wesen, das den Ruf auslöste, zu überraschen.

हो सकता है कि वह उस चीज़ को आश्चर्यचकित करने की आशा कर रहा हो जिसने कॉल दिया था।

Er wusste nicht, warum er so handelte – er tat es einfach.

वह नहीं जानता था कि उसने ऐसा क्यों किया - उसने बस ऐसा किया।

Die Triebe kamen aus der Tiefe, jenseits von Denken und Vernunft.

ये इच्छाएं भीतर से आती थीं, विचार या तर्क से परे।

Unwiderstehliche Triebe überkamen Buck ohne Vorwarnung oder Grund.

अदम्य इच्छाओं ने बिना किसी चेतावनी या कारण के बक को जकड़ लिया।

Manchmal döste er träge im Lager in der Mittagshitze.

कभी-कभी वह दोपहर की गर्मी में शिविर में आलस से झपकी ले रहा था।

Plötzlich hob er den Kopf und stellte aufmerksam die Ohren auf.

अचानक, उसका सिर उठा और उसके कान चौकन्ने होकर ऊपर उठ गये।

Dann sprang er auf und stürmte ohne Pause in die Wildnis.

फिर वह उछल पड़ा और बिना रुके जंगल की ओर भाग गया।

Er rannte stundenlang durch Waldwege und offene Flächen.

वह जंगल के रास्तों और खुले स्थानों पर घंटों दौड़ता रहा।

Er liebte es, trockenen Bachläufen zu folgen und Vögel in den Bäumen zu beobachten.

उसे सूखी नदियों के किनारे घूमना और पेड़ों पर पक्षियों की जासूसी करना बहुत पसंद था।

Er könnte den ganzen Tag versteckt liegen und den Rebhühnern beim Herumstolzieren zusehen.

वह सारा दिन छिपकर लेटा रह सकता था, और इधर-उधर घूमते तीतरों को देखता रह सकता था।

Sie trommelten und marschierten, ohne Bucks Anwesenheit zu bemerken.

वे ढोल बजाते और मार्च करते रहे, बक की उपस्थिति से अनभिज्ञ।

Doch am meisten liebte er das Laufen in der Sommerdämmerung.

लेकिन उन्हें सबसे ज्यादा पसंद था गर्मियों में शाम के समय दौड़ना।

Das schwache Licht und die schläfrigen Waldgeräusche erfüllten ihn mit Freude.

मंद रोशनी और जंगल की नींद भरी आवाज़ें उसे ख़ुशी से भर रही थीं।

Er las die Zeichen des Waldes so deutlich, wie ein Mann ein Buch liest.

उन्होंने जंगल के चिह्नों को इतनी स्पष्टता से पढ़ा जैसे कोई व्यक्ति किताब पढ़ता है।

Und er suchte immer nach dem seltsamen Ding, das ihn rief.

और वह हमेशा उस अजीब चीज़ को खोजता रहता था जो उसे बुलाती थी।

Dieser Ruf hörte nie auf – er erreichte ihn im Wachzustand und im Schlaf.

वह पुकार कभी रुकी नहीं - वह जागते या सोते समय उसके पास पहुंचती थी।

Eines Nachts erwachte er mit einem Ruck, die Augen waren scharf und die Ohren gespitzt.

एक रात वह अचानक जाग गया, उसकी आँखें तेज़ और कान ऊँचे थे।

Seine Nasenlöcher zuckten, während seine Mähne in Wellen sträubte.

उसके नथुने फड़क रहे थे, जबकि उसके बाल लहरों की तरह खड़े थे।

Aus der Tiefe des Waldes ertönte erneut der alte Ruf.

जंगल के गहरे भाग से फिर वही आवाज़ आई, वही पुरानी पुकार।

Diesmal war der Ton klar und deutlich zu hören, ein langes, eindringliches, vertrautes Heulen.

इस बार आवाज स्पष्ट सुनाई दी, एक लंबी, भयावह, परिचित चीख।

Es klang wie der Schrei eines Huskys, aber mit einem seltsamen und wilden Ton.

यह कर्कश चीख की तरह थी, लेकिन स्वर में अजीब और जंगली।

Buck erkannte das Geräusch sofort – er hatte das genaue Geräusch vor langer Zeit gehört.

बक को तुरन्त ही वह आवाज पहचान गई - उसने ठीक वैसी ही आवाज बहुत पहले सुनी थी।

Er sprang durch das Lager und verschwand schnell im Wald.

वह शिविर से छलांग लगाकर तेजी से जंगल में गायब हो गया।

Als er sich dem Geräusch näherte, wurde er langsamer und bewegte sich vorsichtig.

जैसे ही वह आवाज के निकट पहुंचा, उसने अपनी गति धीमी कर ली और सावधानी से आगे बढ़ा।

Bald erreichte er eine Lichtung zwischen dichten Kiefern.

जल्द ही वह घने देवदार के पेड़ों के बीच एक खुले स्थान पर पहुंच गया।

Dort saß aufrecht auf seinen Hinterbeinen ein großer, schlanker Timberwolf.

वहाँ, एक लंबा, दुबला-पतला भेड़िया अपने कूल्हों के बल सीधा बैठा था।

Die Nase des Wolfes zeigte zum Himmel und hallte noch immer den Ruf wider.

भेड़िये की नाक आसमान की ओर उठी हुई थी, तथा अभी भी आवाज गूंज रही थी।

Buck hatte keinen Laut von sich gegeben, doch der Wolf blieb stehen und lauschte.

बक ने कोई आवाज नहीं की, फिर भी भेड़िया रुक गया और सुनने लगा।

Der Wolf spürte etwas, spannte sich an und suchte die Dunkelheit ab.

कुछ आभास होने पर भेड़िया घबरा गया और अंधेरे में खोज करने लगा।

Buck schlich ins Blickfeld, mit gebeugtem Körper und ruhigen Füßen auf dem Boden.

हिरन धीरे-धीरे नज़र आया, उसका शरीर झुका हुआ था, पैर ज़मीन पर शांत थे।

Sein Schwanz war gerade, sein Körper vor Anspannung zusammengerollt.

उसकी पूँछ सीधी थी, उसका शरीर तनाव से कड़ा हो गया था।

Er zeigte sowohl eine bedrohliche als auch eine Art raue Freundschaft.

उन्होंने धमकी और एक प्रकार की कठोर मित्रता दोनों का प्रदर्शन किया।

Es war die vorsichtige Begrüßung, die wilde Tiere einander entgegenbrachten.

यह जंगली जानवरों द्वारा किया जाने वाला सतर्क अभिवादन था।

Aber der Wolf drehte sich um und floh, sobald er Buck sah.

लेकिन जैसे ही भेड़िये ने बक को देखा, वह मुड़कर भाग गया।

Buck nahm die Verfolgung auf und sprang wild um sich, begierig darauf, es einzuholen.

बक ने बेतहाशा छलांग लगाते हुए उसका पीछा किया, ताकि वह उससे आगे निकल जाए।

Er folgte dem Wolf in einen trockenen Bach, der durch einen Holzstau blockiert war.

वह भेड़िये का पीछा करते हुए एक सूखी नदी तक पहुंचा जो लकड़ी के ढेर से अवरुद्ध थी।

In die Enge getrieben, wirbelte der Wolf herum und blieb stehen.

कोने में फँसकर भेड़िया घूम गया और अपनी जगह पर खड़ा हो गया।

Der Wolf knurrte und schnappte wie ein gefangener Husky im Kampf.

भेड़िया किसी लड़ाई में फंसे हुए कर्कश कुत्ते की तरह गुर्राया और झपट पड़ा।

Die Zähne des Wolfes klickten schnell, sein Körper strotzte vor wilder Wut.

भेड़िये के दांत तेजी से बजने लगे, उसका शरीर भयंकर क्रोध से भर गया।

Buck griff nicht an, sondern umkreiste den Wolf mit vorsichtiger Freundlichkeit.

बक ने हमला नहीं किया, बल्कि सावधानीपूर्वक मित्रतापूर्वक भेड़िये के चारों ओर चक्कर लगाया।

Durch langsame, harmlose Bewegungen versuchte er, seine Flucht zu verhindern.

उसने धीमी, हानिरहित हरकतों से उसके भागने को रोकने की कोशिश की।

Der Wolf war vorsichtig und verängstigt – Buck war dreimal so schwer wie er.

भेड़िया सावधान और डरा हुआ था - बक का वजन उससे तीन गुना ज़्यादा था।

Der Kopf des Wolfes reichte kaum bis zu Bucks massiver Schulter.

भेड़िये का सिर बमुश्किल बक के विशाल कंधे तक पहुंच पाया।

Der Wolf hielt Ausschau nach einer Lücke, rannte los und die Jagd begann von neuem.

रास्ता देखकर भेड़िया भाग गया और पीछा फिर शुरू हो गया।

Buck drängte ihn mehrere Male in die Enge und der Tanz wiederholte sich.

कई बार बक ने उसे कोने में धकेला, और नृत्य दोहराया गया।

Der Wolf war dünn und schwach, sonst hätte Buck ihn nicht fangen können.

भेड़िया दुबला-पतला और कमज़ोर था, अन्यथा बक उसे पकड़ नहीं पाता।

Jedes Mal, wenn Buck näher kam, wirbelte der Wolf herum und sah ihn voller Angst an.

हर बार जब बक उसके निकट आता तो भेड़िया डरकर घूम जाता और उसका सामना करता।

Dann rannte er bei der ersten Gelegenheit erneut in den Wald.

फिर पहला मौका मिलते ही वह एक बार फिर जंगल में भाग गया।

Aber Buck gab nicht auf und schließlich fasste der Wolf Vertrauen zu ihm.

लेकिन बक ने हार नहीं मानी और अंततः भेड़िये को उस पर भरोसा हो गया।

Er schnüffelte an Bucks Nase und die beiden wurden verspielt und aufmerksam.

उसने बक की नाक सूँघी, और दोनों चंचल और सतर्क हो गए।

Sie spielten wie wilde Tiere, wild und doch schüchtern in ihrer Freude.

वे जंगली जानवरों की तरह खेलते थे, अपनी खुशी में वे भयंकर होते हुए भी शर्मीले थे।

Nach einer Weile trabte der Wolf zielstrebig und ruhig davon.

थोड़ी देर बाद भेड़िया शांत भाव से चला गया।

Er machte Buck deutlich, dass er beabsichtigte, verfolgt zu werden.

उन्होंने बक को स्पष्ट रूप से दिखा दिया कि उनका अनुसरण किया जाना चाहिए।

Sie rannten Seite an Seite durch die Dämmerung.

वे गोधूलि के अंधेरे में एक-दूसरे के साथ-साथ दौड़े।

Sie folgten dem Bachbett hinauf in die felsige Schlucht.

वे नाले के किनारे-किनारे चलते हुए चट्टानी घाटी में चले गए।

Sie überquerten eine kalte Wasserscheide, wo der Bach entsprungen war.

उन्होंने उस ठण्डे विभाजन को पार किया जहां से धारा शुरू हुई थी।

Am gegenüberliegenden Hang fanden sie ausgedehnte Wälder und viele Bäche.

दूर ढलान पर उन्हें विस्तृत जंगल और कई नदियाँ मिलीं।

Durch dieses weite Land rannten sie stundenlang ohne Pause.

इस विशाल भूमि पर वे घंटों बिना रुके दौड़ते रहे।

Die Sonne stieg höher, die Luft wurde wärmer, aber sie rannten weiter.

सूरज ऊपर चढ़ता गया, हवा गर्म होती गई, लेकिन वे दौड़ते रहे।

Buck war voller Freude – er wusste, dass er seiner Berufung folgte.

बक खुशी से भर गया - वह जानता था कि वह अपनी बुलाहट का उत्तर दे रहा है।

Er rannte neben seinem Waldbruder her, näher an die Quelle des Rufs.

वह अपने जंगली भाई के पास दौड़ा, तथा कॉल के स्रोत के करीब पहुंच गया।

Alte Gefühle kehrten zurück, stark und schwer zu
ignorieren.

पुरानी भावनाएँ वापस आ गईं, शक्तिशाली और अनदेखा
करना कठिन।

Dies waren die Wahrheiten hinter den Erinnerungen aus
seinen Träumen.

ये उनके सपनों की यादों के पीछे की सच्चाई थी।

All dies hatte er schon einmal in einer fernen,
schattenhaften Welt getan.

उसने यह सब पहले भी एक दूर और अंधकारमय दुनिया में
किया था।

Jetzt tat er es wieder und rannte wild herum, während der
Himmel über ihm frei war.

अब उसने फिर ऐसा ही किया, ऊपर खुले आसमान में बेतहाशा
दौड़ता हुआ।

Sie hielten an einem Bach an, um aus dem kalten,
fließenden Wasser zu trinken.

वे ठंडे बहते पानी को पीने के लिए एक झरने के पास रुके।

Während er trank, erinnerte sich Buck plötzlich an John
Thornton.

शराब पीते समय बक को अचानक जॉन थॉर्नटन की याद आ
गई।

Er saß schweigend da, hin- und hergerissen zwischen der
Anziehungskraft der Loyalität und der Berufung.

वह चुपचाप बैठ गया, निष्ठा और आह्वान के खिंचाव से
विचलित।

Der Wolf trabte weiter, kam aber zurück, um Buck
anzutreiben.

भेड़िया आगे बढ़ गया, लेकिन बक को आगे बढ़ने के लिए
कहने के लिए वापस आया।

Er rümpfte die Nase und versuchte, ihn mit sanften Gesten
zu beruhigen.

उसने अपनी नाक सूँघी और कोमल इशारों से उसे मनाने की कोशिश की।

Aber Buck drehte sich um und machte sich auf den Rückweg.

लेकिन बक पलट गया और जिस रास्ते से आया था उसी रास्ते से वापस जाने लगा।

Der Wolf lief lange Zeit neben ihm her und winselte leise.

भेड़िया बहुत देर तक उसके बगल में चुपचाप रोता हुआ दौड़ता रहा।

Dann setzte er sich hin, hob die Nase und stieß ein langes Heulen aus.

फिर वह बैठ गया, अपनी नाक ऊपर उठाई और एक लंबी चीख निकाली।

Es war ein trauriger Schrei, der leiser wurde, als Buck wegging.

यह एक शोकपूर्ण चीख थी, जो बक के चले जाने पर धीमी पड़ गई।

Buck lauschte, als der Schrei langsam in der Stille des Waldes verklang.

बक सुनता रहा, रोने की आवाज धीरे-धीरे जंगल के सन्नाटे में लुप्त हो गई।

John Thornton aß gerade zu Abend, als Buck ins Lager stürmte.

जॉन थॉर्नटन खाना खा रहे थे जब बक शिविर में घुस आया।

Buck sprang wild auf ihn zu, leckte, biss und warf ihn um.

बक उस पर बेतहाशा कूद पड़ा, उसे चाटने, काटने और पटकने लगा।

Er warf ihn um, kletterte darauf und küsste sein Gesicht.

उसने उसे गिरा दिया, उसके ऊपर चढ़ गया, और उसके चेहरे को चूमा।

Thornton nannte dies liebevoll „den allgemeinen Narren spielen".

थॉर्नटन ने इसे स्नेहपूर्वक "सामान्य मूर्खता का नाटक" कहा।

Die ganze Zeit verfluchte er Buck sanft und schüttelte ihn hin und her.

इस दौरान वह बक को धीरे से कोसता रहा और उसे आगे-पीछे हिलाता रहा।

Zwei ganze Tage und Nächte lang verließ Buck das Lager kein einziges Mal.

पूरे दो दिन और रात तक बक एक बार भी शिविर से बाहर नहीं निकला।

Er blieb in Thorntons Nähe und ließ ihn nie aus den Augen.

वह थॉर्नटन के करीब रहा और उसे कभी अपनी नजरों से ओझल नहीं होने दिया।

Er folgte ihm bei der Arbeit und beobachtete ihn beim Essen.

जब वह काम करता तो वह उसके पीछे-पीछे चलता और जब वह खाता तो वह उसे देखता रहता।

Er begleitete Thornton abends in seine Decken und jeden Morgen wieder heraus.

उन्होंने थॉर्नटन को रात में अपने कंबल में और प्रत्येक सुबह बाहर देखा।

Doch bald kehrte der Ruf des Waldes zurück, lauter als je zuvor.

लेकिन जल्द ही जंगल की आवाज़ वापस आ गई, पहले से भी अधिक तेज़।

Buck wurde wieder unruhig, aufgewühlt von Gedanken an den wilden Wolf.

जंगली भेड़िये के विचार से बक फिर से बेचैन हो गया।

Er erinnerte sich an das offene Land und daran, wie sie Seite an Seite gelaufen waren.

उसे खुली ज़मीन और साथ-साथ दौड़ना याद आ गया।

Er begann erneut, allein und wachsam in den Wald zu
wandern.

वह एक बार फिर जंगल में अकेला और सतर्क होकर घूमने
लगा।

Aber der wilde Bruder kam nicht zurück und das Heulen
war nicht zu hören.

लेकिन जंगली भाई वापस नहीं आया, और चीख़ भी नहीं सुनी
गई।

Buck begann, draußen zu schlafen und blieb tagelang weg.

बक ने बाहर सोना शुरू कर दिया, और कई दिनों तक बाहर
ही रहने लगा।

Einmal überquerte er die hohe Wasserscheide, wo der Bach
entsprungen war.

एक बार वह उस ऊंचे विभाजन को पार कर गया जहां से
खाड़ी शुरू हुई थी।

Er betrat das Land des dunklen Waldes und der breiten,
fließenden Ströme.

वह काले घने जंगलों और चौड़ी बहती नदियों के देश में प्रवेश
कर गया।

Eine Woche lang streifte er umher und suchte nach Spuren
seines wilden Bruders.

एक सप्ताह तक वह अपने जंगली भाई के चिन्हों की खोज में
घूमता रहा।

Er tötete sein eigenes Fleisch und reiste mit langen,
unermüdlichen Schritten.

वह स्वयं अपना मांस मारता था और लम्बे, अथक कदमों से
यात्रा करता था।

Er fischte in einem breiten Fluss, der bis ins Meer reichte,
nach Lachs.

वह समुद्र तक पहुंचने वाली एक चौड़ी नदी में सैल्मन मछली पकड़ता था।

Dort kämpfte er gegen einen von Insekten verrückt gewordenen Schwarzbären und tötete ihn.

वहां उन्होंने कीड़ों से परेशान एक काले भालू से लड़ाई की और उसे मार डाला।

Der Bär war beim Angeln und rannte blind durch die Bäume.

भालू मछली पकड़ रहा था और अंधाधुंध पेड़ों के बीच से भाग रहा था।

Der Kampf war erbittert und weckte Bucks tiefen Kampfgeist.

यह युद्ध बहुत ही भयंकर था, जिसने बक की गहरी लड़ाकू भावना को जगा दिया।

Als Buck zwei Tage später zurückkam, fand er Vielfraße an seiner Beute vor.

दो दिन बाद बक वापस लौटा तो उसने देखा कि उसके शिकार स्थल पर वूल्वरिन मौजूद थे।

Ein Dutzend von ihnen stritten sich lautstark und wütend um das Fleisch.

उनमें से एक दर्जन लोग मांस को लेकर शोरगुल मचाते हुए झगड़ने लगे।

Buck griff an und zerstreute sie wie Blätter im Wind.

बक ने उन पर हमला किया और उन्हें हवा में उड़ते पत्तों की तरह बिखेर दिया।

Zwei Wölfe blieben zurück – still, leblos und für immer regungslos.

दो भेड़िये पीछे रह गए - हमेशा के लिए चुप, निर्जीव और अविचल।

Der Blutdurst wurde stärker denn je.

खून की प्यास पहले से भी अधिक बढ़ गई।

Buck war ein Jäger, ein Killer, der sich von Lebewesen ernährte.

बक एक शिकारी था, एक हत्यारा था, जो जीवित प्राणियों को खाकर अपना पेट भरता था।

Er überlebte allein und verließ sich auf seine Kraft und seine scharfen Sinne.

वह अपनी ताकत और तीव्र इन्द्रियों पर भरोसा करते हुए अकेले जीवित रहे।

Er gedieh in der Wildnis, wo nur die Zähesten überleben konnten.

वह जंगल में पनपा, जहां केवल सबसे मजबूत लोग ही रह सकते थे।

Daraus erwuchs ein großer Stolz, der Bucks ganzes Wesen erfüllte.

इससे बक के पूरे अस्तित्व में एक महान गर्व की भावना उत्पन्न हुई।

Sein Stolz war in jedem seiner Schritte und in der Anspannung jedes einzelnen Muskels zu erkennen.

उसका गर्व उसके हर कदम में, हर मांसपेशी की हलचल में झलकता था।

Sein Stolz war so deutlich wie seine Sprache und spiegelte sich in seiner Haltung wider.

उनका अभिमान उनकी वाणी की तरह स्पष्ट था, जो उनके व्यवहार से झलकता था।

Sogar sein dickes Fell sah majestätischer aus und glänzte heller.

यहां तक कि उसका मोटा कोट भी अधिक राजसी और चमकीला लग रहा था।

Man hätte Buck mit einem riesigen Timberwolf verwechseln können.

बक को एक विशालकाय लकड़ी भेड़िया समझ लिया गया होगा।

Außer dem Braun an seiner Schnauze und den Flecken über seinen Augen.

उसके थूथन पर भूरे रंग और आंखों के ऊपर के धब्बों को छोड़कर।

Und der weiße Fellstreifen, der mitten auf seiner Brust verlief.

और उसकी छाती के बीच से नीचे तक फैली फर की सफ़ेद लकीर।

Er war sogar größer als der größte Wolf dieser wilden Rasse.

वह उस खूंखार नस्ल के सबसे बड़े भेड़िये से भी बड़ा था।

Sein Vater, ein Bernhardiner, verlieh ihm Größe und einen schweren Körperbau.

उनके पिता, जो सेंट बर्नार्ड थे, ने उन्हें आकार और भारी शरीर दिया।

Seine Mutter, eine Schäferin, formte diesen Körper zu einer wolfsähnlichen Gestalt.

उनकी मां, जो एक चरवाहा थीं, ने उस विशालकाय शरीर को भेड़िये जैसा आकार दिया।

Er hatte die lange Schnauze eines Wolfes, war allerdings schwerer und breiter.

उसका थूथन भेड़िये जैसा लम्बा था, यद्यपि भारी और चौड़ा था।

Sein Kopf war der eines Wolfes, aber von massiver, majestätischer Gestalt.

उसका सिर भेड़िये जैसा था, लेकिन बहुत विशाल और भव्य आकार का था।

Bucks List war die List des Wolfes und der Wildnis.

बक की चालाकी भेड़िये और जंगली जानवरों जैसी चालाकी थी।

Seine Intelligenz hat er sowohl vom Deutschen Schäferhund als auch vom Bernhardiner.

उनकी बुद्धिमत्ता जर्मन शेफर्ड और सेंट बर्नार्ड दोनों से आई थी।

All dies und harte Erfahrungen machten ihn zu einer furchterregenden Kreatur.

इन सब बातों के साथ-साथ कठोर अनुभवों ने उसे एक डरावना प्राणी बना दिया।

Er war so furchterregend wie jedes andere Tier, das in der Wildnis des Nordens umherstreifte.

वह उत्तरी जंगल में विचरण करने वाले किसी भी जानवर के समान ही दुर्जेय था।

Buck ernährte sich ausschließlich von Fleisch und erreichte den Höhepunkt seiner Kraft.

केवल मांस पर जीवित रहते हुए, बक अपनी शक्ति के पूर्ण शिखर पर पहुंच गया।

Jede Faser seines Körpers strotzte vor Kraft und männlicher Stärke.

उसके रोम-रोम में शक्ति और पुरुष शक्ति भरी हुई थी।

Als Thornton seinen Rücken streichelte, funkelten seine Haare vor Energie.

जब थॉर्नटन ने उसकी पीठ पर हाथ फेरा तो उसके बालों में ऊर्जा की चमक आ गयी।

Jedes Haar knisterte, aufgeladen durch die Berührung lebendigen Magnetismus.

प्रत्येक बाल जीवंत चुंबकत्व के स्पर्श से आवेशित होकर खड़खड़ा उठा।

Sein Körper und sein Gehirn waren auf die höchstmögliche Tonhöhe eingestellt.

उनका शरीर और मस्तिष्क सर्वोत्तम संभव सुर में लयबद्ध थे।

Jeder Nerv, jede Faser und jeder Muskel arbeitete in perfekter Harmonie.

प्रत्येक तंत्रिका, तंतु और मांसपेशी पूर्ण सामंजस्य में काम कर रही थी।

Auf jedes Geräusch oder jeden Anblick, der eine Aktion erforderte, reagierte er sofort.

किसी भी ध्वनि या दृश्य पर, जिस पर कार्रवाई की आवश्यकता होती थी, वह तुरंत प्रतिक्रिया देते थे।

Wenn ein Husky zum Angriff ansetzte, konnte Buck doppelt so schnell springen.

यदि कोई हस्की हमला करने के लिए छलांग लगाता, तो बक दोगुनी तेजी से छलांग लगा सकता था।

Er reagierte schneller, als andere es sehen oder hören konnten.

उन्होंने इतनी तेजी से प्रतिक्रिया की कि अन्य लोग देख या सुन भी नहीं पाए।

Wahrnehmung, Entscheidung und Handlung erfolgten alle in einem fließenden Moment.

धारणा, निर्णय और कार्रवाई सभी एक ही क्षण में आ गए।

Tatsächlich geschahen diese Handlungen getrennt voneinander, aber zu schnell, um es zu bemerken.

सच तो यह है कि ये क्रियाएं अलग-अलग थीं, लेकिन इतनी तीव्र थीं कि उन पर ध्यान नहीं दिया जा सका।

Die Abstände zwischen diesen Akten waren so kurz, dass sie wie ein einziger Akt wirkten.

इन कृत्यों के बीच अंतराल इतना कम था कि ऐसा लग रहा था कि वे एक ही हैं।

Seine Muskeln und sein Körper waren wie straff gespannte Federn.

उसकी मांसपेशियां और शरीर कसकर कुंडलित स्प्रिंगों की तरह थे।

Sein Körper strotzte vor Leben, wild und freudig in seiner Kraft.

उसका शरीर जीवन से भर गया, उसकी शक्ति उग्र और आनंदित थी।

Manchmal hatte er das Gefühl, als würde die Kraft völlig aus ihm herausbrechen.

कभी-कभी उसे ऐसा महसूस होता था कि मानो उसकी सारी शक्ति उसके अंदर से पूरी तरह बाहर निकल जायेगी।

„So einen Hund hat es noch nie gegeben", sagte Thornton eines ruhigen Tages.

"ऐसा कुत्ता कभी नहीं था," थॉर्नटन ने एक शांत दिन कहा।

Die Partner sahen zu, wie Buck stolz aus dem Lager schritt.

साझेदारों ने बक को गर्व से शिविर से बाहर जाते हुए देखा।

„Als er erschaffen wurde, veränderte er, was ein Hund sein kann", sagte Pete.

पीट ने कहा, "जब वह बना, तो उसने कुत्ते की असली पहचान ही बदल दी।"

„Bei Gott! Das glaube ich auch", stimmte Hans schnell zu.

"हे भगवान! मैं भी ऐसा ही सोचता हूँ," हंस ने तुरंत सहमति जताई।

Sie sahen ihn abmarschieren, aber nicht die Veränderung, die danach kam.

उन्होंने उसे जाते तो देखा, लेकिन उसके बाद आए बदलाव को नहीं देखा।

Sobald er den Wald betrat, verwandelte sich Buck völlig.

जैसे ही वह जंगल में दाखिल हुआ, बक पूरी तरह से बदल गया।

Er marschierte nicht mehr, sondern bewegte sich wie ein wilder Geist zwischen den Bäumen.

वह अब मार्च नहीं करता था, बल्कि पेड़ों के बीच एक जंगली भूत की तरह घूमता था।

Er wurde still, katzenpfotenartig, ein Flackern, das durch die Schatten huschte.

वह चुप हो गया, बिल्ली के पैरों की तरह, छायाओं के बीच से गुजरती हुई एक झिलमिलाहट की तरह।

Er nutzte die Deckung geschickt und kroch wie eine Schlange auf dem Bauch.

वह सांप की तरह पेट के बल रेंगते हुए कुशलता से छिपने लगा।

Und wie eine Schlange konnte er lautlos nach vorne springen und zuschlagen.

और साँप की तरह, वह चुपचाप आगे छलांग लगाकर वार कर सकता था।

Er könnte ein Schneehuhn direkt aus seinem versteckten Nest stehlen.

वह एक तीतर (ptarmigan) को उसके छिपे हुए घोंसले से सीधे चुरा सकता था।

Er tötete schlafende Kaninchen, ohne ein einziges Geräusch zu machen.

उसने बिना कोई आवाज किये सोये हुए खरगोशों को मार डाला।

Er konnte Streifenhörnchen mitten in der Luft fangen, wenn sie zu langsam flohen.

वह चिपमंक्स को हवा में ही पकड़ सकता था, क्योंकि वे बहुत धीमी गति से भागते थे।

Selbst Fische in Teichen konnten seinen plötzlichen Angriffen nicht entkommen.

यहां तक कि तालाबों में मौजूद मछलियां भी उसके अचानक प्रहार से बच नहीं सकीं।

Nicht einmal schlaue Biber, die Dämme reparierten, waren vor ihm sicher.

यहां तक कि बांधों की मरम्मत करने वाले चतुर बीवर भी उससे सुरक्षित नहीं थे।

Er tötete, um Nahrung zu bekommen, nicht zum Spaß – aber seine eigene Beute gefiel ihm am besten.

वह भोजन के लिए हत्या करता था, मनोरंजन के लिए नहीं - परन्तु उसे स्वयं शिकार करना अधिक पसंद था।

Dennoch war bei manchen seiner stillen Jagden ein hintergründiger Humor spürbar.

फिर भी, उनके कुछ मौन शिकारों में एक धूर्त हास्य झलकता था।

Er schlich sich dicht an Eichhörnchen heran, ließ sie aber dann entkommen.

वह गिलहरियों के करीब गया, ताकि वे भाग सकें।

Sie wollten in die Bäume fliehen und schnatterten voller Angst und Empörung.

वे भयभीत होकर बड़बड़ाते हुए पेड़ों की ओर भागने वाले थे।

Mit dem Herbst kamen immer mehr Elche.

जैसे-जैसे पतझड़ आया, मूस बड़ी संख्या में दिखाई देने लगे।

Sie zogen langsam in die tiefer gelegenen Täler, um dem Winter entgegenzukommen.

वे सर्दी से बचने के लिए धीरे-धीरे निचली घाटियों की ओर बढ़े।

Buck hatte bereits ein junges, streunendes Kalb erlegt.

बक पहले ही एक छोटे, आवारा बछड़े को मार गिरा चुका था।

Doch er sehnte sich danach, einer größeren, gefährlicheren Beute gegenüberzutreten.

लेकिन वह बड़े और अधिक खतरनाक शिकार का सामना करना चाहता था।

Eines Tages fand er an der Wasserscheide, an der Quelle des Baches, seine Chance.

एक दिन, नदी के मुहाने पर, उसे अपना अवसर मिल गया।

Eine Herde von zwanzig Elchen war aus bewaldeten Gebieten herübergekommen.

बीस मूस का एक झुंड जंगली भूमि से पार हो गया था।

Unter ihnen war ein mächtiger Stier, der Anführer der Gruppe.

उनमें एक शक्तिशाली बैल भी था, जो समूह का नेता था।

Der Bulle war über ein Meter achtzig Meter groß und sah grimmig und wild aus.

बैल छह फुट से अधिक लंबा था और भयंकर एवं जंगली दिख रहा था।

Er warf sein breites Geweih hin und her, dessen vierzehn Enden sich nach außen verzweigten.

उसने अपने चौड़े सींग फड़फड़ाये, जिनमें से चौदह सींग बाहर की ओर निकले हुए थे।

Die Spitzen dieser Geweihe hatten einen Durchmesser von sieben Fuß.

उन सींगों के सिरे सात फुट तक फैले हुए थे।

Seine kleinen Augen brannten vor Wut, als er Buck in der Nähe entdeckte.

जब उसने बक को पास में देखा तो उसकी छोटी-छोटी आंखें क्रोध से जल उठीं।

Er stieß ein wütendes Brüllen aus und zitterte vor Wut und Schmerz.

वह क्रोध और पीड़ा से कांपते हुए भयंकर दहाड़ने लगा।

Nahe seiner Flanke ragte eine gefiederte und scharfe Pfeilspitze hervor.

उसके पार्श्व भाग के पास एक तीर का सिरा निकला हुआ था, जो पंखदार और नुकीला था।

Diese Wunde trug dazu bei, seine wilde, verbitterte Stimmung zu erklären.

इस घाव से उनकी क्रूर, कटु मनोदशा को समझने में मदद मिली।

Buck, geleitet von seinem uralten Jagdinstinkt, machte seinen Zug.

बक ने अपनी प्राचीन शिकार प्रवृत्ति से प्रेरित होकर अपना कदम उठाया।

Sein Ziel war es, den Bullen vom Rest der Herde zu trennen.

उसका उद्देश्य बैल को बाकी झुंड से अलग करना था।

Dies war keine leichte Aufgabe – es erforderte Schnelligkeit und messerscharfe List.

यह कोई आसान काम नहीं था - इसके लिए गति और भयंकर चतुराई की आवश्यकता थी।

Er bellte und tanzte in der Nähe des Stiers, gerade außerhalb seiner Reichweite.

वह बैल के पास भौंकने और नाचने लगा, बस उसकी सीमा से बाहर।

Der Elch stürzte sich mit riesigen Hufen und tödlichem Geweih auf ihn.

मूस अपने विशाल खुरों और घातक सींगों के साथ झपट्टा मारता था।

Ein Schlag hätte Bucks Leben im Handumdrehen beenden können.

एक ही झटके से बक की जिंदगी खत्म हो सकती थी।

Der Stier konnte die Bedrohung nicht hinter sich lassen und wurde wütend.

खतरे को पीछे छोड़ने में असमर्थ, बैल पागल हो गया।

Er stürmte wütend auf ihn zu, doch Buck entkam ihm jedes Mal.

वह क्रोध में हमला करने लगा, लेकिन बक हमेशा बच निकलता।

Buck täuschte Schwäche vor und lockte ihn weiter von der Herde weg.

बक ने कमजोरी का नाटक किया, जिससे वह झुंड से दूर चला गया।

Doch die jungen Bullen wollten zurückstürmen, um den Anführer zu beschützen.

लेकिन युवा बैल अपने नेता की रक्षा के लिए पीछे हटने वाले थे।

Sie zwangen Buck zum Rückzug und den Bullen, sich wieder der Gruppe anzuschließen.

उन्होंने बक को पीछे हटने पर मजबूर कर दिया और बैल को समूह में पुनः शामिल होने पर मजबूर कर दिया।

In der Wildnis herrscht eine tiefe und unaufhaltsame Geduld.

जंगल में धैर्य है, गहरा और अजेय।

Eine Spinne wartet unzählige Stunden bewegungslos in ihrem Netz.

एक मकड़ी अपने जाल में अनगिनत घंटों तक बिना हिले-डुले प्रतीक्षा करती रहती है।

Eine Schlange rollt sich ohne zu zucken zusammen und wartet, bis es Zeit ist.

साँप बिना हिले-डुले कुंडली मारकर बैठा रहता है और समय आने तक प्रतीक्षा करता है।

Ein Panther liegt auf der Lauer, bis der Moment gekommen ist.

एक तेंदुआ घात में बैठा रहता है, जब तक कि वह क्षण न आ जाए।

Dies ist die Geduld von Raubtieren, die jagen, um zu überleben.

यह शिकारियों का धैर्य है जो जीवित रहने के लिए शिकार करते हैं।

Dieselbe Geduld brannte in Buck, als er in seiner Nähe blieb.

बक के अंदर भी वही धैर्य जल रहा था, जब वह उसके करीब रहा।

Er blieb in der Nähe der Herde, verlangsamte ihren Marsch und schürte Angst.

वह झुंड के पास ही रहा, उसकी गति धीमी कर दी और डर पैदा कर दिया।

Er ärgerte die jungen Bullen und schikanierte die Mutterkühe.

वह युवा बैलों को चिढ़ाता था और माता गायों को परेशान करता था।

Er trieb den verwundeten Stier in eine noch tiefere, hilflose Wut.

उसने घायल बैल को और भी अधिक असहाय क्रोध में धकेल दिया।

Einen halben Tag lang zog sich der Kampf ohne Pause hin.

आधे दिन तक लड़ाई बिना किसी आराम के चलती रही।

Buck griff aus jedem Winkel an, schnell und wild wie der Wind.

बक ने हर कोण से हमला किया, हवा की तरह तेज़ और भयंकर।

Er hinderte den Stier daran, sich auszuruhen oder sich bei seiner Herde zu verstecken.

उसने बैल को अपने झुंड के साथ आराम करने या छिपने से रोका।

Buck zermürbte den Willen des Elchs schneller als seinen Körper.

बक ने मूस की इच्छाशक्ति को उसके शरीर से भी अधिक तेजी से कमजोर कर दिया।

Der Tag verging und die Sonne sank tief am nordwestlichen Himmel.

दिन बीत गया और सूर्य उत्तर-पश्चिमी आकाश में नीचे डूब गया।

Die jungen Bullen kehrten langsamer zurück, um ihrem Anführer zu helfen.

युवा बैल अपने नेता की मदद करने के लिए धीरे-धीरे वापस लौटे।

Die Herbstnächte waren zurückgekehrt und die Dunkelheit dauerte nun sechs Stunden.

पतझड़ की रातें लौट आई थीं और अब अँधेरा छह घंटे तक रहता था।

Der Winter drängte sie bergab in sicherere, wärmere Täler.

सर्दी उन्हें सुरक्षित, गर्म घाटियों की ओर नीचे की ओर धकेल रही थी।

Aber sie konnten dem Jäger, der sie zurückhielt, immer noch nicht entkommen.

लेकिन फिर भी वे उस शिकारी से बच नहीं सके जिसने उन्हें रोक रखा था।

Es stand nur ein Leben auf dem Spiel – nicht das der Herde, sondern nur das ihres Anführers.

केवल एक ही जीवन दांव पर लगा था - झुंड का नहीं, केवल उनके नेता का।

Dadurch wurde die Bedrohung in weite Ferne gerückt und ihre dringende Sorge wurde aufgehoben.

इससे खतरा दूर हो गया और उनकी तत्काल चिंता का विषय नहीं रहा।

Mit der Zeit akzeptierten sie diesen Preis und überließen Buck die Übernahme des alten Bullen.

समय के साथ, उन्होंने इस लागत को स्वीकार कर लिया और बक को बूढ़ा बैल लेने दिया।

Als die Dämmerung hereinbrach, stand der alte Bulle mit gesenktem Kopf da.

जैसे ही शाम होने लगी, बूढ़ा बैल अपना सिर नीचे झुकाए खड़ा रहा।

Er sah zu, wie die Herde, die er geführt hatte, im schwindenden Licht verschwand.

उसने देखा कि जिस झुंड का वह नेतृत्व कर रहा था वह लुप्त हो रही रोशनी में गायब हो गया।

Es gab Kühe, die er gekannt hatte, Kälber, deren Vater er einst gewesen war.

वहाँ कुछ गायें थीं जिन्हें वह जानता था, कुछ बछड़े थे जिनके पिता वह कभी था।

Es gab jüngere Bullen, gegen die er in vergangenen Saisons gekämpft und die er beherrscht hatte.

वहां कुछ युवा बैल थे, जिनसे उसने पिछले सीजनों में लड़ाई की थी और उन पर विजय प्राप्त की थी।

Er konnte ihnen nicht folgen, denn vor ihm kauerte Buck wieder.

वह उनका पीछा नहीं कर सका - क्योंकि बक फिर से उसके सामने बैठा था।

Der gnadenlose Schrecken mit den Reißzähnen versperrte ihm jeden Weg.

निर्दयी दांतेदार आतंक ने उसके हर रास्ते को अवरुद्ध कर दिया।

Der Bulle brachte mehr als drei Zentner geballte Kraft auf die Waage.

बैल का वजन तीन सौ से अधिक वज़नी था।

Er hatte ein langes Leben geführt und in einer Welt voller Kämpfe hart gekämpft.

उन्होंने लंबे समय तक संघर्षपूर्ण जीवन जिया और कड़ा संघर्ष किया।

Doch nun, am Ende, kam der Tod von einem Tier, das weit unter ihm stand.

तथापि अब, अंत में, मृत्यु उससे बहुत नीचे स्थित एक पशु से आई।

Bucks Kopf erreichte nicht einmal die riesigen, mit Knöcheln besetzten Knie des Bullen.

बक का सिर बैल के विशाल घुटनों तक भी नहीं उठा।

Von diesem Moment an blieb Buck Tag und Nacht bei dem Bullen.

उस क्षण से बक रात-दिन बैल के साथ रहने लगा।

Er gönnte ihm keine Ruhe, erlaubte ihm nie zu grasen oder zu trinken.

उसने उसे कभी आराम नहीं करने दिया, कभी चरने या पानी पीने नहीं दिया।

Der Stier versuchte, junge Birkentriebe und Weidenblätter zu fressen.

बैल ने युवा सन्टी की टहनियाँ और विलो के पत्ते खाने की कोशिश की।

Aber Buck verjagte ihn, immer wachsam und immer angreifend.

लेकिन बक ने उसे भगा दिया, हमेशा सतर्क और हमेशा हमलावर रहा।

Sogar an plätschernden Bächen blockte Buck jeden durstigen Versuch ab.

यहां तक कि टपकती धाराओं में भी, बक ने प्यासे लोगों के हर प्रयास को रोक दिया।

Manchmal floh der Stier aus Verzweiflung mit voller Geschwindigkeit.

कभी-कभी, हताश होकर, बैल पूरी गति से भाग जाता था।

Buck ließ ihn laufen und lief ruhig direkt hinter ihm her, nie weit entfernt.

बक ने उसे दौड़ने दिया, वह शांतिपूर्वक उसके पीछे-पीछे दौड़ता रहा, कभी ज्यादा दूर नहीं गया।

Als der Elch innehielt, legte sich Buck hin, blieb aber bereit.

जब मूस रुका तो बक लेट गया, लेकिन तैयार रहा।

Wenn der Bulle versuchte zu fressen oder zu trinken, schlug Buck mit voller Wut zu.

यदि बैल कुछ खाने या पीने की कोशिश करता तो बक पूरे क्रोध से उस पर हमला कर देता।

Der große Kopf des Stiers sank tiefer unter sein gewaltiges Geweih.

बैल का विशाल सिर उसके विशाल सींगों के नीचे झुक गया।

Sein Tempo verlangsamte sich, der Trab wurde schwerfällig, ein stolpernder Schritt.

उसकी चाल धीमी हो गई, उसकी चाल भारी हो गई, वह लड़खड़ाता हुआ चलने लगा।

Er stand oft still mit hängenden Ohren und der Nase am Boden.

वह प्रायः कान और नाक जमीन पर झुकाये स्थिर खड़ा रहता था।

In diesen Momenten nahm sich Buck Zeit zum Trinken und Ausruhen.

उन क्षणों के दौरान, बक ने पानी पीने और आराम करने के लिए समय निकाला।

Mit heraushängender Zunge und starrem Blick spürte Buck, wie sich das Land veränderte.

जीभ बाहर निकाले, आँखें स्थिर किये, बक को महसूस हुआ कि धरती बदल रही है।

Er spürte, wie sich etwas Neues durch den Wald und den Himmel bewegte.

उसे जंगल और आकाश में कुछ नया चलता हुआ महसूस हुआ।

Mit der Rückkehr der Elche kehrten auch andere Wildtiere zurück.

जैसे ही मूस वापस लौटा, वैसे ही जंगल के अन्य जीव भी वापस आ गए।

Das Land fühlte sich lebendig an, mit einer Präsenz, die man nicht sieht, aber deutlich wahrnimmt.

यह भूमि अस्तित्व से जीवंत महसूस हुई, अदृश्य लेकिन अच्छी तरह से जानी गई।

Buck wusste dies weder am Geräusch, noch am Anblick oder am Geruch.

बक को यह बात न तो ध्वनि से, न दृष्टि से, न ही गंध से पता चली।

Ein tieferes Gefühl sagte ihm, dass neue Kräfte im Gange waren.

एक गहरी अनुभूति ने उन्हें बताया कि नई शक्तियां आगे बढ़ रही थीं।

In den Wäldern und entlang der Bäche herrschte seltsames Leben.

जंगलों और नदियों के किनारे अजीब जीवन की हलचल मची हुई थी।

Er beschloss, diesen Geist zu erforschen, nachdem die Jagd beendet war.

उन्होंने शिकार पूरा होने के बाद इस आत्मा का पता लगाने का संकल्प लिया।

Am vierten Tag erlegte Buck endlich den Elch.

चौथे दिन, बक ने अंततः मूस को नीचे गिरा दिया।

Er blieb einen ganzen Tag und eine ganze Nacht bei der Beute, fraß und ruhte sich aus.

वह पूरा दिन और रात शिकार के पास रहा, उसे खाना खिलाया और आराम किया।

Er aß, schlief dann und aß dann wieder, bis er stark und satt war.

उसने खाया, फिर सोया, फिर खाया, जब तक कि वह शक्तिशाली और तृप्त नहीं हो गया।

Als er fertig war, kehrte er zum Lager und nach Thornton zurück.

जब वह तैयार हो गया, तो वह वापस शिविर और थॉर्नटन की ओर मुड़ गया।

Mit gleichmäßigem Tempo begann er die lange Heimreise.

स्थिर गति से वह घर की लम्बी यात्रा पर निकल पड़ा।

Er rannte in seinem unermüdlichen Galopp Stunde um Stunde, ohne auch nur ein einziges Mal vom Weg abzukommen.

वह घंटों तक बिना थके दौड़ता रहा, एक बार भी नहीं भटका।

Durch unbekannte Länder bewegte er sich schnurgerade wie eine Kompassnadel.

अज्ञात भूमियों में वह कम्पास की सुई की तरह सीधे आगे बढ़ता रहा।

Sein Orientierungssinn ließ Mensch und Karte im Vergleich schwach erscheinen.

उनकी दिशा बोध की तुलना में मनुष्य और मानचित्र कमजोर प्रतीत होते थे।

Während Buck rannte, spürte er die Bewegung in der Wildnis stärker.

बक जैसे-जैसे भागता गया, उसे जंगली भूमि में हलचल अधिक तीव्रता से महसूस हुई।

Es war eine neue Art zu leben, anders als in den ruhigen Sommermonaten.

यह एक नये प्रकार का जीवन था, जो शांत ग्रीष्म महीनों से भिन्न था।

Dieses Gefühl kam nicht länger als subtile oder entfernte Botschaft.

यह अनुभूति अब किसी सूक्ष्म या दूरस्थ संदेश के रूप में नहीं आती।

Nun sprachen die Vögel von diesem Leben und Eichhörnchen plapperten darüber.

अब पक्षी इस जीवन के बारे में बात करने लगे और गिलहरियाँ इसके बारे में चहचहाने लगीं।

Sogar die Brise flüsterte Warnungen durch die stillen Bäume.

यहां तक कि हवा भी खामोश पेड़ों के बीच से चेतावनी फुसफुसा रही थी।

Mehrmals blieb er stehen und schnupperte die frische Morgenluft.

कई बार वह रुका और सुबह की ताज़ी हवा को सूँघा।

Dort las er eine Nachricht, die ihn schneller nach vorne springen ließ.

उसने वहां एक संदेश पढ़ा जिससे वह तेजी से आगे बढने लगा।

Ein starkes Gefühl der Gefahr erfüllte ihn, als wäre etwas schiefgelaufen.

उसके अंदर खतरे का भारी अहसास भर गया, मानो कुछ गलत हो गया हो।

Er befürchtete, dass ein Unglück bevorstünde – oder bereits eingetreten war.

उसे डर था कि विपत्ति आ रही है - या आ चुकी है।

Er überquerte den letzten Bergrücken und betrat das darunterliegende Tal.

वह आखिरी पहाड़ी को पार कर नीचे घाटी में प्रवेश कर गया।

Er bewegte sich langsamer und war bei jedem Schritt aufmerksamer und vorsichtiger.

वह धीरे-धीरे आगे बढ़ रहा था, हर कदम पर सतर्क और सावधान।

Drei Meilen weiter fand er eine frische Spur, die ihn erstarren ließ.

तीन मील आगे जाकर उसे एक नया रास्ता मिला, जिससे उसका मन अकड़ गया।

Die Haare in seinem Nacken stellten sich auf und sträubten sich vor Schreck.

उसकी गर्दन के बाल घबराकर खड़े हो गए।

Die Spur führte direkt zum Lager, wo Thornton wartete.

रास्ता सीधे उस शिविर की ओर ले गया जहां थॉर्नटन इंतजार कर रहा था।

Buck bewegte sich jetzt schneller, seine Schritte waren lautlos und schnell zugleich.

बक अब और तेजी से चलने लगा, उसकी चाल शांत और तीव्र थी।

Seine Nerven lagen blank, als er Zeichen las, die andere übersehen würden.

जैसे ही उसने उन संकेतों को पढ़ा जिन्हें अन्य लोग नहीं समझ पाए, उसकी घबराहट बढ़ गई।

Jedes Detail der Spur erzählte eine Geschichte – außer dem letzten Stück.

निशान का प्रत्येक विवरण एक कहानी कहता था - सिवाय अंतिम टुकड़े के।

Seine Nase erzählte ihm von dem Leben, das hier vorbeigezogen war.

उसकी नाक उसे उस जीवन के बारे में बता रही थी जो इस तरह से गुजरा था।

Der Duft vermittelte ihm ein wechselndes Bild, als er dicht hinter ihm folgte.

जैसे ही वह उसके पीछे गया, उसे गंध से बदलती हुई तस्वीर दिखाई दी।

Doch im Wald selbst war es still geworden, unnatürlich still.

लेकिन जंगल शांत हो गया था; अस्वाभाविक रूप से स्थिर।

Die Vögel waren verschwunden, die Eichhörnchen hatten sich versteckt, waren still und ruhig.

पक्षी गायब हो गए थे, गिलहरियाँ छिप गई थीं, शांत और स्थिर।

Er sah nur ein einziges Grauhörnchen, das flach auf einem toten Baum lag.

उसने केवल एक ग्रे गिलहरी को देखा, जो एक मृत पेड़ पर लेटी हुई थी।

Das Eichhörnchen fügte sich steif und reglos in den Wald ein.

गिलहरी जंगल के एक हिस्से की तरह अकड़कर और गतिहीन होकर उसमें घुलमिल गई।

Buck bewegte sich wie ein Schatten, lautlos und sicher durch die Bäume.

बक छाया की तरह, चुपचाप और निश्चितता के साथ पेड़ों के बीच से गुजर रहा था।

Seine Nase zuckte zur Seite, als würde sie von einer unsichtbaren Hand gezogen.

उसकी नाक बगल की ओर इस तरह झुकी मानो किसी अदृश्य हाथ ने उसे खींचा हो।

Er drehte sich um und folgte der neuen Spur tief in ein Dickicht hinein.

वह मुड़ा और नई खुशबू का पीछा करते हुए झाड़ियों की गहराई में चला गया।

Dort fand er Nig tot daliegend, von einem Pfeil durchbohrt.

वहां उन्होंने निग को मृत अवस्था में पाया, जिसके शरीर में एक तीर लगा हुआ था।

Der Schaft durchdrang seinen Körper, die Federn waren noch zu sehen.

तीर उसके शरीर के आर-पार हो गया, लेकिन पंख अभी भी दिखाई दे रहे थे।

Nig hatte sich dorthin geschleppt, war jedoch gestorben, bevor er Hilfe erreichen konnte.

निग खुद को घसीटकर वहां पहुंचा था, लेकिन मदद पहुंचने से पहले ही उसकी मौत हो गई।

Hundert Meter weiter fand Buck einen weiteren Schlittenhund.

सौ गज आगे बक को एक और स्लेज कुत्ता मिला।

Es war ein Hund, den Thornton in Dawson City gekauft hatte.

यह एक कुत्ता था जिसे थॉर्नटन ने डावसन सिटी से खरीदा था।

Der Hund befand sich in einem tödlichen Kampf und schlug heftig auf dem Weg um sich.

कुत्ता मौत से संघर्ष कर रहा था, रास्ते पर जोर-जोर से छटपटा रहा था।

Buck ging um ihn herum, blieb nicht stehen und richtete den Blick nach vorne.

बक उसके चारों ओर से गुजरा, बिना रुके, उसकी आँखें सामने की ओर टिकी रहीं।

Aus Richtung des Lagers ertönte in der Ferne ein rhythmischer Gesang.

शिविर की दिशा से दूर से लयबद्ध जयघोष की ध्वनि आ रही थी।

Die Stimmen schwoll in einem seltsamen, unheimlichen Singsangton an und ab.

आवाजें अजीब, भयानक, गायन-गीत जैसी स्वर में उठती और गिरती रहीं।

Buck kroch schweigend zum Rand der Lichtung.

बक चुपचाप रेंगता हुआ मैदान के किनारे तक चला गया।

Dort sah er Hans mit dem Gesicht nach unten liegen, von vielen Pfeilen durchbohrt.

वहां उसने देखा कि हंस अनेक बाणों से घायल होकर मुंह के बल लेटा हुआ है।

Sein Körper sah aus wie der eines Stachelschweins und war mit gefiederten Schäften bestückt.

उसका शरीर साही जैसा लग रहा था, जिसके पंख लगे हुए थे।

Im selben Moment blickte Buck in Richtung der zerstörten Hütte.

उसी क्षण, बक ने खंडहर हो चुके लॉज की ओर देखा।

Bei diesem Anblick stellten sich ihm die Nacken- und Schulterhaare auf.

यह दृश्य देखकर उसकी गर्दन और कंधों के रोंगटे खड़े हो गए।

Ein Sturm wilder Wut durchfuhr Bucks ganzen Körper.

बक के पूरे शरीर में भयंकर क्रोध का तूफान दौड़ गया।

Er knurrte laut, obwohl er nicht wusste, dass er es getan hatte.

वह जोर से गुर्राया, हालांकि उसे पता नहीं था कि उसने ऐसा किया है।

Der Klang war rau, erfüllt von furchterregender, wilder Wut.

आवाज़ कच्ची थी, डरावनी, क्रूर क्रोध से भरी हुई।

Zum letzten Mal in seinem Leben verlor Buck den Verstand und die Gefühle.

अपने जीवन में अंतिम बार बक ने अपनी भावनाओं पर काबू नहीं पाया।

Es war die Liebe zu John Thornton, die seine sorgfältige Kontrolle brach.

यह जॉन थॉर्नटन के प्रति प्रेम ही था जिसने उनके सावधानीपूर्वक नियंत्रण को तोड़ दिया।

Die Yeehats tanzten um die zerstörte Fichtenhütte.

यीहाट्स बर्बाद स्प्रूस लॉज के चारों ओर नृत्य कर रहे थे।

Dann ertönte ein Brüllen – und ein unbekanntes Tier stürmte auf sie zu.

तभी एक दहाड़ सुनाई दी और एक अज्ञात जानवर उनकी ओर झपटा।

Es war Buck, eine aufbrausende Furie, ein lebendiger Sturm der Rache.

यह बक था; गतिमान रोष; प्रतिशोध का जीवंत तूफान।

Wahnsinnig vor Tötungsdrang stürzte er sich mitten unter sie.

वह उनके बीच में कूद पड़ा, और उसे मारने की इच्छा से वह पागल हो गया।

Er sprang auf den ersten Mann, den Yeehat-Häuptling, und traf zielsicher.

वह पहले आदमी, यीहाट प्रमुख, पर झपटा और सीधा वार किया।

Seine Kehle war aufgerissen und Blut spritzte in einem Strom.

उसका गला फट गया था और खून की धार बह रही थी।

Buck blieb nicht stehen, sondern riss dem nächsten Mann mit einem Sprung die Kehle durch.

बक रुका नहीं, बल्कि एक ही छलांग में अगले आदमी का गला फाड़ दिया।

Er war nicht aufzuhalten – er riss, schlug und machte nie eine Pause, um sich auszuruhen.

वह अजेय था - फाड़ता, काटता, कभी रुकता नहीं।

Er schoss und sprang so schnell, dass ihre Pfeile ihn nicht treffen konnten.

वह इतनी तेजी से उछला कि उनके बाण उसे छू नहीं सके।

Die Yeehats waren in ihrer eigenen Panik und Verwirrung gefangen.

येहट्स अपनी ही घबराहट और असमंजस में फंस गए थे।

Ihre Pfeile verfehlten Buck und trafen stattdessen einander.

उनके तीर बक को छूते हुए एक दूसरे पर जा लगे।

Ein Jugendlicher warf einen Speer nach Buck und traf einen anderen Mann.

एक युवक ने बक पर भाला फेंका जो दूसरे व्यक्ति को लगा।

Der Speer durchbohrte seine Brust und die Spitze durchbohrte seinen Rücken.

भाला उसकी छाती में घुस गया, और उसकी नोक उसकी पीठ पर लगी।

Die Yeehats wurden von Panik erfasst und zogen sich umgehend zurück.

यीहाट्स पर आतंक छा गया और वे पूरी तरह से पीछे हटने लगे।

Sie schrien vor dem bösen Geist und flohen in die Schatten des Waldes.

वे दुष्ट आत्मा को भगाने के लिए चिल्लाए और जंगल की छाया में भाग गए।

Buck war wirklich wie ein Dämon, als er die Yeehats jagte.

सचमुच, बक एक राक्षस की तरह था, जब वह यीहाट्स का पीछा कर रहा था।

Er raste hinter ihnen durch den Wald her und erlegte sie wie Rehe.

वह जंगल में उनका पीछा करता हुआ हिरणों की तरह उन्हें नीचे गिराने लगा।

Für die verängstigten Yeehats wurde es ein Tag des Schicksals und des Terrors.

भयभीत यीहाट्स के लिए यह भाग्य और आतंक का दिन बन गया।

Sie zerstreuten sich über das Land und flohen in alle Richtungen.

वे देश भर में बिखर गए और हर दिशा में दूर-दूर तक भाग गए।

Eine ganze Woche verging, bevor sich die letzten Überlebenden in einem Tal trafen.

एक पूरा सप्ताह बीत जाने के बाद आखिरी बचे लोग घाटी में मिले।

Erst dann zählten sie ihre Verluste und sprachen über das Geschehene.

उसके बाद ही उन्होंने अपने नुकसानों का हिसाब लगाया और जो कुछ हुआ उसके बारे में बताया।

Nachdem Buck die Jagd satt hatte, kehrte er zum zerstörten Lager zurück.

बक, पीछा करते-करते थक गया और बर्बाद शिविर में लौट आया।

Er fand Pete, noch in seine Decken gehüllt, getötet beim ersten Angriff.

उन्होंने पाया कि पीट अभी भी अपने कम्बल में था और पहले हमले में मारा गया था।

Spuren von Thorntons letztem Kampf waren im Dreck in der Nähe zu sehen.

थॉर्नटन के अंतिम संघर्ष के निशान पास की मिट्टी में अंकित थे।

Buck folgte jeder Spur und erschnüffelte jede Markierung bis zum letzten Punkt.

बक ने हर निशान का पीछा किया, प्रत्येक निशान को अंतिम बिंदु तक सूँघता रहा।

Am Rand eines tiefen Teichs fand er den treuen Skeet, der still dalag.

एक गहरे तालाब के किनारे उसे अपनी वफादार स्कीट निश्चल पड़ी हुई मिली।

Skeets Kopf und Vorderpfoten lagen regungslos im Wasser, er lag tot da.

स्कीट का सिर और अगले पंजे पानी में थे, मृत्यु के बाद भी वे हिल नहीं रहे थे।

Der Teich war schlammig und durch das Abwasser aus den Schleusenkästen verunreinigt.

पूल कीचड़युक्त था तथा स्लुइस बक्सों से बहते पानी के कारण दूषित हो गया था।

Seine trübe Oberfläche verbarg, was darunter lag, aber Buck kannte die Wahrheit.

इसकी धुंधली सतह ने उसके नीचे छिपी हुई चीज़ों को छिपा दिया, लेकिन बक को सच्चाई पता थी।

Er folgte Thorntons Spur bis in den Pool – doch die Spur führte nirgendwo anders hin.

उन्होंने थॉर्नटन की गंध को पूल तक पहुंचाया - लेकिन वह गंध कहीं और नहीं ले गई।

Es gab keinen Geruch, der hinausführte – nur die Stille des tiefen Wassers.

वहाँ कोई सुगंध नहीं थी - केवल गहरे पानी का सन्नाटा था।

Den ganzen Tag blieb Buck in der Nähe des Teichs und ging voller Trauer im Lager auf und ab.

सारा दिन बक पूल के पास रहा और दुःख में शिविर में घूमता रहा।

Er wanderte ruhelos umher oder saß regungslos da, in tiefe Gedanken versunken.

वह बेचैनी से घूमता रहता था या फिर शांति से बैठा रहता था, गहरे विचारों में खोया रहता था।

Er kannte den Tod, das Ende des Lebens, das Verschwinden aller Bewegung.

वह मृत्यु को जानता था; जीवन का अंत; समस्त गति का लुप्त हो जाना।

Er verstand, dass John Thornton weg war und nie wieder zurückkehren würde.

वह समझ गया कि जॉन थॉर्नटन चला गया है और कभी वापस नहीं आएगा।

Der Verlust hinterließ eine Leere in ihm, die wie Hunger pochte.

इस क्षति ने उसके अंदर एक खालीपन पैदा कर दिया था जो भूख की तरह धड़क रहा था।

Doch dieser Hunger konnte durch Essen nicht gestillt werden, egal, wie viel er aß.

लेकिन यह ऐसी भूख थी जिसे भोजन से शांत नहीं किया जा सकता था, चाहे वह कितना भी खा ले।

Manchmal, wenn er die toten Yeehats ansah, ließ der Schmerz nach.

कभी-कभी, जब वह मृत यीहट्स को देखता, तो उसका दर्द गायब हो जाता।

Und dann stieg ein seltsamer Stolz in ihm auf, wild und vollkommen.

और फिर उसके अंदर एक अजीब सा गर्व जाग उठा, भयंकर और पूर्ण।

Er hatte den Menschen getötet, das höchste und gefährlichste Wild von allen.

उसने मनुष्य को मार डाला था, जो सबसे बड़ा और सबसे खतरनाक खेल था।

Er hatte unter Missachtung des alten Gesetzes von Keule und Reißzahn getötet.

उसने प्राचीन कानून, गदा और नुकीले हथियार की अवहेलना करते हुए हत्या की थी।

Buck schnüffelte neugierig und nachdenklich an ihren leblosen Körpern.

बक ने उत्सुकता और विचार से उनके निर्जीव शरीरों को सूँघा।

Sie waren so leicht gestorben – viel leichter als ein Husky in einem Kampf.

वे बहुत आसानी से मर गए थे - किसी लड़ाई में किसी हस्की की मृत्यु से भी अधिक आसानी से।

Ohne ihre Waffen waren sie weder wirklich stark noch stellten sie eine Bedrohung dar.

हथियारों के बिना, उनके पास कोई वास्तविक ताकत या खतरा नहीं था।

Buck würde sie nie wieder fürchten, es sei denn, sie wären bewaffnet.

बक को उनसे कभी डर नहीं लगने वाला था, जब तक कि वे हथियारबंद न हों।

Nur wenn sie Keulen, Speere oder Pfeile trugen, war er vorsichtig.

केवल तभी जब वे लाठियां, भाले या तीर लेकर आते थे, वह सावधान हो जाता था।

Die Nacht brach herein und ein Vollmond stieg hoch über die Baumwipfel.

रात हो गई और पूरा चाँद पेड़ों की चोटियों से ऊपर उठ गया।

Das blasse Licht des Mondes tauchte das Land in einen sanften, geisterhaften Schein wie am Tag.

चाँद की पीली रोशनी ने धरती को दिन के समान एक नरम, भूतिया चमक से नहला दिया।

Als die Nacht hereinbrach, trauerte Buck noch immer am stillen Teich.

जैसे-जैसे रात गहराती गई, बक अभी भी शांत तालाब के पास विलाप कर रहा था।

Dann bemerkte er eine andere Regung im Wald.

तभी उसे जंगल में एक अलग हलचल का अहसास हुआ।

Die Aufregung kam nicht von den Yeehats, sondern von etwas Älterem und Tieferem.

यह हलचल यीहाट्स से नहीं, बल्कि किसी पुरानी और गहरी चीज से थी।

Er stand auf, spitzte die Ohren und prüfte vorsichtig mit der Nase die Brise.

वह खड़ा हो गया, कान ऊपर उठाए, नाक से हवा का ध्यानपूर्वक परीक्षण किया।

Aus der Ferne ertönte ein schwacher, scharfer Aufschrei, der die Stille durchbrach.

दूर से एक हल्की, तीखी चीख आई जिसने सन्नाटे को चीर दिया।

Dann folgte dicht auf den ersten ein Chor ähnlicher Schreie.

फिर पहले के ठीक पीछे समान प्रकार की चीखों का एक समूह गूंज उठा।

Das Geräusch kam näher und wurde mit jedem Augenblick lauter.

आवाज़ पास आती गई और हर पल तेज़ होती गई।

Buck kannte diesen Schrei – er kam aus dieser anderen Welt in seiner Erinnerung.

बक इस चीख को जानता था - यह उसकी स्मृति में उस दूसरी दुनिया से आई थी।

Er ging in die Mitte des offenen Platzes und lauschte aufmerksam.

वह खुले स्थान के मध्य में चला गया और ध्यान से सुनने लगा।

Der Ruf ertönte vielstimmig und kraftvoller denn je.

यह आह्वान गूंज उठा, अनेकों बार सुना गया तथा पहले से भी अधिक शक्तिशाली था।

Und jetzt war Buck mehr denn je bereit, seiner Berufung zu folgen.

और अब, पहले से कहीं अधिक, बक अपनी बुलाहट का उत्तर देने के लिए तैयार था।

John Thornton war tot und hatte keine Bindung mehr an die Menschheit.

जॉन थॉर्नटन मर चुका था, और उसके भीतर मनुष्य के प्रति कोई बंधन नहीं बचा था।

Der Mensch und alle menschlichen Ansprüche waren verschwunden – er war endlich frei.

मनुष्य और सभी मानवीय दावे समाप्त हो गए थे - वह अंततः स्वतंत्र था।

Das Wolfsrudel jagte Fleisch, wie es einst die Yeehats getan hatten.

भेड़ियों का झुंड मांस की तलाश में था, जैसे कभी येहट्स ने किया था।

Sie waren Elchen aus den Waldgebieten gefolgt.

वे जंगल वाली भूमि से मूस का पीछा करते हुए नीचे आये थे।

Nun überquerten sie, wild und hungrig nach Beute, sein Tal.

अब, वे जंगली और शिकार के भूखे थे, इसलिए वे उसकी घाटी में चले गए।

Sie kamen auf die mondbeschienene Lichtung und flossen wie silbernes Wasser.

वे चाँदनी रात में चाँदी के पानी की तरह बहते हुए आये।

Buck stand regungslos in der Mitte und wartete auf sie.

बक बीच में स्थिर खड़ा रहा, बिना हिले-डुले, उनका इंतजार करता रहा।

Seine ruhige, große Präsenz versetzte das Rudel in Erstaunen und ließ es kurz verstummen.

उनकी शांत, विशाल उपस्थिति ने समूह को कुछ देर के लिए मौन में डाल दिया।

Dann sprang der kühnste Wolf ohne zu zögern direkt auf ihn zu.

तभी सबसे साहसी भेड़िया बिना किसी हिचकिचाहट के सीधे उस पर झपटा।

Buck schlug schnell zu und brach dem Wolf mit einem einzigen Schlag das Genick.

बक ने तेजी से वार किया और एक ही झटके में भेड़िये की गर्दन तोड़ दी।

Er stand wieder regungslos da, während der sterbende Wolf sich hinter ihm wand.

वह फिर से निश्चल खड़ा रहा, जबकि मरता हुआ भेड़िया उसके पीछे घूम गया।

Drei weitere Wölfe griffen schnell nacheinander an.

एक के बाद एक तीन और भेड़ियों ने तेजी से हमला कर दिया।

Jeder von ihnen zog sich blutend zurück, die Kehle oder die Schultern waren aufgeschlitzt.

प्रत्येक व्यक्ति खून से लथपथ होकर पीछे हट गया, उसके गले या कंधे कट गए।

Das reichte aus, um das ganze Rudel zu einem wilden Angriff zu provozieren.

यह पूरे समूह को उग्र आक्रमण के लिए प्रेरित करने के लिए पर्याप्त था।

Sie stürmten gemeinsam hinein, waren zu eifrig und zu dicht gedrängt, um einen guten Schlag zu erzielen.

वे एक साथ दौड़े, इतने उत्सुक और भीड़ में कि कोई अच्छा हमला नहीं कर सका।

Dank seiner Schnelligkeit und Geschicklichkeit war Buck in der Lage, dem Angriff immer einen Schritt voraus zu sein.

बक की गति और कौशल ने उन्हें हमले से आगे रहने में मदद की।

Er drehte sich auf seinen Hinterbeinen und schnappte und schlug in alle Richtungen.

वह अपने पिछले पैरों पर घूमकर सभी दिशाओं में वार करने लगा।

Für die Wölfe schien es, als ob seine Verteidigung nie geöffnet oder ins Wanken geraten wäre.

भेड़ियों को ऐसा लगा जैसे उनका बचाव कभी खुला ही नहीं या कभी लड़खड़ाया ही नहीं।

Er drehte sich um und schlug so schnell zu, dass sie nicht hinter ihn gelangen konnten.

वह इतनी तेजी से मुड़ा और वार किया कि वे उसके पीछे नहीं आ सके।

Dennoch zwang ihn ihre Übermacht zum Nachgeben und Zurückweichen.

फिर भी, उनकी संख्या ने उन्हें पीछे हटने पर मजबूर कर दिया।

Er ging am Teich vorbei und hinunter in das steinige Bachbett.

वह तालाब के पास से होते हुए नीचे चट्टानी नाले में चला गया।

Dort stieß er auf eine steile Böschung aus Kies und Erde.

वहाँ उसे बजरी और मिट्टी का एक गहरा किनारा मिला।

Er ist bei den alten Grabungen der Bergleute in einen Eckeinschnitt geraten.

वह खनिकों द्वारा की गई पुरानी खुदाई के दौरान काटे गए एक कोने में जा घुसा।

Jetzt war Buck von drei Seiten geschützt und stand nur noch dem vorderen Wolf gegenüber.

अब, तीन तरफ से सुरक्षित, बक को केवल सामने वाले भेड़िये का सामना करना पड़ा।

Dort stand er in der Enge, bereit für die nächste Angriffswelle.

वहां, वह अगले हमले के लिए तैयार खड़ा था।

Buck blieb so hartnäckig standhaft, dass die Wölfe zurückwichen.

बक ने इतनी दृढ़ता से अपना स्थान बनाए रखा कि भेड़िये पीछे हट गए।

Nach einer halben Stunde waren sie erschöpft und sichtlich besiegt.

आधे घंटे के बाद वे थक चुके थे और स्पष्टतः पराजित दिख रहे थे।

Ihre Zungen hingen heraus, ihre weißen Reißzähne glänzten im Mondlicht.

उनकी जीभें बाहर लटक रही थीं, उनके सफ़ेद नुकीले दांत चाँदनी में चमक रहे थे।

Einige Wölfe legten sich mit erhobenem Kopf hin und spitzten die Ohren in Richtung Buck.

कुछ भेड़िये लेट गए, सिर उठाए, कान बक की ओर तान दिए।

Andere standen still, waren wachsam und beobachteten jede seiner Bewegungen.

अन्य लोग स्थिर खड़े रहे, सतर्क रहे और उसकी हर हरकत पर नजर रखी।

Einige gingen zum Pool und schlürften kaltes Wasser.

कुछ लोग पूल के पास चले गए और ठंडे पानी का आनंद लेने लगे।

Dann schlich ein großer, schlanker grauer Wolf sanft heran.

तभी एक लम्बा, दुबला भूरा भेड़िया धीरे से आगे बढ़ा।

Buck erkannte ihn – es war der wilde Bruder von vorhin.

बक ने उसे पहचान लिया - यह तो पहले वाला जंगली भाई था।

Der graue Wolf winselte leise und Buck antwortete mit einem Winseln.

भूरे भेड़िये ने धीरे से रोना शुरू किया, और बक ने भी कराहते हुए जवाब दिया।

Sie berührten ihre Nasen, leise und ohne Drohung oder Angst.

उन्होंने चुपचाप, बिना किसी धमकी या डर के, एक-दूसरे की नाकें छूईं।

Als nächstes kam ein älterer Wolf, hager und von vielen Kämpfen gezeichnet.

इसके बाद एक बूढ़ा भेड़िया आया, जो कई लड़ाइयों के कारण दुबला-पतला और जख्मी था।

Buck wollte knurren, hielt aber inne und schnüffelte an der Nase des alten Wolfes.

बक गुर्राने लगा, लेकिन फिर रुका और बूढ़े भेड़िये की नाक सूँघने लगा।

Der Alte setzte sich, hob die Nase und heulte den Mond an.

बूढ़ा बैठ गया, अपनी नाक उठाई, और चाँद को देखकर चिल्लाया।

Der Rest des Rudels setzte sich und stimmte in das langgezogene Heulen ein.

बाकी लोग बैठ गए और लम्बी चीख़ में शामिल हो गए।

Und nun ertönte der Ruf an Buck, unmissverständlich und stark.

और अब बक के पास कॉल आई, स्पष्ट और मजबूत।

Er setzte sich, hob den Kopf und heulte mit den anderen.

वह बैठ गया, अपना सिर उठाया और दूसरों के साथ चिल्लाने लगा।

Als das Heulen aufhörte, trat Buck aus seinem felsigen Unterschlupf.

जब चीखना बंद हुआ तो बक अपने चट्टानी आश्रय से बाहर निकला।

Das Rudel umringte ihn und beschnüffelte ihn zugleich freundlich und vorsichtig.

झुंड उसके चारों ओर घिर गया, और दयालुता तथा सावधानी से सूँघने लगा।

Dann stießen die Anführer einen lauten Schrei aus und rannten in den Wald.

तब नेता चिल्लाये और जंगल में भाग गये।

Die anderen Wölfe folgten und jaulten im Chor, wild und schnell in der Nacht.

अन्य भेड़िये भी रात में तेजी से और बेतहाशा चिल्लाते हुए उनके पीछे-पीछे आ गए।

Buck rannte mit ihnen, neben seinem wilden Bruder her, und heulte dabei.

बक उनके साथ, अपने जंगली भाई के पास, भागता हुआ चिल्ला रहा था।

Hier geht die Geschichte von Buck gut zu Ende.

यहाँ, बक की कहानी अपने अंत तक पहुँचती है।

In den folgenden Jahren bemerkten die Yeehats seltsame Wölfe.

इसके बाद के वर्षों में, यीहाट्स ने अजीब भेड़ियों को देखा।

Einige hatten braune Flecken auf Kopf und Schnauze und weiße Flecken auf der Brust.

कुछ के सिर और थूथन भूरे रंग के थे, तथा छाती सफेद रंग की थी।

Doch noch mehr fürchteten sie sich vor einer geisterhaften Gestalt unter den Wölfen.

लेकिन इससे भी अधिक उन्हें भेड़ियों के बीच एक भूतिया आकृति का डर था।

Sie sprachen flüsternd vom Geisterhund, dem Anführer des Rudels.

वे झुंड के नेता भूत कुत्ते के बारे में फुसफुसाते हुए बात कर रहे थे।

Dieser Geisterhund war schlauer als der kühnste Yeehat-Jäger.

इस भूत कुत्ते में सबसे साहसी यीहट शिकारी से भी अधिक चालाकी थी।

Der Geisterhund stahl im tiefsten Winter aus Lagern und riss ihre Fallen auseinander.

भूत कुत्ता गहरी सर्दियों में शिविरों से चोरी करता था और उनके जालों को फाड़ देता था।

Der Geisterhund tötete ihre Hunde und entkam ihren Pfeilen spurlos.

भूत कुत्ते ने उनके कुत्तों को मार डाला और बिना किसी निशान के उनके तीरों से बच निकला।

Sogar ihre tapfersten Krieger hatten Angst, diesem wilden Geist gegenüberzutreten.

यहां तक कि उनके सबसे बहादुर योद्धा भी इस जंगली आत्मा का सामना करने से डरते थे।

Nein, die Geschichte wird im Laufe der Jahre in der Wildnis immer düsterer.

नहीं, जंगल में जैसे-जैसे वर्ष बीतते जाते हैं, कहानी और भी गहरी होती जाती है।

Manche Jäger verschwinden und kehren nie in ihre entfernten Lager zurück.

कुछ शिकारी गायब हो जाते हैं और अपने दूरस्थ शिविरों में कभी वापस नहीं लौटते।

Andere werden mit aufgerissener Kehle erschlagen im Schnee gefunden.

अन्य लोगों के गले कटे हुए तथा बर्फ में मृत पाए गए हैं।

Um ihren Körper herum sind Spuren – größer als sie ein Wolf hinterlassen könnte.

उनके शरीर के चारों ओर निशान हैं - किसी भी भेड़िये द्वारा बनाए गए निशानों से बड़े।

Jeden Herbst folgen die Yeehats der Spur des Elchs.

प्रत्येक शरद ऋतु में, यीहाट्स मूस के निशान का अनुसरण करते हैं।

Aber ein Tal meiden sie, weil ihnen die Angst tief im Herzen eingegraben ist.

लेकिन वे अपने दिलों में गहरे डर के साथ एक घाटी से बचते हैं।

Man sagt, dass der böse Geist dieses Tal als seine Heimat ausgewählt hat.

वे कहते हैं कि इस घाटी को दुष्ट आत्मा ने अपने घर के लिए चुना है।

Und wenn die Geschichte erzählt wird, weinen einige Frauen am Feuer.

और जब कहानी सुनाई जाती है, तो कुछ महिलाएं आग के पास बैठकर रोती हैं।

Aber im Sommer kommt ein Besucher in dieses ruhige, heilige Tal.

लेकिन गर्मियों में, एक पर्यटक उस शांत, पवित्र घाटी में आता है।

Die Yeehats wissen nichts von ihm und können es auch nicht verstehen.

येहात लोग न तो उसके विषय में जानते थे, न ही उसे समझ सकते थे।

Der Wolf ist großartig und mit einer Pracht überzogen wie kein anderer seiner Art.

भेड़िया महान है, गौरव से लदा हुआ, अपनी प्रजाति का कोई अन्य नहीं।

Er allein überquert den grünen Wald und betritt die Waldlichtung.

वह अकेले ही हरे पेड़ों को पार कर जंगल के मैदान में प्रवेश करता है।

Dort sickert goldener Staub aus Elchhautsäcken in den Boden.

वहां, मूस की खाल की बोरियों से निकली सुनहरी धूल मिट्टी में रिस रही है।

Gras und alte Blätter haben das Gelb vor der Sonne verborgen.

घास और पुरानी पत्तियों ने पीले रंग को सूरज से छुपा दिया है।

Hier steht der Wolf still, denkt nach und erinnert sich.

यहाँ भेड़िया चुपचाप खड़ा होकर सोच रहा है और याद कर रहा है।

Er heult einmal – lang und traurig – bevor er sich zum Gehen umdreht.

वह एक बार चीखता है - लंबे समय तक और शोकाकुल होकर - जाने से पहले।

Doch er ist nicht immer allein im Land der Kälte und des Schnees.

फिर भी वह ठंड और बर्फ की भूमि पर हमेशा अकेला नहीं रहता।

Wenn lange Winternächte über die tiefer gelegenen Täler hereinbrechen.

जब निचली घाटियों पर लम्बी सर्दियों की रातें उतरती हैं।

Wenn die Wölfe dem Wild durch Mondlicht und Frost folgen.

जब भेड़िये चांदनी और ठंड के बीच शिकार का पीछा करते हैं।

Dann rennt er mit großen, wilden Sprüngen an der Spitze des Rudels entlang.

फिर वह झुंड के सबसे आगे दौड़ता है, ऊंची छलांग लगाता हुआ।

Seine Gestalt überragt die anderen, aus seiner Kehle erklingt Gesang.

उसका आकार अन्यों से ऊंचा है, उसका गला गीत से जीवंत है।

Es ist das Lied der jüngeren Welt, die Stimme des Rudels.

यह युवा जगत का गीत है, समूह की आवाज है।

Er singt, während er rennt – stark, frei und für immer wild.

वह दौड़ते हुए गाता है - ताकतवर, स्वतंत्र और हमेशा उन्मुक्त।